全国社会工作者职业水平考试辅导系列

编　委　会

主编：圣才学习网（www.100xuexi.com）

编委：肖　娟　娄旭海　方燕红　肖自钢　韦贵华
倪彦辉　段瑞权　张月华　李　雪　肖　萌
匡晓霞　万军辉　夏　蜜　涂幸运　张婉妮

U0809332

序　言

为了帮助考生顺利通过全国社会工作者职业水平考试，我们根据最新考试大纲和指定教材编写了全国社会工作者职业水平考试中级辅导系列：

1. 社会工作综合能力(中级)历年真题与模拟试题详解
2. 社会工作法规与政策(中级)历年真题与模拟试题详解
3. 社会工作实务(中级)历年真题与模拟试题详解
4. 社会工作综合能力(中级)过关必做1000题(含历年真题)
5. 社会工作法规与政策(中级)过关必做1000题(含历年真题)
6. 社会工作实务(中级)过关必做习题集(含历年真题)

本书是全国社会工作者职业水平考试中级科目《社会工作实务(中级)》的过关必做习题集。本书遵循最新指定教材的章目编排，共分为15章，根据最新考试大纲的考试内容和要求精心编写而成，其中包括了部分**历年真题**。所选习题基本涵盖了考试大纲规定需要掌握的知识内容，侧重于选用常考重难点习题，并对所有习题的答案进行了详细的分析和说明。

购买本书享受大礼包增值服务！手机扫码(本书封面的二维码)领取本书大礼包。具体包括：①本书电子书；②专业咨询服务。

与本书相配套，圣才学习网提供社会工作者职业水平考试网络课程、电子书、题库。

圣才学习网(www.100xuexi.com)是一家为全国各类考试和专业课学习提供名师网络课程、电子书、题库等全方位教育服务的综合性学习型视频学习网站，拥有近100种考试(含418个考试科目)、194种经典教材(含英语、经济、管理、证券、金融等共16大类)，合计近万小时的面授班、网授班课程。

资格考试：www.100xuexi.com(圣才学习网)
考研辅导：kaoyan.100xuexi.com(圣才考研网)

圣才学习网编辑部

全国社会工作者职业水平考试辅导系列

社会工作实务(中级)
过关必做习题集(含历年真题)
(第7版)

主编：圣才学习网
www.100xuexi.com

中国石化出版社

内 容 提 要

本书是全国社会工作者职业水平考试中级科目《社会工作实务(中级)》的过关必做习题集。本书遵循最新指定教材的章目编排，共分为15章，根据最新考试大纲的考试内容和要求精心编写而成，其中包括了部分**历年真题**。所选习题基本涵盖了考试大纲规定需要掌握的知识内容，侧重于选用常考重难点习题，并对所有习题的答案进行了详细的分析和说明。

圣才学习网(www.100xuexi.com)提供社会工作者等各种职业资格类考试辅导方案【视频课程、电子书、题库等】。购书享受大礼包增值服务【本书电子书+专业咨询服务】。手机扫码(本书封面的二维码)免费领取本书大礼包。

图书在版编目(CIP)数据

社会工作实务(中级)过关必做习题集:含历年真题/圣才学习网主编.—7版.—北京:中国石化出版社,2018.6(2025.5重印)
全国社会工作者职业水平考试辅导系列
ISBN 978-7-5114-4920-7

Ⅰ.①社… Ⅱ.①圣… Ⅲ.①社会工作-中国-水平考试-习题集 Ⅳ.①D632-44

中国版本图书馆CIP数据核字(2018)第138864号

未经本社书面授权,本书任何部分不得被复制、抄袭,或者以任何形式或任何方式传播。版权所有,侵权必究。

中国石化出版社出版发行
地址:北京市东城区安定门外大街58号
邮编:100011 电话:(010)57512500
发行部电话:(010)57512575
http://www.sinopec-press.com
E-mail:press@sinopec.com
武汉市盛宏源印务有限公司印刷
全国各地新华书店经销
*
787毫米×1092毫米16开本13.5印张330千字
2019年9月第7版 2025年5月第4次印刷
定价:58.00元

目　录

第一章 社会工作实务的通用过程模式

一、案例分析题（应试人员需对提供的案例背景材料进行全面深入的分析，并按要求作答）

案例一

张女士，女，35岁，硕士学历，原来是一家医院的医生，身体非常健康，一年前遭遇一场意外事故后双目失明，因此丢掉了工作。张女士的老公是一家国企的高层管理人员，收入很丰厚，但是工作很忙碌，没有时间照顾张女士。张女士有一个女儿4岁，上幼儿园，由保姆接送上学。张女士失明后，母亲搬过来和他们一起生活，照顾她的日常生活起居，但由于年纪大了，身体又不好，照顾起来感到很吃力。社区也没有相应的机构能为张女士提供专业的陪护服务和康复训练。

半年来，张女士身上的伤逐渐康复，但她始终无法接受自己失明的事实，常常把自己关在房间里，躺在床上发呆，不愿意与人交谈，也不愿意出门；张女士的情绪也非常不稳定，情绪低落时一个人默默流泪，脾气暴躁时就乱摔东西。事故发生前，张女士是一个性格外向的人，结识了很多知己。但事故发生后，她的好多朋友来看望她，她根本就不愿意见他们，朋友给她打电话问候，她也不愿意接。

张女士的老公很担心妻子的状况，于是向社会工作者寻求帮助。

问题：

1. 请界定本案中的服务对象系统、目标系统和行动系统。

2. 请说明通用过程模式中"四个基本系统"对社会工作实务的意义。

3. 请以人类行为与社会环境理论为框架，界定本案例中服务对象张女士的问题和需要。

【参考答案】

1. 根据系统理论，通用过程模式将社会工作的服务系统看作是由社会工作者、服务对象、改变的目标和为达到改变目标而采取的行动组成的，这四个因素又称"四个基本系统"，即改变媒介系统、服务对象系统、目标系统和行动系统。

服务对象系统、目标系统和行动系统的定义分别是：

（1）服务对象系统，是指社会工作服务的对象，也是社会工作服务的直接受益人。本案例中的服务对象系统包括张女士的老公和张女士，张女士的老公是"现有服务对象"，是他前来求助并使用了服务，张女士是"潜在的服务对象"，虽然目前没有来机构见社会工作者，但未来有可能使用机构的服务。

（2）目标系统，是指为了达到改变服务对象系统的目的需要改变和影响的系统。本案例中的目标系统包括张女士本人、张女士的母亲、张女士的老公、他们的女儿、保姆等。为了帮助张女士，这些人都需要做出一些调整，另外，社区也应该作为被改变的目标，为张女士提供良好的康复服务和生活环境。

（3）行动系统，是指那些与社会工作者一起努力，实现改变目标的人，是社会工作者的合作者。本案例中，张女士的母亲、张女士的老公、他们的女儿、保姆等作为目标系统的部分，同时也可以成为行动系统，协助社会工作者帮助张女士。此外，张女士原来单位的同事、朋友等都可以成为行动系统。

2. 社会工作实务通用过程模式中的“四个基本系统”为社会工作者提供了一个实务工作的基本参考架构和助人活动的介入蓝图，为社会工作者开展实务工作提供了一个分析工具，具有重要指导意义。

(1)四个基本系统帮助社会工作者识别出改变服务对象系统所必须完成的一般任务。通常需要完成的任务顺序是：

①从服务对象系统获得授权并与之订立助人关系签约；

②需要辨识出目标系统；

③发展实现目标的行动系统。

(2)四个基本系统使社会工作者懂得，需要改变的不只是服务对象系统。社会工作者不能假设求助的人就是主要的介入目标，因为服务对象系统不一定与目标系统完全吻合。

(3)行动系统的规模或组成只有在确立了改变的目标系统之后才能确定。

(4)社会工作者必须与不同的系统建立关系，与一个系统工作所需的知识和技巧不一定适用于其他系统，与不同规模和类型的系统工作需要掌握更专门化的知识。

(5)组织作为一个系统，在改变过程中常常扮演重要的角色。社会工作者除了与个人、群体和社区接触以外，组织也会成为社会工作者处理问题时的改变目标。这要求社会工作者具备组织工作所需的知识，同时也要懂得如何推动组织的改变。

(6)因为行动系统在整个改变过程中起着至关重要的作用，所以社会工作者需要不断诊断行动系统的情况。

3. 以人类行为与社会环境理论为框架界定本案例中服务对象张女士的问题和需要。具体包括以下层面：

(1)生理层面，张女士的身体需要继续进行康复训练，眼睛需要科学护理。

(2)心理层面，张女士需要调整自己的认知，接纳自己目前的身体状态，接受失明的事实；同时需要唤醒对自己、对母亲、对女儿、对老公及对家庭的责任意识；需要疏泄负面情绪，改变认知，调整心理状态。

(3)社会发展层面，张女士需要适应盲人的生活状态及掌握盲人的生活技能，做力所能及的家务；需要扮演好女儿、母亲、妻子的角色；需要重新规划人生，从事力所能及的工作；需要恢复社会功能。

(4)环境方面，家里的环境需要做一些调整以适应盲人生活。需要家人、朋友、邻里、社区专业服务等非正式与正式的社会网络予以支持。

案例二

小娜是个12岁的女孩，有个幸福的家庭。但半年前爸爸的工作单位改制，爸爸一夜之间下了岗，其后虽然努力找工作，但一直没有结果。妈妈在焦急之余对爸爸的唠叨和埋怨多了起来，碰上爸爸的火爆脾气，两人开始不断争吵。每逢爸爸妈妈吵架，小娜都很害怕，经常独自一人流泪。小娜在学校本来成绩优异，活泼开朗，有很多朋友，可如今小娜越来越孤僻，不愿跟同学交往，学习成绩也开始下滑。

问题：

1. 请运用优势视角理论来评估本案例。

2. 请根据评估结果，提出具体的介入策略。

【参考答案】

1. 优势视角认为，每个人、群体、组织和社区都有其内在的能力，包括天赋、知识、社会支持和资源，只要存在适当的条件，就可以建设性地发挥自身功能。从优势视角分析，小娜一家具有的优势为：

(1)环境的优势。小娜原本有个幸福的家庭，虽然现在父母经常吵架，但其家庭结构完整，具有牢固的感情基础；小娜的爸爸有丰富的工作经验和能力，拥有积极的就业态度，并努力行动；小娜原本有很多朋友。

(2)人的优势。小娜的学习基础扎实，性格活泼开朗，有积极要求上进的愿望。

对于这些优势，小娜的爸爸妈妈并未发掘出来，而是经常吵架，给小娜造成了诸多不良影响，导致了小娜对生活存在恐惧，学习成绩也开始下滑。社会工作者需要发掘这一家人的优势和资源，协助他们达到自己的目标，走出困境。

2. 根据评估结果，社会工作者可以采取的介入策略主要有：

(1)促使服务对象运用现有资源

①帮助小娜运用自己的内在资源，以正确的态度和方法面对和分析当前的困境，改进她扮演角色的技巧，发掘她的潜能，帮助小娜建立积极的人生观，鼓励小娜多参加学校或社区组织的各种活动，找回自信。

②帮助小娜运用现有的外部资源，包括家庭、邻居、亲戚、朋友等。与小娜的父母交流沟通，运用角色互换、换位思考等方法增进彼此的理解，明白双方都在为建立美好家庭而努力；教授他们有效的沟通方法，改进交流方式；帮助他们意识到争吵对孩子造成的伤害，使他们多关爱孩子，关注孩子的思想和心理，达成为了孩子构建和谐家庭环境的共识；联系小娜的老师和朋友，请他们多帮助、关心小娜，增强小娜的社会支持网络。通过与家人、老师和朋友的沟通，帮助小娜走出困境，积极面对生活。

(2)进行危机介入

①帮助小娜的爸爸申请低保和失业保险，联系相关部门给予必要的物质支持，以保障基本的生存需要。

②帮助小娜宣泄由家庭危机带来的害怕、焦虑情绪，给予充分的支持，对小娜进行心理疏导，运用心理技巧帮助她缓解压力，放松心态，鼓励她勇敢面对现实，尽快走出心理阴影。

③联系小娜一家所在的社区或街道居委会，建议他们多向小娜的爸爸提供就业信息，通过多方的支持与鼓励，协助小娜一家渡过难关，走出困境。

案例三

彤彤，男，今年8岁，上小学二年级，十分调皮，在学校常常和其他小朋友打架，学习成绩也不好。彤彤的母亲史叶丹是一位事业有成的工程师，但却不知如何教育儿子，致使儿子在性格、学习方面都出现了问题。如今，史叶丹向社会工作服务机构求助。

问题：

1. 通用过程模式的基本系统包括哪几个方面？

2. 上述案例中，史叶丹属于通用过程模式中的哪个系统？

【参考答案】

1. 根据系统理论，通用过程模式将社会工作的服务系统看作是由社会工作者、服务对象、改变的目标和为达到改变目标而采取的行动组成的，这四个因素又称为“四个基本系统”。

(1)改变媒介系统。“改变媒介”是指受雇于政府、非营利机构、组织和社区中的社会工作者，是“有计划变迁”的具体操作者，在“问题——解决”的改变过程中是促使服务对象发生改变的媒介。然而，在很多情况下，服务对象的改变媒介并不只是社会工作者，而是由与服务对象有关的、具有不同专长的助人者组成，形成一个“改变媒介系统”。这个媒介系统通过有组织的、结构性的工作，达到助人改变的目标。

(2)服务对象系统。服务对象系统是指社会工作服务的对象，也是社会工作服务的直接受益人。服务对象系统可以是个人、家庭、团体、组织或社区。

(3)目标系统。目标系统是指为了达到改变服务对象系统的目的需要改变和影响的系统。由于服务对象系统需要的满足与问题的解决经常与其所处的环境系统有关，为了达到服务与改变社会环境的目的，要求社会工作者与有关系统一起，将环境作为目标系统去改变和影响，从而为解决服务对象的问题与满足需要创造条件，一步步达到改变的目标。

(4)行动系统。行动系统是指那些与社会工作者一起努力，实现改变目标的人，是社会工作者的合作者。包括社会工作者和与服务对象有关的人和系统。

2. 本案例中，史叶丹属于通用过程模式中的服务对象系统。史叶丹女士因为孩子的性格、学习问题而向社会服务机构寻求帮助，她是社会工作服务的对象，也是社会工作服务的直接受益人，属于服务对象系统。

二、方案设计题(根据题目的要求，设计出环节完整、严密、可行性强的服务方案)

案例一

黄女士今年37岁，家中有三口人，她、12岁的女儿以及74岁的老母亲。丈夫在去年因病去世。黄女士身体也不好，三年前，她因患有肺病而失去了超市的售货员工作，到如今她还没有找到稳定的工作，只能靠做些小时工挣得一点钱，再加上每月320元的低保金生活，一家三口生活很拮据。女儿正读小学五年级，再过一年就要升初中了，需要准备学费，还有老母亲的医药费等，面对家中的境况，黄女士一筹莫展。

要求：

请你设计一个家庭帮助计划，帮助黄女士改变家庭困境。

【参考答案】

(1)黄女士面临问题的陈述与分析

上述案例中，黄女士一家面临的困境主要有：

①黄女士本人身患肺病，丈夫已去世；

②黄女士已失业三年，没有稳定的工作，家庭缺乏经济来源；

③女儿正读小学五年级，升初中的学费没有着落；

④老母亲平时需要看病吃药；

⑤一家三口零就业，仅靠黄女士做小时工和每月320元的低保金生活，家庭经济状况非常困难。

根据黄女士目前的处境，主要应为黄女士一家解决其基本的生活保障问题，包括黄女士的就业问题和看病问题、老母亲的看病问题以及女儿的上学问题。

(2)帮助计划方案设计

根据上述分析，社会工作者设计的服务方案应包括：

①方案目标

通过多方支持，帮助黄女士一家改变失业、贫困、疾病缠身等家庭困境。

②方案实施策略

a. 通过沟通交流，做好黄女士的心理辅导工作，鼓励黄女士重拾生活的希望；

b. 根据黄女士一家的情况，咨询低保政策执行部门是否能够上调黄女士一家的低保救助资金数额；

c. 联系有关医疗救助政策执行部门，帮助黄女士及其老母亲办理医疗救助；

d. 联系再就业培训部门，协助黄女士参加职业技能培训，提供就业信息，帮助其找到力所能及的稳定工作；

e. 联系教育部门，协助黄女士的女儿办理教育救助，减免其学杂费，保障其受教育的权利；

f. 联系黄女士所在社区及邻里，为黄女士提供必要的帮助，构建社会支持和危机援助系统。

③方案执行

主要包括整合社区相关资源、提供服务、监督服务执行进度、处理危机等。

④方案评估

包括黄女士一家对服务的满意度、方案执行情况及服务效果评估。

案例二

某职业技术学院在新生入学体检中发现35名乙肝病毒携带者。校方得知此情况后，决定对这35名学生实行退学处理。行政命令下达后，大部分学生及其家长认为受到了不平等的待遇，决定集体向当地法院提出诉讼，希望通过法律途径争取恢复孩子的入学资格，维护他们的合法权利。

要求：

请根据通用过程模式的四个基本系统理论分析本案例中的问题，并提出相应的社会工作实务应用计划。

【参考答案】

职业技术学院存在的问题及社会工作实务应用计划分别为：

(1)运用通用过程模式的四个基本系统分析本案例中的问题

①改变媒介系统。本案例中，社会工作者是改变媒介系统的主要负责人，可以研读法律法规、搜集与乙肝知识有关的各种资料和报道，以及类似事件的处理资料，借助各种资源与所有参与者共同商讨，制定目标和行动计划。

②服务对象系统。本案例中，服务对象是35名被退学的学生以及他们的家长。社会工作者可以将35名学生家长组织在一起，与他们一道开展各种小组活动，比如乙肝知识宣传讲座等，引起社会关注。

③目标系统。社会工作者介入后，需要与35名乙肝病毒携带者的家长共同商讨行动目标，比如恢复其子女入学资格，协助他们澄清自己的期待和角色，便于开展行动。同时，社会工作者应与学校进行协商调解，恢复35名被退学学生的入学资格。

④行动系统。本案例中，社会工作者可以联系新闻工作者、法律工作者、教育工作者甚至行政管理工作者，发挥他们的优势，凭借他们的资源，共同推动行动的成功。

(2)社会工作实务应用计划

针对本案例中存在的问题，社会工作者可以开展以下行动：

①开展小组活动，使学校与乙肝病毒携带者及其家长交流思想，相互理解，彼此支持，共同面对问题，寻找到解决问题的对策和方法；

②开展维权工作坊，共同探讨争取合法权利的途径，也可以邀请一些法律专家来做报告；

③开展学校、社区宣传活动，如举行乙肝知识普及讲座、相关法律知识讲座等，引导人们形成对乙肝病毒携带者的正确态度；

④利用网络、新闻媒体等开展宣传和报道，引起社会关注，获得社会支持，从而聚集更大的力量来解决问题。

第二章　社会工作实务的通用过程

一、案例分析题（应试人员需对提供的案例背景材料进行全面深入的分析，并按要求作答）

案例一

社区戒毒人员张某找到社会工作者，要求得到各类困难补助，但社会工作者认为其部分要求不符合政策规定，无法协助处理。张某声称要投诉社会工作者，并出言不逊，而社会工作者认为自己并没有做错什么，双方关系陷入僵局。机构主管对社会工作者进行督导后，社会工作者主动约张某进行再次面谈。

社会工作者："对不起啊，上次我只考虑了政策规定，没有考虑到你的感受……"

张某一愣。

社会工作者："你一个人带着孩子不容易，我也知道虽然生活很辛苦，但你在努力想办法克服困难……"

张某被触动了，低下了头。

社会工作者："这次我想进一步了解一下情况，看看我们可以采取哪些办法一起面对困难，好吗？"

张某："上次我发火也是因为着急，孩子最近……（张某叙述了孩子的近况）"

社会工作者："噢！孩子现在怎么样了？"

张某："情况好些了。"

社会工作者："嗯，确实挺不容易的，你发火我很理解，但也不要太急，总有办法解决的，把你的困难以及想法再具体讲一下，我会根据我了解及掌握的情况，与你共同商量，一起想办法解决，好吗？"

张某表示同意。［2017 年真题］

问题：

1．逐一列出社会工作者在面谈中运用的建立专业关系的技巧及案例中对应的内容。

2．本案例体现了建立专业关系的哪些要素？

【参考答案】

1．社会工作者在面谈中运用的建立专业关系的技巧及案例中对应的内容具体如下：

（1）同感。同感是指一个人进入另一个（群）人的情感与经历中的能力，即能够感受另一个（群）人的情感与生活，犹如自己身在其中，但在这个过程中又不会失去自己的能力。案例中对应的内容为："你一个人带着孩子不容易，我也知道虽然生活很辛苦，但你在努力想办法克服困难……"，"嗯，确实挺不容易的，你发火我很理解，但也不要太急，总有办法解决的……"。这些都表明社会工作者运用了同感的技巧，充分感受到服务对象的处境，理解服务对象的想法，并运用这种理解去帮助对方提升能力。

（2）诚恳。社会工作者要在专业关系中始终保持诚恳的、开放的、真实的态度。向服务对象实事求是地介绍机构的政策和社会工作者的角色，而不加以任何修饰；完全以服务对象的需要作为自己工作的出发点，接纳服务对象，全神贯注于服务对象的处境。案例中对应的内容为："对不起啊，上次我只考虑了政策规定，没有考虑到你的感受……"。

（3）温暖与尊重。社会工作者要关心、关注服务对象的一切，并能够向服务对象传达这种情感，包括：对服务对象的责任感，关心、尊重、了解、希望促进服务对象提升生活的愿望，以及愿意为此提供协助的意愿。案例中对应的内容为："噢！孩子现在怎么样了？"和"嗯，确实挺不容易的，你发火我很理解，但也不要太急，总有办法解决的。把你的困难以及想法再具体讲一下，我会根据我了解及掌握的情况，与你共同商量，一起想办法解决，好吗？"。

(4)积极主动。社会工作者积极主动的态度有助于与服务对象成功地建立关系。积极主动的态度表明了对服务对象有兴趣、关心他。案例中对应的内容为："这次我想进一步了解一下情况，看看我们可以采取哪些办法一起面对困难，好吗？"和"……把你的困难以及想法再具体讲一下，我会根据我了解及掌握的情况，与你共同商量，一起想办法解决，好吗？"。社会工作者通过鼓励案主对自己的积极探索，让其感觉到社工是与他在一起的，并积极寻求资源协助，以回应案主的需要。

2. 本案例体现了建立专业关系的如下要素：

(1)与服务对象准确沟通想法和感受。案例中，社会工作者主动承认错误，服务对象也表达了自己的焦急感受，进一步说明了自己的情况。

(2)与服务对象沟通相互之间的资料。案例中，社会工作者在谈话中提到根据自己了解及掌握的情况，与服务对象共同商量，互相沟通情况。

(3)沟通充满亲切感和关怀。案例中，社会工作者提到服务对象一个人带着孩子不容易，主动关心服务对象的情况，充满亲切和关怀。

(4)与服务对象角色互补。案例中，社会工作者积极寻找资源，并与案主共同商量解决困难，体现了角色互补。

(5)与服务对象建立信任。案例中，社会工作者运用同感与尊重，站在服务对象的角度思考问题，服务对象逐渐敞开心扉表达自身感受，与服务对象建立了信任关系。

案例二

小美是初中二年级学生，学习成绩中等偏下，性格孤僻，平时在学校较少与班上同学说话，经常独来独往，放学后也不跟社区里的同龄人玩耍。小美的母亲是从外地农村嫁到城里的"外来媳"，与亲戚、邻居交往少。因为身体不好，主要在家接一些手工活贴补家用，小美的父亲是一线操作工人，三班倒，工作十分辛苦，收入较低。父亲对小美比较严厉，父女之间交流很少。因为工作时间关系，父母之间很少沟通，家里有什么事，都是父亲说了算，小美一家也不参加任何社区活动。社会工作者在一次"外来媳"家庭走访中遇到了小美，决定对其开展个案服务。在预估阶段，社会工作者只收集了小美对自己问题的看法，就认定小美的问题源于自信心不足。［2013年真题］

问题：

1. 在本案例的预估阶段，社会工作者还应从小美家庭层面收集哪些资料？

2. 在本案例的预估阶段，社会工作者还应从小美与环境的互动层面收集哪些资料？

【参考答案】

1. 家庭是个人生活最重要的场所，是服务对象最密切的社会环境，在个人的生命和生活中起着不可替代的作用。在本案的预估阶段，社会工作者只收集了小美对自己问题的看法，故社会工作者还应从小美家庭层面收集以下资料：

(1)家庭和家庭成员的基本情况，包括家庭收入状况、居住环境、家庭成员的健康状况等。案例中，小美的家庭成员主要包括父亲、母亲和小美三人，家庭收入较低，居住环境较差，母亲的身体不好。

(2)家庭成员的角色和互动情况，包括夫妻、父母、兄弟姐妹、父母子女的角色。在父母角色上，小美的父母并没有达成一致共同负责对小美的教导和关爱，而是以父亲的权威教导为主，母亲的责任角色缺失。

(3)家庭规则，包括如何解决分歧、冲突及家庭的权威关系。小美的家庭规则是以父亲为权威，遇到分歧或冲突时父亲说了算。

(4)家庭成员的沟通方式，包括如何表达期望、需要、情感等。在小美的家庭中，父母之间很少沟通，父女之间交流很少，很大程度上限制了家庭的开放交流，限制了家庭成员期望和情感的表达，不利于形成健康的家庭关系和氛围。

(5)家庭关系，包括家庭内的次系统。小美的家庭关系比较疏离，父母与小美之间关系不够亲密，父母之间关系也不够亲密。

(6)家庭的决策和分工方式。小美的父亲负责挣钱养家，母亲主要负责照顾家里，小美则以学习为主，家里的事都是父亲一个人说了算。

2. 社会支持系统对人们的社会功能及其发挥起着重要作用，是人们的重要社会环境。在本案的预估阶段，社会工作者还应从小美与环境的互动层面收集以下资料：

(1)社会支持系统及其功能发挥。小美的社会支持系统包括家庭、学校和社区，这些社会支持系统对小美的影响十分重大，关系到小美能否正常社会化及能否正常发挥社会功能。

(2)生活环境及对服务对象需要满足的程度。小美所生活的环境包括家庭环境、校园环境、社区环境，小美的需要则包括学习、生活和社会交往等。

(3)服务对象对环境资源的主观认知。小美如何看待社区、家庭及学校对自己的影响，能否意识到这些环境中存在的资源及资源能起到的作用。

(4)服务对象的社会网络环境。小美的社会网络环境状况等。

(5)社会的体制和组织环境等。家庭社会文化对于中低阶层“外来媳”的一贯偏向如何，国家对这类家庭的相关政策如何。

案例三

社会工作者在某企业提供服务时发现，员工小张的父亲最近遭遇严重车祸住院治疗，小张的生活和经济面临巨大压力，情绪低落，工作多次出错，还出现擅自离岗的情况，企业领导多次批评，并声称要扣发奖金。

社会工作者在预估中，绘制了小张的社会生态系统图(见图 2-1)。[2016 年真题]

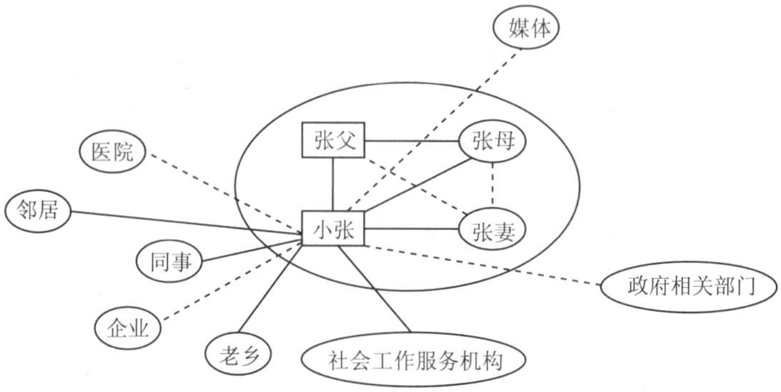

图 2-1

问题：

1. 依据上图，分析小张的社会生态系统状况。

2. 依据企业社会工作的服务内容，社会工作者可以为小张提供哪些服务？

【参考答案】

1. 依据题中所示的小张的社会生态系统图，对小张的生态系统状况具体分析如下：

（1）微观系统

员工小张与家庭关系紧密，表现在与配偶和父母关系亲近。但配偶与其父母有隔阂，家庭关系不是很和谐。其父亲最近遭遇严重车祸住院治疗。小张面临经济困难和照顾困窘，家庭和单位兼顾不暇，这导致小张情绪低落，负面情绪大。小张在工作中多次出错且还擅离岗位，领导对小张的工作态度不满。

（2）中观系统

小张的社会功能并未丧失，小张有较好的人际关系，与同事、邻居、老乡保持良好的关系，能从这些外部力量中获得资源支持。

（3）宏观系统

小张与大环境的关系总体较为疏离，只与社会服务机构的关系较为紧密，不能妥善处理与企业、医院、政府相关部门和媒体的关系，没能借助这四个渠道得到支持。

2. 依据企业社会工作的服务内容，企业社会工作者可以为小张提供以下服务：

（1）介入职工情绪管理。消极情绪若不适时疏导，轻则导致心情不舒坦，重则使人走向崩溃。企业社会工作者可以通过识别小张的不良情绪，对其予以疏导以缓和其不良情绪，改善心理状态。

（2）介入职工的工作生活平衡。企业社工在促进企业为小张提供有意义工作的同时，也应营造关怀的环境使小张工作与生活更有幸福感，如关注小张的家庭成员和生活困难，协助小张摆脱困境，增强小张对企业的归属感等。

（3）介入劳动关系协调。针对员工小张和企业领导之间的冲突，企业社工可以把小张的情况反馈给领导，通过促使双方协调沟通，使员工小张和企业领导的关系得到缓解，协调内外关系，增强企业组织的凝聚力。

（4）介入困难群体关怀。企业社会工作者应协调企业内外的各种资源向小张提供心理和社会支持，从而帮助小张改善生活境况，增强发展能力。

案例四

某大型社区内建有餐饮一条街，一些小饭馆开设室外大排档，营业到凌晨，有些顾客大声喧哗，严重影响了附近居民的正常休息。部分居民向居委会反映，居委会出面与商户沟通，但商户他们也只能提醒顾客，人家不听也没有办法。有居民给“110”、城管部门、工商部门打电话，有关人员出面后，情况略有改善，但几天后又恢复原样。实在无法忍受的居民开始直接找大声喧哗的顾客交涉，经常因言语不和而争吵起来，这段时间接连发生几起居民与顾客打架的事件，社区矛盾日趋突出。社会工作者了解情况后，计划进行调解介入。［2013 年真题］

问题：

1. 结合案例，逐一列出在调解介入中可以和社会工作者一起努力的行动系统。

2. 社会工作者应采取哪些直接介入策略来调解矛盾？

【参考答案】

1. 行动系统是指那些与社会工作者一起努力，实现改变目标的人，是社会工作者的合作者。为了实现计划的目标，社会工作者要运用不同系统的资源，与他们一起工作。这些系统包括家庭、朋友、邻居、同辈团体及社区。在本案例中，居民向居委会反映问题，居委会出面与商户沟通，“110”、城管部门及工商部门的工作人员出面后，情况略有改善，他们对社区问题的改善有一定帮助。因而，社会工作者在介入调解时可与居委会、“110”、城管部门、工商部门以及小区居民等行动系统一起努力，调解居民与顾客的矛盾、纠纷。

2. 直接介入是指以个人、家庭和群体为关注对象，针对个人、家庭和群体采取的行动，重点在于改变家庭或群体内的人际交往，或改变个人、家庭和小群体与其环境中的个人和社会系统的关系与互动方式。直接介入的行动和策略包括促使服务对象运用现有资源、进行危机介入、运用活动作为介入的策略、调解行动和运用影响力。

(1)调解行动

①帮助服务对象与环境系统进行接触。本案例中，社会工作者可以帮助社区居民与商户开展对话，协商怎样的处理方式是可行的、是对方能够接受的，帮助双方从接触中寻找解决冲突的办法。

②协助环境系统回应服务对象的需求。本案例中，社会工作者要协助资源系统如城管部门、工商部门、商户等对社区居民的意愿给予回应，并付诸实际行动。

③协助双方界定共同目标。本案例中，社会工作者应在重建社区居民与商户关系的基础上，协助双方认定并协商出共同的目标，创造“双赢”的局面。

(2)促使服务对象运用现有资源

本案例中，对居民、商户和顾客建立专业关系，充分利用现有资源，动员居委会及社区居民给予情感支持，加强城管部门的长效管理，利用社区居民、志愿者等进行监督。

(3)运用活动作为介入的策略

本案例中，可以通过开展小组活动，将居民、商户和顾客组成平行沟通小组，换位思考，各自阐明立场和观点，从对方的角度来看问题，考虑到各自的困难，最后达成理解，并制订解决问题的协议；通过社区文化宣传，从建设文明社区做文明公民着手，减少社区的矛盾行为并营造居民和商户共同努力打造和谐社区的氛围。

(4)运用影响力

为有效帮助服务对象，社会工作者要有意识地运用各种能够影响服务对象改变的力量，包括：①诱导——奖励与处罚。②劝导——运用有说服力的观点改变商户和顾客的观念。③利用关系——运用人际关系去影响目标系统。④利用环境——使外部社会环境有利于商户和顾客的改变。

案例五

社区矫正对象大勇，男，20岁。大勇10岁时父母离异，一直随母亲生活。母亲一直忙于生计，无暇管教他。大勇对很多事情都看不惯，易冲动，习惯用暴力解决问题。初中时大勇在学校里经常和同学发生冲突，后来上职校时因打群架被学校劝退，一直闲散在社区。

前些日子，得知自己的朋友被人欺负，大勇伙同一帮“兄弟”前往报仇，将人砍伤后被捕获刑，成为社区矫正对象。社会工作者在与大勇交往中发现他情绪不稳定，在描述自己的犯罪经历、家庭背景、社会交往等情况时常常伴随着愤怒情绪出现，包括看不惯邻居的霸道，恼火母亲的唠叨，抱怨父亲不管他，厌恶民警的管教，不满昔日哥们的炫耀等。在与大勇建立起相互信任的专业关系及充分预估的基础上，社会工作者决定运用认知行为治疗法帮助大勇改变其情绪和行为。在情绪问题处理方面，社会工作者和大勇一起商量设定一些测量愤怒的指标，如心跳加快、手心出汗、摔打东西、控制不住地发火、想打人等。在为大勇进行情绪控制训练前，社会工作者要求大勇记录每周愤怒情绪出现的次数、发生的原因、当时的情境、自己的反应等，以此作为评估依据。从第四周开始，社会工作者为大勇进行情绪控制训练，并继续记录大勇每周愤怒情绪出现的次数。10 周内记录大勇每周愤怒情绪出现的次数分别为：介入前(7 次、6 次、8 次)，介入后(5 次、6 次、5 次、4 次、3 次、2 次、3 次)。[2008 年真题]

问题：

1. 以上案例中社会工作者运用了基线测量法，请说明什么是基线测量法，并结合案例说明基线测量评估的操作程序。

2. 用上述案例中提供的测量数据，根据下面给出的基线坐标示意图(见图 2-2)，完成基线测量评估坐标图；对介入前后大勇每周愤怒情绪出现的平均次数进行比较，并对介入效果进行分析。

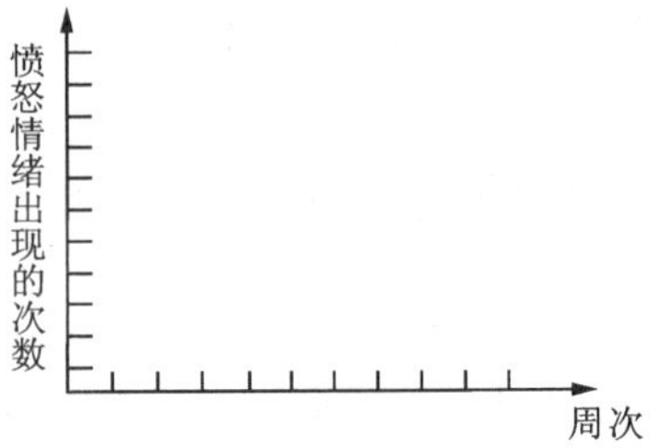

图 2-2

【参考答案】

1. 基线测量法是在介入开始时对服务对象的状况进行测量，建立一个基线作为对介入行动效果进行衡量的标准基线，以评估介入前后的变化，并以此判断介入目标达到的程度。基线测量法可以应用于对个人、家庭、小组或者社区的工作介入评估，通过对服务对象介入前、介入中和介入后的观察和研究，比较服务提供前后发生的变化。基线测量法具体的操作程序包括：

(1)建立基线。建立基线的方法是：

①确定介入的目标。本案例中的介入目标是大勇的愤怒情绪。

②选择测量工具，包括直接观察或使用标准化问卷及量表。本案例中的测量工具是大勇对自己出现愤怒情绪时的相关生理及心理指标进行的直接观察。

③对目标行为进行测量并记录目标行为(或者思想、感觉、社会关系或社会环境)的情况。这个过程建立的是基线数据，此过程也称为基线期。本案例中，在介入前对大勇每周愤怒情绪出现次数的测量过程即是基线期。

(2)进行介入期测量。建立基线后就开始对服务对象实施介入，并对基线调查中所测量的各项目标行为和指标进行再测量，以作数据比较之用。这个过程称为介入期。本案例中，从第四周开始，社会工作者为大勇进行情绪控制训练，并继续记录大勇每周愤怒情绪出现的次数即是介入期的测量。

(3)分析和比较。将基线期和介入期的数据按测量时间和顺序制成图表，将每个时期的数据资料进行连接，呈现数据的变化轨迹和变化趋势，并将基线期和介入期的数据进行对比。如果两个数据不同，一般可以认为是介入本身作用的结果。本案例中，大勇每周的愤怒情绪出现的次数在基线期和介入期明显减少。

2. 根据案例中提供的测量数据，完成基线测量评估坐标图，如图 2-3 所示。

根据图2-3对介入前后大勇每周愤怒情绪出现的平均次数进行比较，可以发现有非常明显的介入效果。

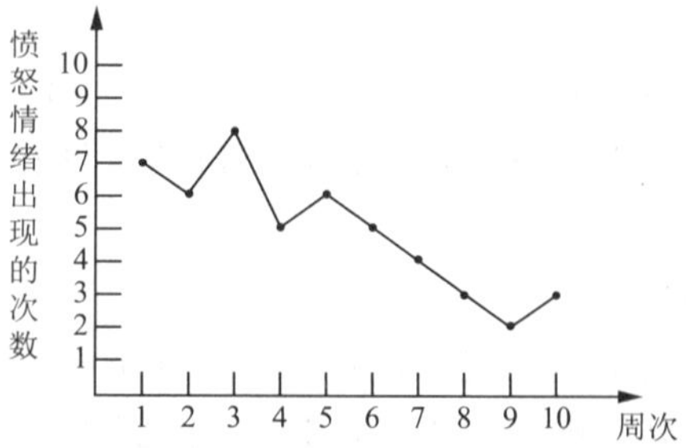

图2-3

矫正对象大勇的主要问题是情绪不稳定，在描述自己的犯罪经历、家庭背景、社会交往等情况时常常伴随着愤怒情绪。社会工作者针对大勇的问题，最后决定对其采取认知行为治疗模式改变其情绪和行为。认知行为治疗模式非常注重服务对象行为的改变和学习的规律，在此基础上，结合人的内部信息加工的特点，把人的内部意识的变化过程也作为考察的内容。这样，认知行为治疗模式既看到人的行为改变的规律，又看到人的认知加工特点，使内部和外部有机结合起来，采用综合的方式开展个案工作。

通过图2-3可以看出，大勇每周愤怒情绪的出现次数在社会工作者介入后，大大的减少了，说明社会工作者的介入具有明显的积极效果。

案例六

刘某与妻子去年刚离婚，夫妻俩谁也不愿放弃儿子刘凯的抚养权，最后法院将读小学的儿子判给了刘某。刘某与前妻非常宠爱儿子，离婚后，他们经常在校门口争着接儿子放学回家，以致刘凯连和小伙伴玩耍的机会都没有，而刘某和前妻谁接不到儿子都很失落。刘凯的一个生日要隆重地过两次。起初，刘凯还经常打电话安慰失落的父亲、母亲，后来他渐渐承受不住如此沉重的父爱、母爱，开始厌恶他们，并进行报复。他常常想方设法逃离父母的关心，有时在半夜偷偷离家出走，被追回后整日把自己锁在屋里，不吃不喝，一个人发呆。

问题：

1. 在上述案例中，案主刘凯面临的困境主要有哪些？

2. 面对刘凯的困境，社会工作者应该采用哪些介入策略？

【参考答案】

1. 上述案例中，案主刘凯面临的困境主要表现为以下几个方面：

（1）家庭关系问题：父母的过分溺爱

刘凯的父母已经离婚，但他们对儿子非常溺爱，都要争取儿子的抚养权；即使离婚后，也抢着接儿子放学回家；儿子的生日都要隆重地过两次。这种过分溺爱使原本就不完整的家庭关系变得更加不正常，刘凯也渐渐觉得承受不起这样的溺爱，导致刘凯产生逆反心理。

（2）社会关系问题：失去了与同伴玩耍的机会

刘凯是个小学生，正处在娱乐需求很强的阶段，而其父母在校门口争着接他回家，导致他失去了同小伙伴玩耍的机会，缺少同龄朋友。

（3）情感问题：逆反厌恶心理，自闭沉默

刘凯的自由时间和空间被父母的过分关心剥夺，他对父母的行为逐渐厌恶，并进行报复。为了惩罚父母，他半夜偷偷离家出走，被追回后仍然气愤不平，整日把自己锁在屋里，不吃不喝，一个人发呆。

2. 面对刘凯的困境，社会工作者应采用的介入策略内容如下：

(1)与刘凯进行沟通

社会工作者需要主动接触刘凯，与其建立信任关系，对刘凯的处境表示理解和同情，向刘凯表达愿意协助的态度，引导刘凯说出他对父母的意见和想法，舒缓其压抑已久的逆反和厌恶情绪。

(2)与刘凯父母进行沟通

①社会工作者需要分别与刘凯的父母进行沟通，让他们表达自己的意见，同时让其了解刘凯的困境和想法，认识到先前的做法不利于刘凯的健康成长；

②协助刘凯父母进行面对面沟通，进行换位思考，一起制定探望儿子的合适方法以及学习教育孩子的科学方法与技巧。

(3)鼓励刘凯与小伙伴建立良好的关系

刘凯自身有强烈的交朋友的欲望，只是其父母的行为妨碍了他与小伙伴的玩耍，失去了与同辈群体建立良好社会关系的机会。社会工作者需要鼓励刘凯积极参与学校组织的各种活动，与小伙伴快乐交往，使其产生快乐感和归属感。

案例七

赵燕(37 岁)与吴明亮(39 岁)在 2007 年结婚，育有一对儿女，女儿妍妍 8 岁，儿子硕硕 6 岁。这个看起来美满幸福的家庭却隐藏着裂痕。2017 年 3 月，吴明亮与其公司的一名秘书发生了婚外情。对于丈夫的那次外遇，赵燕始终无法释怀。平日，赵燕在工作之余除了要关心两个孩子之外，还要去医院照顾患病的父亲(75 岁)。她有一位哥哥，但长期定居国外，家里内外全靠赵燕一人张罗。好在赵燕的母亲(72 岁)健康状况良好，还能帮忙照看孙子。但在工作与情绪的双重压力下，赵燕经常与丈夫因为一点家庭琐事而发生口角，从上个月开始，两人过起了分居生活。

问题：

请根据以上背景信息绘制赵燕的家庭结构图，并简要阐述家庭结构图描述法的内容与功能。

【参考答案】

(1)根据上述案例中赵燕家庭的背景信息，可绘制家庭结构图，如图 2-4 所示。

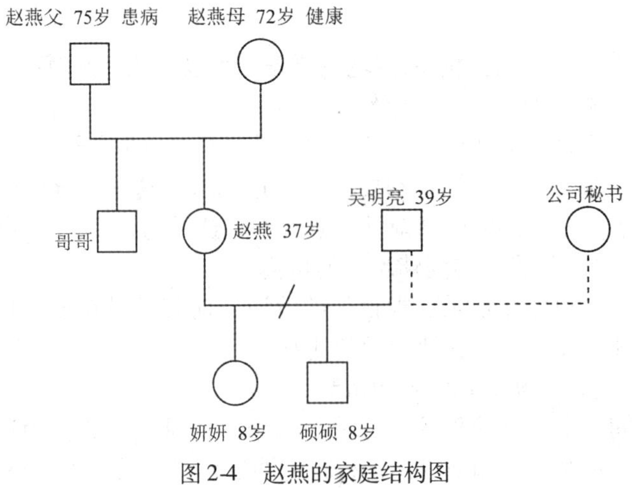

图 2-4 赵燕的家庭结构图

服务对象姓名：赵燕

档案日期：2017 年 3 月

①表现出的问题

赵燕未能很好地处理丈夫外遇后的家庭关系和自身情绪，工作和家庭责任的压力大，最近常因家庭琐事与丈夫发生口角并最终与丈夫分居，导致家庭关系又一次恶化。

②家庭结构和家庭关系

③背景信息

赵燕与丈夫结婚 10 年，有一双儿女，女儿妍妍（8 岁）和儿子硕硕（6 岁）。2017 月 3 月，丈夫吴明亮与其公司一名秘书发生了婚外情，致使两人的婚姻关系产生了裂痕。赵燕一直未能从丈夫外遇的阴影中走出来，加之平日工作之余不仅要照看两个年幼的孩子，还要去医院照顾年迈的父亲，而长期定居国外的哥哥也无法帮到自己，她感到不堪重负。在负面情绪与种种压力下，赵燕经常与丈夫争吵，并从上个月开始与丈夫分居。

（2）家庭结构图又称家庭树或家庭图谱，是以图形来表示家庭中三代人之间关系的方法。家庭结构图可以直观地提供有关家庭历史、婚姻、伤病等重要家庭事件，以及家庭成员间的沟通和互动状况等重要信息，帮助工作者了解服务对象的家庭模式、服务对象在家庭中所处的位置以及家庭对服务对象的影响等。家庭结构图的内容与功能为：

①描述家庭的历史；

②提供有关家庭婚姻、死亡、家庭成员所处的地位和位置、家庭结构等与服务对象有关的摘要式信息；

③包含家庭几代的关系资料，提供服务对象的家庭关系、资源、问题与家庭间关系等资料。

案例八

小伟，男，14 岁，陕西人，初中一年级学生。他从小跟着爷爷奶奶在老家生活，父母在北京打工。2016 年 9 月，小伟转到北京一所民工子弟学校就读，但其父母由于平时工作很忙，无暇顾及他的学业。由于学习成绩较差，他产生了厌学情绪，开始结交社会上的不良分子，并诱导其他同学逃课、打游戏，学校打算将其开除。

假如你是学校的社会工作者，从小伟的班主任老师那里听说了小伟的情况，打算对小伟提供服务。

问题：

1. 请分析小伟目前面临的问题及问题产生的原因。

2. 针对小伟面临的问题，学校社会工作者应该采取哪些介入策略？

【参考答案】

1. 上述案例中，小伟目前面临的问题及问题产生的原因分别表现为：

（1）小伟目前面临的问题

①存在厌学情绪，学习成绩差，经常逃课、打游戏，需要提高学习成绩，改变逃课、打游戏的不良行为习惯，以免被学校开除；

②行为不良，诱导其他同学逃课、打游戏，需要和同学之间建立正常的人际关系，培养健康的行为习惯；

③父母无暇教导小伟，导致亲子关系疏离，需要与家人建立和睦的亲情关系。

（2）小伟所面临的问题产生的原因

①个人的原因

从小伟个人来说，由于他来自陕西，从小跟着爷爷奶奶在老家生活，到北京后，可能由于语言不通、对环境不适应，或者从小没有受到良好的启蒙教育，导致小伟的学习兴趣不高，成绩也不理想。而学习成绩不好，使小伟心理上的自卑情绪更加严重，产生了厌学情绪，进而导致了逃学及与偏差少年为伍等不良行为的产生。

②家庭方面的原因

从家庭方面来看，小伟的父母是外来打工人员，由于忙于工作，无暇管教小伟。这使身处异地的小伟缺乏家庭的温暖和父母的关爱，尤其对于处于成长期和叛逆期的小伟而言，家庭教育尤为重要。

③学校方面的原因

从学校方面来看，小伟目前在民工子弟学校就读，学习环境不理想，是造成小伟学习兴趣下降的一方面原因，且学校的管理制度上存在着一些疏漏，导致小伟与不良少年为伍，从而造成小伟行为的偏差。

但是，从小伟诱导了其他同学逃学这一方面看，小伟在同学中还是有一定的威望的；小伟经常打游戏，也说明其动手能力和反应能力都不错。

④社会方面的原因

社会上的一些不良风气影响了小伟的成长，从而导致了他与不良少年为伍，比如玩游戏、泡网吧等，严重影响了学业。另外，外来务工人员子女的教育问题迟迟得不到有效解决，社会也并没有给小伟等人以支持和帮助。

2. 针对小伟面临的主要问题，学校社会工作者应采取的介入策略如下：

(1)进行危机干预

与小伟的家长、班主任和校方达成一致，给小伟一个改过的机会，安排留校察看。若小伟改过自新，校方应重新接纳小伟。

(2)运用个案工作技巧

为小伟提供心理辅导，使小伟获得心理支持和被关注感，鼓励小伟发挥自己的优点，学习自己喜欢的知识，使他重新回归生活的轨道。

(3)运用行为治疗法

请小伟的班主任配合做好校内工作，在学业上适当降低对小伟的要求，同时增加对小伟的关心和指导，对小伟在校的进步及时给予表扬、鼓励，增强小伟的成就感，逐步建立起小伟对学习、学校的兴趣。

(4)与家长保持及时的沟通与联系

向小伟的父母传输管教子女的科学方法，让小伟感受到家庭的温暖和父母的殷切希望，从而转移小伟对外界引诱的注意力，增强小伟的责任感。

二、方案设计题(根据题目的要求，设计出环节完整、严密、可行性强的服务方案)

案例一

随着互联网共享经济模式的快速兴起，外卖骑手的需求以及他们面临的问题也日益凸显，社会工作服务机构在对某市骑手群体的生存和发展状况开展调查时发现，大部分骑手属于“新生代农民”，他们处于相对弱势地位，遇到困难时主要求助对象为亲友；很多骑手每天工作超过12个小时，业余生活单调枯燥；近4成骑手对目前的工作状态不满意，但又不知道未来能做什么；近3成骑手没有任何类型的保险；近5成骑手曾经还发生过不同程度的交通安全事故，除了受天气、路况和车辆状况等因素影响，主要原因在于担心订单超时，不得不违反交通规则，或担心在家的小孩而心神不宁，或不能被消费者尊重、理解而心理压力大；调查还发现，骑手群体在工作中积累了众多交通安全经验，大多数也有帮助他人的意愿。基于调查结果，该社会工作服务机构依据系统理论，从微观、中观和宏观三个层面，发起了“关爱骑手，社会工作在行动”服务。[2023 年真题]

要求：依据系统理论，设计“关爱骑手——社会工作在行动”的服务方案，只需列出理论要点、服务目标和服务策略。

【参考答案】

(1)系统理论的要点

系统理论着眼于分析构成整个系统的各要素间存在的复杂联系和相互关系，以及存在于社会场境和外部环境中的其他相互影响的要素，即各子系统间的相互影响。“系统”是指社会系统内各个成员之间的相互交流，如夫妻、家庭、邻居、医患关系、小组、机构、照顾系统等。系统理论分析组织、政策、社区和群体对个人的影响，认为个人处于环境中的各种系统不断的相互作用中。社会工作的目的就是要改善服务对象与其系统间相互作用的形态和性质。

(2)服务目标和服务策略(见表 2-1)

表 2-1　服务目标和服务策略

层面	服务目标	服务策略
微观层面	(1)改善外卖骑手的心理情绪状况。 (2)加强对外卖骑手的安全教育，避免交通意外发生。 (3)建立对外卖骑手的社会支持网络，减轻骑手的后顾之忧。 (4)为外卖骑手做职业生涯规划辅导。 (5)丰富外卖骑手的业余生活。	(1)为外卖骑手开展个案辅导，通过心理疏导服务降低骑手的焦虑、担心等不良情绪。 (2)开展对外卖骑手的安全教育讲座，提升骑手的生命安全意识。 (3)为社区层面外卖骑手搭建社会支持网络，如链接志愿者等，降低骑手对家庭等状况的担忧。 (4)针对外卖骑手对自身工作不满，对未来迷茫的情况，开设职业生涯规划辅导服务。 (5)组织文化娱乐活动，改善外卖骑手业余生活单调枯燥的状况。
中观层面	(1)推动建立外卖骑手组织，构建外卖骑手支持网络。 (2)开展外卖骑手服务热线。 (3)搭建外卖骑手支持小组。 (4)强化企业对外卖骑手的关爱和保护。	(1)在企业层面推动建立外卖骑手组织，并推动组织与组织之间的增能赋权。 (2)开展服务热线，提供专业的热线辅导、危机干预、资源整合等服务。 (3)推动搭建外卖骑手支持小组，鼓励外卖骑手之间加强链接、共同解决问题。 (4)推动企业建立健全保障机制，督促履行关爱职工的法律责任。
宏观层面	(1)建立保障机制，为外卖骑手购买保险。 (2)推动立法与政策完善(政策倡导)。	(1)企业建立健全完善保障机制，为外卖骑手购买保险。 (2)通过政策倡导，出台专门针对外卖骑手的政策法规。

案例二

章文欣，女，13 岁，初一学生，与父母感情淡薄。幼年时，因为母亲被派往国外工作，她被寄养在外婆家四年，7 岁时与父母团聚，但因为父母工作繁忙，她由保姆照看。章文欣在小学时成绩优秀，老师经常夸奖，但由于性格较内向，团体活动参加较少，只有几个知心好友。小学毕业后，她考入一所重点中学，原来的伙伴都分散了，同时，重点中学里学习压力很大，好强的章文欣变得越来越孤僻。而父母工作繁忙，每天早出晚归，很少与她交流，全家人只有周末偶尔一起吃饭，饭桌上父母又没完没了地告诫她考试要进入班上前3名，搅得她心烦意乱，压力很大，上课无法集中注意力。结果，她期末考试排第5名，父母非常生气，母亲还动手打她。寒假时，她在家里上网，被各类网络游戏吸引，沉溺其中无法自拔。新学期开学后不久，她就不愿上学，被父母强行送到学校，上课注意力极度不集中，情绪不稳定，对同学乱发脾气，放学回家的第一件事就是打开电脑上网，不完成作业。老师注意到了她的变化，主动跟家长沟通。现在，章文欣情绪低落已近半年，成绩明显下滑，非常悲观，对任何事物都不感兴趣，甚至想自杀。

要求：

假如你是章文欣所在学校的社会工作者，其父母和班主任请你为其提供服务，请设计一份服务方案。

【参考答案】

(1)问题的陈述和分析

上述材料中，章文欣面临的问题主要表现为以下几个方面：

①学校的竞争压力很大，再加上父母施加的压力，使她不堪重压，逐渐患上抑郁症，学习成绩显著下降，情绪低落，态度悲观甚至想自杀。

②性格比较内向，升学后对新环境适应不良，不愿主动与人交往，没有知心朋友，不参加集体活动，人际交往出现障碍。

③有与父母分居四年的经历，团聚后又因为父母工作繁忙，与她交流甚少，亲子关系淡漠。母亲望女成凤心切，有时责打她，导致母女关系紧张。

④由于学业的压力和家庭关系的紧张，被各类网络游戏吸引，沉溺其中无法自拔，有互联网成瘾综合症的倾向，但为继发性。

⑤产生厌学情绪，上课注意力极度不集中，不完成作业。

(2)方案设计

根据上述案主出现的问题，作为社会工作者，应设计的服务方案如下：

①方案目标

a. 治疗章文欣的抑郁倾向，提高其社会适应能力，使她能够与他人进行正常的人际交往；

b. 改善章文欣与父母的关系，营造一个和睦融洽的家庭氛围；

c. 加深章文欣的自我认知，重建自信，恢复正常的学习和生活；

d. 帮助章文欣戒掉网瘾。

②方案实施策略

a. 通过社交能力训练，提高社会适应能力。鼓励章文欣学习交友技巧，请家长给孩子创造交友机会，以提高孩子进行人际交往的自信心，引导孩子寻求适当对象交朋友，运用适当方法表达自己的情绪，有利于从根本上消除上学时的孤独感。

b. 通过亲情拓展游戏，改善亲子关系，重建家庭功能。改善章文欣亲子关系是治疗成功的关键因素。要求家长从两个方面配合：一是多注意爱的情感表达，不再打骂女儿；二是了解女儿的内心想法，不要因为期望过高而给女儿造成压力。建议近期进行亲情拓展游戏，必须严格完成每一个项目，以利于改善亲子关系。

c. 加深章文欣的自我认知，重建自信，恢复正常的学习和生活。帮助章文欣寻找自身优势，激发潜能，培养和重塑章文欣的自信，使其融入正常的学习和生活环境中。

d. 通过心理治疗和行为疗法，治愈章文欣的抑郁倾向和网瘾。

③方案执行

包括整合家庭与学校相关资源，为案主章文欣提供服务，监督计划执行进度，处理执行过程中的危机等。

④方案评估

包括章文欣及其父母对服务的满意度、方案执行情况以及效果评估。

案例三

在南京某居民小区，小黄和邻居老刘一家发生了矛盾。小黄早年曾出国，并有了外国国籍，其外国国籍的丈夫现在在国外生活。这些经历使小黄的生活习惯、思想意识与本地居民有些不同。小黄的穿着很时髦，还喜欢广交朋友，经常有男男女女到她家聚会。老刘夫妇觉得小黄有伤风化，甚至怀疑小黄生活作风有问题，因此一直在背后数落她。后来，小黄发觉了此事，双方发生争执，老刘的儿子甚至对小黄大打出手。小黄父母认为老刘一家是仗势欺人。而小黄被打后，精神受到了很大刺激，原来的间歇性精神病复发，还出现了情绪失控与心理障碍迹象，行为非常怪异，特别是到了晚上，情况尤其严重。一天晚上，小黄情绪不稳，破坏了老刘家的门。老刘发现这一情况后，向社区社会工作者请求帮助。

要求：

假如你是该社区的社会工作者，请针对小黄的情况设计一份服务方案。

【参考答案】

(1)问题的陈述与分析

小黄与邻居老刘一家由于各自的生活方式和理念不同而产生了矛盾，在处理矛盾的过程中，老刘一家对小黄实施了暴力手段，使小黄遭受惊吓，原来的间歇性精神疾病复发，产生情绪失控和心理障碍问题，行为举动异常，由于情绪不稳，还破坏了老刘家的门。

(2)方案设计

根据上述分析，社会工作者设计的服务方案如下：

①方案目标

帮助小黄治愈间歇性精神疾病，化解与邻居老刘家的矛盾，实现彼此间的和睦相处。

②方案实施策略

a. 与小黄的父母及其丈夫建立信任关系。通过与小黄父母及其丈夫的交流，建立彼此的信任关系，并进一步了解小黄的具体经历，以及周围社会环境的其他具体问题。

b. 尽快把小黄送到专门的医疗机构进行精神疾病的治疗。进一步做小黄父母及其丈夫的思想工作，使之消除顾虑，尽快把小黄送到专门的医疗机构进行精神疾病的治疗，帮助小黄过上正常人的生活，摆脱疾病的困扰，同时注意小黄在清醒阶段出现的抗拒行为。

c. 建议小黄的父母在小黄病情初愈阶段带小黄暂时离开南京，到别处静养一段时间。

d. 叮嘱老刘一家在小黄疾病恢复期间避免与小黄直接接触。

e. 在小黄的精神疾病治愈之后，通过多种途径对小黄与邻居老刘家的关系进行调节，提供两家沟通和交流的机会，摒除双方误解，实现彼此间的和睦相处。

③方案执行

按照介入计划和设定的目标，通过直接介入和间接介入活动为小黄及其家人提供服务，监督执行进度、处理危机等。

④方案评估

包括服务对象小黄及其家人以及邻居老刘家对服务的满意度、方案执行情况及效果评估。

案例四

某社区内有十多位残疾人，他们都有长期的照顾者。最近，这些残疾人照顾者大多由于长期照顾而不堪压力，纷纷表现出不同程度的烦躁、低落情绪。

要求：

假定你是该社区服务中的残疾人社会工作者，请针对此情况为这些残疾人照顾者设计一个小组服务方案。

【参考答案】

(1)问题的陈述与分析

由于残疾人主要是生理、心理和社会交往方面存在严重缺损的人，他们遭遇的困难和问题非常多，需要帮助的范围也非常广，而残疾人照顾者一般不具有与残疾人相同的生活经历，这就增加了对残疾人生活境况及心理感受的理解难度。残疾人照顾者面对他们的照顾对象时，往往面临许多问题，主要有：

①缺乏相应的专业护理知识，在护理方面深感力不从心，容易心烦气燥；

②长期的日常生活照顾、护理工作枯燥、繁重，而残疾人康复的希望却非常微小，残疾人照顾者缺乏成就感，心理压力很大；

③缺乏有效的资源和支持，没有专家指导，同时也不知道该如何利用社区资源。

(2)方案设计

针对以上情况，社会工作者可以通过小组工作的方式，为这些残疾人照顾者提供相应的服务，具体方案如下：

①小组名称：你我在一起。

②小组性质：支持小组。

③小组成员：残疾人照顾者 10～15 名。

④小组目标：

总目标：协助残疾人照顾者掌握护理知识、提升护理技能，学会自我调节压力，形成有效地相互支持和帮助的网络。

具体目标：通过专家培训，提升残疾人照顾者的护理技能；通过小组内学习和训练，有效调节自我压力；通过小组活动，形成有效的相互支持和帮助网络。

⑤小组成员招募方式：在社区范围内张贴海报，以自愿和推荐相结合的方式进行招募。

⑥小组计划设计纲要，如表 2-2 所示。

表 2-2

节数/名称	目标	内容
第一节 大家好	1. 建立专业关系，成员相互认识 2. 澄清小组目标及成员对小组的期待 3. 订立小组规范，签订小组契约，建立初步的团体信任	1. 热身游戏：大风吹 2. 相互认识游戏：我的自画像 3. 社会工作者介绍团体的目标，鼓励成员讨论，并听取意见 4. 社会工作者说明团体规范的意义，要求成员共同制定小组契约内容，签订小组契约

续表

节数/名称	目标	内容
第二节 你说我听	1. 帮助成员寻找共同点，加深认识 2. 帮助成员感受彼此支持的力量，初步建立成员间的支持体系	1. 热身游戏：拍拍手，好朋友 2. 鼓励成员分享自己的故事，表达各自的情绪，每个人分享后请他人表达支持和鼓励 3. 信任游戏：瞎子走路 4. 布置课后思考题
第三节 知不知道	1. 增加成员对残疾人照料知识的了解，帮助成员学习护理技巧 2. 促使成员间彼此多交流、互动，进一步建立成员间的互助体系	1. 热身游戏：大家一起做运动 2. 知识大讲坛：专家讲座——如何照顾残疾人 3. 角色扮演：护理技巧大学习 4. 互动与讨论 5. 分享
第四节 好心情	1. 增加成员自我心理调节的能力，帮助成员学习自我调节压力的知识 2. 帮助成员建立起长效的支持、互助体系	1. 热身游戏：大家一起说好 2. 知识大讲坛：专家讲座——如何进行压力调节 3. 情绪宣泄：漂流瓶——随风而去 4. 团结游戏：我挺你 5. 分享
第五节 我们在一起	1. 回顾小组历程，结束小组任务 2. 进行小组评估，帮助成员巩固成效	1. 回顾小组历程 2. 分享成员在小组中的收获 3. 彼此给予温馨和鼓励的赠言 4. 互相交换小礼物 5. 总结道别

⑦方案执行

a. 整合社区资源。与社区负责人共同协调小组场地、时间，进行物资准备等。

b. 提供具体服务。在本小组中，社会工作者扮演组织者的角色，协助成员学习基本的护理技巧，并促进小组成员彼此分享经验，建立相互支持网络。

c. 监督执行进度。在每节小组活动开始前做好准备工作，并在每一节结束后进行总结与反思，及时调整小组中不适合的部分。

d. 处理困难。小组可能面临组员流失等问题，需要做好应对工作。

⑧方案评估

a. 小组的过程评估。由小组成员填写评估表，在小组执行过程中进行评估。

b. 小组成员满意度评估。由小组成员对小组进行成效评估。

c. 社会工作者的小组报告，以及社会工作者的反思。

第三章　儿童社会工作

一、案例分析题(应试人员需对提供的案例背景材料进行全面深入的分析，并按要求作答)

案例一

根据《中国儿童发展纲要(2021—2030)》的要求，某街道委托社会服务机构在D社区开展儿童友好社区建设。社会工作者在D社区走访中发现，该社区没有适合儿童活动的场所，很多儿童在楼道里玩耍；社会工作者在组织D社区儿童家长座谈时，家长普遍反映本社区的卫生状况较差；相较于周边的社区，本社区开展的儿童服务很少，社区事务也缺少儿童参与。此外该社区没有按照儿童友好社区建设规范建立“儿童之家”。

社会工作者在社区需求分析的基础上，联动环卫部门和志愿服务组织，定期清理社区卫生死角，改善社区卫生环境；与妇联合作建设社区“儿童之家”，为儿童提供安全、健康的活动场所；面向社区中的儿童和家长开展形式多样、内容丰富的服务；通过成立“儿童议事会”，鼓励儿童为社区事务建言献策。在社会工作者的努力下，D社区的儿童友好社区建设目标初步实现。[2024年真题]

问题：

1. 分析本案例中社区需求的类型。

2. 本案例中，社会工作者从哪些方面推动了儿童友好社区的建设?

【参考答案】

1. 本案例中社区需求的类型包括：

(1)感觉性需求。指社区居民或服务对象感受到或意识到，并用言语表述出来的需要。案例中，社区儿童家长座谈时，家长普遍反映本社区的卫生状况较差。

(2)表达性需求。指社区居民或服务对象把自身的感觉通过行动表达出来的需要，如申请服务、排队等候服务等。案例中，社区没有适合儿童活动的场所，很多儿童在楼道里玩耍，这体现了居民通过行动表达出来的需要。

(3)规范性需求。指由专家学者、专业人士、政府行政官员评估而决定的需求。案例中，该社区没有按照儿童友好社区建设规范建立“儿童之家”。

(4)比较性需求。指社区居民或服务对象将所得到的服务与其他类似社区进行比较，而认为有所差别的需求。案例中，相较于周边的社区，本社区开展的儿童服务很少，社区事务也缺少儿童参与。

2. 本案例中，社会工作者从以下方面推动了儿童友好社区的建设：

(1)完善社区基本建设。要让全体社区居民了解，干净的饮用水和卫生的社区环境是儿童和其他所有社区居民健康生活的基本条件，需要得到不遗余力地解决和保障。案例中，社会工作者联动环卫部门和志愿服务组织，定期清理社区卫生死角，改善社区卫生环境。

(2)建设安全、益智的儿童游戏场所和设施。要让全体社区居民了解，安全、益智的游戏和娱乐在儿童成长过程中不可缺少。案例中，社会工作者与妇联合作建设社区“儿童之家”，为儿童提供安全、健康的活动场所。

(3)健全社区儿童和家庭服务体系。要让全体社区居民了解，家庭和父母在儿童成长过程中的作用至关重要。如果希望儿童能够健康成长，就必须保障儿童有一个良好的家庭环境和一对爱护儿童并有正确育儿理念和方法的父母。儿童友好需要从家庭做起，包括为儿童的父母提供育儿指导，为儿童的家庭提供排忧解难服务，为儿童提供保护服务。案例中，面向社区中的儿童和家长开展形式多样、内容丰富的服务。

(4)创新社区儿童参与工作机制。要让全体社区居民了解，儿童是祖国的未来、社会的栋梁，他们的童年是他们成年的基础，要在他们童年时，通过社区参与了解社区和社会，学会参与社会的知识和技能，帮助他们成为合格的公民。案例中，通过成立“儿童议事会”，鼓励儿童为社区事务建言献策。

案例二

A社区发生了几起虐待儿童事件，社会工作服务机构应邀进驻该社区开展儿童保护服务。社会工作者通过入户走访，了解是否存在育儿行为不当，儿童照料缺失，家庭经济困难以及家庭关系紧张等情况，采用“红(高风险)——黄(中风险)——绿(低风险)”三色法对不同家庭进行标识；针对存在风险的家庭，组织社区志愿者定期上门了解近况；在社区张贴海报，宣传儿童保护知识；为存在不当育儿行为的家长开展亲职教育服务。小江是高风险家庭的儿童，自从母亲去世后，他经常遭到父亲酒后殴打。某日，社区志愿者向社会工作者报告，小江又被父亲打了，这次情况特别严重，他被打得意识不清。社会工作者接到报告后，立即赶到小江家中，拨打120并护送他去医院紧急救治。[2022年真题]

问题：

1. 分析社会工作者在本案例中开展了哪些方面的预防服务？

2. 在本案例中，社会工作者还应采取哪些危机干预措施？

【参考答案】

1. 预防服务是儿童保护服务的一种，指儿童社会工作者在儿童所在的社区环境中，对社区和家庭尤其是后者存在的儿童侵害风险进行发现、监测和干预的专业活动，其保护对象是存在或者已经遭受到人为伤害，包括虐待、忽视、剥削和暴力伤害的儿童。目的是及时发现不利于儿童安全、健康成长的风险，采取有效措施，消除或者改善风险状况，保障儿童的安全，促进其健康成长。主要内容包括社区动员和教育、儿童风险的识别、分类分级、监测和干预等。在本案例中，社会工作者开展的预防服务如下：

(1)入户走访。了解是否存在不利于儿童安全、健康成长的情况存在，并对不同风险的家庭进行分类标识。

(2)在对家庭进行分类标识的基础上，发掘社区志愿者资源，进行定期上门访问了解家庭状况。

(3)社区动员和教育。在社区张贴海报，宣传儿童保护知识，在社区范围内营造保护儿童的氛围。

(4)监测和干预。为存在不当育儿行为的家长开展亲职教育服务，并为存在紧急情况的儿童提供危机干预措施。

2. 危机是由于个人生活中的压力或突发事件使个人原有的满意状况有所改变，导致出现不平衡，或者失去稳定的一种状态。在儿童暴力事件处于危险的紧急情况时，社会工作者需要对危机进行处理，采取有效措施积极应对。这些措施主要包括报警求助、伤情处理、紧急庇护、协助申请(紧急)人身安全保护裁定以及康复回归服务等。本案例中，社会工作者还应采取以下危机干预措施：

(1)报警求助，对正在发生的儿童暴力事件，社会工作者及相关干预者应该立即报警，防止事态升级，切实保护儿童安全，可在受害人及其家属同意的情况下陪伴其接受警察的问询；

(2)伤情处理。在警察没有到达现场的情况下，社会工作者及相关干预者应该根据现场情况，平息受害人情绪，尽量将加害人与受害人分开，并及时处理伤情，根据需要开展现场急救、拨打“120”或护送伤者至医疗机构，同时协助受害儿童及其(未施暴)照料者到相关机构进行伤情鉴定，固定证据。社会工作者及相关干预者需要掌握一些常规的基础医疗知识，如简易包扎、骨折处理等有利于伤情处理的基本知识和技能。

(3)紧急庇护。针对情节比较严重的家庭暴力，有必要将受害儿童紧急转介到相应场所进行庇护。各市(区、县)所设立的家庭暴力受害人庇护所或未成年人保护中心，往往具有一定的隐蔽性，不仅能保证受害儿童的安全，还能免费提供一定期限的住所和生活照顾。

(4)协助人身安全保护裁定。人身保护令制度是专门为家庭暴力受害人提供的民事法律救济途径，也相当于在加害人与受害人之间筑起了一道“隔离墙”。它能在很大程度上预防家庭暴力的再次发生，可以降低发生时的严重性和发生率。

(5)康复和回归服务。康复和回归服务是指儿童社会工作者为受到权益侵害儿童提供的专业服务，主要包括身体康复、情绪辅导、法律援助等，直至儿童能够回归正常生活状态的服务。根据受害儿童的安置状态，康复服务可以在两种环境下进行，一是原生家庭环境中，二是儿童福利机构环境中。后者是国家监护体系，也被称为替代性国家照顾体系。两者的目的都是为了确保危机情况得到解决，帮助服务对象恢复生活态度，努力促进其身心健康和人际交往。

案例三

某小学的周老师发现，女学生小红最近上学经常迟到，上课注意力不集中，学习成绩快速下降；小红过去衣着整洁，现在变得邋里邋遢；学校召开家长会，小红家里无人参加；学校联系家长，家长的电话也无人接听。周老师家访时了解到，小红家居住在老旧小区，出租房较多，人员复杂；小红父亲酗酒成性，常打骂小红母亲；小红母亲不堪忍受，最近离家出走。

学校社会工作者接到周老师的转介后发现，小红性格内向，很少与班上同学交流；在谈及家庭情况时，小红神情紧张，社会工作者还注意到小红身上有多处瘀伤，问其原因，她不愿回答。[2015 年真题]

问题：

1. 从儿童保护的角度，列出小红所面临的风险。

2. 社会工作者可采用哪些收集信息的方法，进一步评估小红的服务需求？

【参考答案】

1. 儿童的生存、发展与保护需要获得不同方面的照顾、引导、支持和保障才能完成。儿童受保护的需要是指儿童在成长过程中需要在身心两方面得到安全保障，不受到任何人为的伤害。在本案例中，小红主要面临的风险有：

(1)身体虐待。社会工作者注意到小红身上有多处瘀伤，且案例中说到小红的父亲经常打骂妻子，小红的瘀伤很可能来自父亲的打骂，小红在家庭中面对身体遭到虐待的风险。

(2)被忽视。主要表现在：

①对儿童身体健康需要的日常生活照料的忽视。小红的父亲酗酒成性，母亲离家出走，缺乏监护人对小红提供最基本的日常生活照料，导致她衣着邋里邋遢。

②对儿童发展需要和教育需要的忽视。小红监护人不参加家长会，也不关心小红的学习情况，使小红缺乏父母的爱、关注和适当的管教。

③对儿童社会化发展需要的同伴交流和接触社会的机会的忽视。小红性格内向，缺少同伴交流，面临社会化发展被忽视的风险。

(3)安全风险。小红家居住在老旧小区，出租房较多，人员复杂，小红的父亲酗酒成性，母亲离家出走，小红作为未成年儿童缺少监护人、学校、社会保护，面临安全上的风险。

2. 服务需求评估是指收集并分析信息资料，明确儿童成长状况，发现影响儿童成长风险因素或儿童伤害的过程。它是一个持续的、不断进行的工作过程。评估的方法主要是指儿童社会工作者收集资料的方法。只有收集到符合理论的信息，才能对儿童服务需求作出准确的判断。社会工作者可以通过以下几种收集资料的方法，进一步评估小红的服务需求：

(1)家庭走访。走访的目的是到小红的家庭环境中实地观察和感受小红的生活环境，并在自然的环境中与小红及其家人进行交流，从而获得最直接、最真实的信息。

(2)实地观察。社会工作者在小红的家庭里，按照儿童发展的基础知识理论，直接观察和收集相关信息，包括小红自身的、家长的和家庭的信息。例如，小红家庭居住的房屋情况，小红在家庭中的学习空间情况，小红与父亲的互动模式及相处情况等。

(3)会谈。社会工作者以了解小红服务需求为目的，与小红及其家人、邻里、同伴进行的面对面谈话。

(4)查阅文档。社会工作者围绕小红服务需求评估开展的文件和档案查阅工作。在小红服务需求评估过程中，查阅小红的健康记录文档、在校成绩记录文档、父母及其他家庭成员的健康档案等。

案例四

佳佳，女，8岁，正读小学二年级，父母在四年前离婚，佳佳被判给母亲叶女士抚养。经过一段黑色的婚姻生活，叶女士现在对再婚持排斥态度，她将所有的希望都寄托在佳佳身上，对其管教非常严厉，只要佳佳稍微有点淘气，叶女士就打骂佳佳。最近，因为公司倒闭，叶女士下岗了，家庭失去了收入来源，叶女士既忧虑又急躁，对佳佳的打骂成为家常便饭。而佳佳的父亲一直拖延支付佳佳的抚养费用。现在，佳佳的学习成绩下滑得厉害，还经常撒谎、不交作业，也不喜欢与同学一起玩耍，动不动就与同学打架。佳佳的班主任老师找到学校的社会工作者，希望为佳佳提供服务。

问题：

1. 请说明儿童的需要主要有哪些?

2. 上述案例中，佳佳面临的困境主要有哪些?

3. 针对佳佳目前的困境，社会工作者可以采取哪些介入策略?

【参考答案】

1. 儿童的发展包含了身体从弱小到强大、智力从低到高、心理人格从无到有以及行为从稚嫩到趋于成熟的过程，这个发展过程需要获得不同方面的照顾、引导、支持和保障才能完成。儿童的需要主要包括：

(1)生存的需要

生存的需要包括生命存在的需要和社会存在的需要两个方面：①生命存在的需要，即获得基本生活照料，包括养育照料和可获得的最高水平健康医疗照料；②社会存在的需要，即获得社会身份，包括姓名、户籍和国籍。

(2)发展的需要

儿童的发展需要又称儿童的成长需要，是指儿童为了身心发展需要获得的关爱、教育和引导。它主要包括：

①获得良好的家庭生活，得到父母的爱和适当管教，与父母建立良好的亲子关系；

②拥有受教育的机会，有良好的教育和学习环境，满足其探索和认知世界的求知欲；

③获得足够的休闲和娱乐，有适合儿童且安全的娱乐场所，为儿童形成良好的娱乐休闲态度、方式和行为提供教导和培养。

(3)受保护的需要

儿童受保护的需要又称儿童免遭伤害的需要，是指儿童在成长过程中需要在身心两方面得到安全保障，不受到任何人为的伤害。这些人为的伤害主要包括对儿童的虐待、忽视和剥削。

(4)社会化需要

儿童的社会化是儿童逐步了解社会、掌握生存技能的过程，是人的社会化过程中的第一步。它要求儿童在成长过程中通过个人和社会的交互作用，获得语言、思维、情感等能力和行为方式。儿童社会化的具体内容包括：

①培养儿童的基本生活技能，使儿童掌握吃饭、穿衣、保持个人清洁卫生、语言表达等人类发展的最初行为方式；

②促使儿童的自我观念发展，使儿童能分清自我与非我两者的关系；

③使儿童养成良好的生活习惯，逐渐懂得约束自己的行为，调整好个人与个人以及个人与家庭、学校、社会等方面的关系；

④培养良好的道德品质，使儿童逐步适应社会规范，具备社会公德；培养社会角色，使儿童随着年龄的增长不断扮演适当的性别角色、游戏角色、学校角色以及社会角色等。

2. 在上述案例中，佳佳面临的困境主要有以下几个方面：

(1)家庭监护的问题。父母教养子女的能力，即亲职能力是家庭监护的核心组成部分。但是案例中，佳佳的父母在她四岁时离婚，佳佳被判给母亲抚养，这使得佳佳失去了一个完整的家。另外，佳佳的母亲叶女士离婚后一直有不良情绪，甚至影响到了佳佳的健康成长。

(2)贫困问题。案例中，佳佳的母亲因公司倒闭而下岗，失去了收入来源，父亲也一直拖延支付佳佳的抚养费用，这使佳佳与母亲的生活变得拮据。

(3)恶劣的亲子关系问题。佳佳的母亲对其管教严厉，佳佳稍有淘气，叶女士就打骂佳佳。加之叶女士失业，将个人的不满情绪发泄在了佳佳身上，对佳佳的打骂成了家常便饭。叶女士对佳佳的肢体虐待使得佳佳也学着用暴力解决问题，经常在学校打架，造成了佳佳的扭曲成长。

(4)在学校的不良行为。佳佳在学校经常撒谎、不交作业，甚至与同学打架，这些不良行为限制了其人际交往和发展的空间。

3. (1)针对佳佳目前的困境，从促进儿童健康成长方面来看，社会工作者应该提供家庭支持服务和开展儿童支持服务，主要介入策略为：

①亲职辅导。亲职辅导是指根据家长需要提供的如何做好父母的指导和教育工作，一般可采用个别辅导、家长自助小组和亲子互动团体等方式进行。通过亲职辅导教会叶女士

如何做好一个单亲妈妈。

②亲子关系辅导。亲子关系辅导是指以父母和子女为对象，以消除两者之间的矛盾和隔阂，增进彼此之间的理解和支持，最后实现两者的良性互动的专业指导或治疗活动。佳佳经常遭到母亲打骂，母女之间关系冷淡，加之父母离婚，父女关系疏远，通过亲子关系辅导形成正确的沟通方式，修复亲子关系。

③家庭辅导。家庭辅导是指以家庭为单位，以全体家庭成员为对象，以改善家庭成员关系为重点，以恢复能够执行健康的家庭功能为目标的专业指导或治疗活动。佳佳的父母离婚，父母之间的关系紧张，但父母应该明白，婚姻的失败并不能忽略对孩子的教育，社会工作者应该通过家庭辅导使佳佳父母重视对佳佳的家庭教育和关爱。

④儿童问题辅导。儿童问题辅导是专门为儿童提供的辅导服务。佳佳学习成绩下滑得厉害，还经常撒谎、不交作业、不喜欢与同学一起玩耍，动不动就与同学打架，这表明佳佳目前存在严重的行为偏差，通过儿童辅导帮助佳佳进行行为指导和矫正，保障佳佳健康成长。

(2)针对佳佳目前的困境，从补充和改善家庭状况层面来看，社会工作者主要是补充和改善家庭经济、监护状况，具体表现在：

①补充和改善家庭经济状况，主要是就业援助。为父母提供职业技能培训，并提供就业信息，为其就业提供帮扶，从而实现提高其就业能力、改变其就业状况、改善家庭经济条件的目的。针对叶女士的失业，社会工作者可以为其提供职业技能培训实现再就业，改善佳佳的生活质量。

②补充和改善家庭监护状况，主要是亲职教育。为亲职不当父母提供亲职教育，并跟踪辅导，以帮助父母纠正不当教养理念和行为，改善亲职状况，为儿童健康成长提供基本保障。针对佳佳母亲出现的将不良情绪转移到佳佳身上，对佳佳进行肢体和语言上的虐待，发生了不正当亲职教育的情况，社会工作者有必要介入帮助叶女士形成正确的教育理念和方法。

案例五

小张硕士毕业后到上海的一个社工机构工作，当时该机构有一个特色的服务项目“浦东少数民族儿童服务项目”。小张了解到来沪务工的少数民族父母的子女入学存在多种需求，这些孩子面临着一系列的问题，包括居所变更、生活教育环境改变及城市适应等。他们的学校教育时常被中断，有时还会被卷入到非法营利活动中。很多少数民族父母整日为生计奔波，对孩子缺乏基本的情感生活照顾和学业辅导，并且由于生活环境较差，人员结构比较复杂，这些儿童时常会受到不良社会风气的影响。

最近小张接到了一个案例，小亮来自贵州一个偏僻的农村，其父母在上海一家工厂打工。小亮上小学三年级的时候，父母把他接到了上海，并将他安排在该城市的一所学校读书。但是仅上了两天课，小亮就不愿意再去学校了，把自己关在房间里不出来。在父母的盘问下，小亮说他完全听不懂老师讲的是什么，学习很吃力，尤其害怕上英语课。有一次老师让他起来回答问题，他不仅不会回答，而且还因为自己的口音被班上的同学笑话，觉得很丢脸，再也不想去学校了。小亮的父母找到社会工作者小张，希望小张能为小亮提供服务。

问题：

1. 上述案例中，小亮面临的问题有哪些？

2. 按照马斯洛需要层次理论，小亮的哪两个重要需要没有得到满足？

3. 针对小亮的问题，社会工作者小张应采取哪些介入策略？

【参考答案】

1.（1）儿童面临的困境主要有以下几个方面：①儿童生存的问题，包括新生儿健康问题、儿童营养问题和儿童户籍问题；②儿童发展的问题，包括贫困问题、家庭监护的问题；③儿童保护的问题，包括儿童遗弃的问题、儿童遭受体罚和肢体虐待的问题、儿童被性侵的问题、儿童被忽视的问题、儿童被拐卖的问题。

（2）根据上述案例描述，结合儿童社会工作分析，小亮主要面临的困境是儿童生存问题和发展问题。主要体现在：

①环境适应性问题，随着城市化的不断深入发展，城市中外来务工人员的数量不断增多。进城务工人员的子女日益上升，但由于学习环境突变，致使他们在语言、人际交往等方面出现问题，较难适应大城市里的教育进度和环境。小亮是典型的进城务工人员的子女，面临着环境和教育适应性问题。

②家庭监护的问题，良好的家庭监护是儿童成长的基本保障。父母教养子女的能力，即亲职能力是家庭监护的核心组成部分，包括父母是否有科学的育儿观念，是否具有正确的育儿方法，是否具有足够的育儿时间和精力等。小亮三年级之前是留守儿童，三年级升学随父母一起来到大城市。作为城市务工群体，小亮的父母整日为生计奔波，对小亮缺乏基本的情感生活照顾和学业辅导，没有意识到小亮刚入学存在的适应性问题，忽略了对小亮的呵护。

③自身发展问题，小亮从偏远的农村来到大城市，不仅上课吃力，英语口音还被同学嘲笑，这给小亮的自尊心带来了巨大伤害，小亮在学习上、生活上不知道该如何发展，于是出现了厌学情绪。

2. 马斯洛需要层次理论将人类的需要分为五种，分别是：生理需要、安全需要、归属与爱的需要、尊重的需要及自我实现的需要。小亮最基本的生理需要和安全需要在父母的照顾下能够得到满足，主要是归属与爱的需要和尊重的需要没有得到满足。小亮从乡村学校来到上海的城市学校，在上海的同学眼里，小亮是另类，被集体排斥，得不到同学的友爱；因为教材及教育制度造成的城乡差别，小亮学习跟不上，还有口音、着装、言谈举止等都不为同伴所接受，得不到大家的认可、重视和尊重。

3. 针对小亮的问题，社会工作者小张应采取以下介入策略：

（1）直接介入

①为小亮提供课业辅导。社会工作者小张可以联系社区里的大学生志愿者，定期为小亮提供课程辅导，尤其是英语课的辅导，增强小亮的学习信心，使小亮逐步适应新学校的学习进度和教材内容。

②为小亮提供情绪疏导和支持。小亮来到陌生的大城市，陌生的生活和学习环境，很多课程听不懂，自尊心受挫，又没有朋友和伙伴的支持和鼓励，心里肯定大受打击。社会工作者小张可以通过与小亮面谈，帮助小亮疏导负面情绪，调整心理状态，适当地给予鼓励和支持，帮助建立初步的自信。

③协助小亮学习人际沟通技巧。社会工作者小张在与小亮面谈的过程中，让小亮多说普通话，训练他的正确发音，鼓励他多张嘴说话，同时教授他一些人际沟通技巧，做好准备工作后，鼓励小亮在学校尝试着主动和同学接触。

(2)间接介入

①走访小亮的学校。社会工作者小张可以请老师们多鼓励和指导小亮学习，帮助他适应学校生活、建立自信心；请同学们多理解小亮，不要取笑他，多帮助他，组织热心的同学与小亮结成学习伙伴，帮助小亮尽快融入班级生活。

②设计实施班级融入活动。与老师合作，利用班会时间开展“帮助小亮融入班级”的小组活动。

③与小亮的父母沟通。请他们平时多与小亮沟通，关注小亮的情绪心理变化，适时地给予鼓励和支持，帮助小亮在城市健康地成长。

案例六

小芬是小学三年级的学生，出生前父亲因犯法进了监狱，母亲也弃她而去。年幼的小芬一直由爷爷奶奶抚养长大。爷爷奶奶对没有父母的小芬格外疼爱，百般呵护。因怕小芬被人笑话自己没有父母而受到伤害，所以平日里几乎不让小芬和别的小朋友玩，与亲戚也很少来往。小芬的生活圈里只有爷爷奶奶。上学期间，小芬性格非常内向，喜欢哭，害怕与陌生人交往。

问题：

1. 从上述案例中分析小芬现在的需要。

2. 针对小芬目前的困境，社会工作者应采取什么样的介入策略？

【参考答案】

1. 案例中，小芬现在的需要主要有以下几个方面：

(1)发展的需要，儿童的发展需要又称儿童的成长需要，是指儿童为了身心发展需要获得的关爱、教育和引导。小芬的发展需要主要包括：

①获得良好的家庭生活，得到父母的爱和适当管教，与父母建立良好的亲子关系。小芬的父母都不在身边，尽管被爷爷奶奶百般呵护，但依然是缺爱的。

②拥有受教育的机会，有良好的教育和学习环境，满足其探索和认知世界的求知欲。小芬在爷爷奶奶的呵护下性格内向，在学校里不敢与陌生人说话，没有足够的探索求知欲。

③获得足够的休闲和娱乐。小芬的生活圈里只有爷爷奶奶，平日基本不和其他小朋友玩。因此，小芬需要良好的休闲娱乐机会。

(2)社会化需要。它要求儿童在成长过程中通过个人和社会的交互作用，获得语言、思维、情感等能力和行为方式。小芬平日里基本不与朋友和亲戚来往，生活圈子里只有爷爷奶奶，很容易和社会脱节，是需要进一步社会化的。如多与同学交流，与同龄的小朋友友好相处，与亲戚多来往等。在这样的过程中提高语言、思维、情感等能力。

2. 针对小芬目前的困境，社会工作者可以采取的介入策略有：

(1)直接介入

①儿童问题辅导。专门为儿童提供的辅导服务，包括针对儿童自身的问题行为、与他人的人际交往问题、心理健康问题、身心障碍的康复与治疗问题等开展的一系列专业服务活动。其目的是为儿童提供及时有效的情绪疏导和支持、行为指导和矫正，从而预防可能出现的更加严重的问题，保障儿童健康成长。小芬在爷爷奶奶的过度保护下，已经出现了社交问题，社会工作者应该通过个案疏导帮助小芬走出人际交往的错误思维，鼓励小芬平时多与同学、朋友交流，相互学习，建立良好的人际交往圈子，对她取得的进步及时予以表扬，增强其自信心，促使小芬改变现在内向的性格。

②儿童的娱乐和休闲。娱乐和休闲在儿童的成长过程中占有十分重要的地位，对儿童在情绪、认知、语言、社会和身体动作等方面的发展起到了十分重要的作用。具体地说，娱乐和休闲可以帮助儿童强壮身体，促进情绪的放松和调适，增进人际关系和改善社交技能，获得同伴认同，得到自我实现，培养探索、发现和解决问题的能力，凝聚家庭，增进亲子关系。社会工作者可以通过娱乐休闲等活动带领小芬走出自己封闭的小圈子，逐渐融入社会。

(2)间接介入

①促进儿童健康成长，进行科学育儿。这主要是针对小芬的爷爷奶奶进行的服务。科学育儿是指向所有儿童的父母和家庭传播科学育儿理念，并为他们提供具体的科学育儿实践指导和日常育儿问题咨询。爷爷奶奶的出发点是防止小芬受人伤害，但是教育行为是有待改正的，不能因为害怕小芬受到伤害就将小芬封闭起来，这样反而不利于小芬的成长，社会工作者应该帮助小芬的爷爷奶奶树立正确的教育方式。

②家庭辅导。家庭辅导是指以家庭为单位，以全体家庭成员为对象，以改善家庭成员关系为重点，以恢复能够执行健康的家庭功能为目标的专业指导或治疗活动。小芬的父亲入狱，社会工作者可以帮助找到其母亲，劝说小芬的母亲前去探望小芬，使其明白自己有抚养小芬的法定义务。母爱是孩子成长中最不可或缺的感情基础。通过母亲的帮助，促使小芬改变现在胆小、爱哭的性格。

③整合社会资源，帮助小芬建立良好的社会支持网络。与小芬的亲戚进行沟通，建议他们平时多去探望小芬及其爷爷奶奶，并且整合社区资源，帮助小芬一家建立社区支持网络，使老人对外界放下戒备，放心孩子去跟外界交流，促使小芬健康地成长。

案例七

洋洋，男，今年7岁，先天性智障儿童，智力较低，语言发育迟缓，对人极为冷淡，从不主动找人玩耍，总是自己玩自己的，还喜欢做重复性的动作，对外界的反应也不灵敏。现在，洋洋已经到了上学年龄，但无法正常接受教育，他的父母为此非常烦恼。洋洋一家的经济状况很差，没钱为洋洋治病。洋洋父亲初中学历，缺少技能，在某摩托车厂作保安，收入较低。母亲因洋洋而辞去了工作，在家照顾他和4岁的妹妹，有时还帮人做一些洗衣服的活，以贴补家用，全家人生活非常艰难。

问题：

1. 上述案例中，案主洋洋面临的困境主要有哪些？

2. 针对案主洋洋所面临的困境，社会工作者应采取哪些介入策略？

【参考答案】

1. 上述案例中，案主洋洋面临的困境主要有以下几个方面：

(1)物质层面的困难。洋洋的父母文化程度低，缺少技能，经济收入来源少，家庭经济困难，无法为洋洋和妹妹提供良好的生活环境。同时，洋洋也无法到医院接受治疗。

(2)教育困难。洋洋患有先天性智障，智力较低，语言发育迟缓，对人极为冷淡，对外界的反应也不灵敏，导致其到了入学年龄却不能正常接受教育。

(3)社会交往困难。洋洋是先天性智障儿童，语言发育迟缓，不主动找人玩耍，自己玩自己的，存在社交困境。

2. 针对案主洋洋所面临的困境，社会工作者应采取直接介入策略，促使服务对象运用现有资源：

(1)评估洋洋一家的经济收入，利用现有政策，帮助洋洋一家申请困难补助，缓解经济困难状况；

(2)联系相关机构，对洋洋做一个全面的检查和评估，确定其残疾程度，并根据检查评估结果，确定他所需要的理疗、语言治疗、职业治疗和特殊教育等服务；

(3)协助洋洋的父亲争取职业技能培训机会，提高职业技能，增强工作能力，以便其寻找收入较高的新工作；

(4)分别帮助洋洋和其妹妹联系相关的残疾人士服务机构与幼儿园，使洋洋母亲从照顾孩子中解脱出来，重新寻找工作，改善家庭经济状况。

二、方案设计题(根据题目的要求，设计出环节完整、严密、可行性强的服务方案)

某幼儿园中班上的王倩倩小朋友非常胆小，常常在班上抹眼泪，不愿参加班级活动，有时走路一瘸一拐的，身上也有淤青。幼儿园的夏老师发现后，对王倩倩进行了一周的观察，注意到王倩倩的母亲潘可君在接送女儿时常常都是沉着脸，有时还在幼儿园门口打女儿。于是，夏老师来到王倩倩所在社区的家庭服务中心，要求社会工作者介入。

要求：

假如你是王倩倩所在社区的一名社会工作者，请按照个案工作的进程设计出服务各阶段的工作要点。

【参考答案】

社会工作者在与夏老师会谈、了解基本情况后，需要拜访潘可君，尽快全面收集王倩倩的家庭资料，判断王倩倩是否正在遭受虐待，如果情况属实，则需紧急介入，将王倩倩带离其母亲身边，保护她的人身安全，对其开展辅导工作。

(1)接案阶段

社会工作者通过夏老师与王倩倩进行初步接触，关爱王倩倩，运用同理心、尊重、真诚等技巧取得王倩倩的信任；然后选择一个安全、温馨、舒适的场所，使用儿童的语言引导王倩倩在放松的状态下进行会谈。通过会谈，社会工作者初步了解王倩倩问题的成因、程度、频度等。

(2)预估阶段

①在现有资料下，通过家访、观察等方式进一步全面搜集资料，确定王倩倩问题产生的原因与需要；

②从问题、人、环境三个维度对搜集的资料进行分析，同时关注王倩倩的优势与需求；

③根据现有资料，初步判定王倩倩的问题属于家庭和心理两方面，而心理问题也与家庭有关；社会工作者需要清楚王倩倩的家庭结构和家庭关系，以及王倩倩的成长史，其母亲潘可君虐待女儿的原因。

(3)计划阶段

①个案工作的总目标：修正王倩倩的家庭问题，处理王倩倩由于受虐待而产生的情绪问题，协助王倩倩发展良好的朋辈关系，使其健康快乐地成长。

②对王倩倩的辅导：

a. 处理被打的情绪伤害，给予她关爱与温暖；

b. 教导其学习与小朋友进行沟通的技巧，鼓励她积极参与班级活动，发展自己的兴趣和爱好，对她的进步及时予以表扬与奖励。

③对潘可君进行心理辅导和行为修正：a. 协助潘可君宣泄积压于心头的负面情绪；

b. 帮助潘可君学习恰当的情绪宣泄方式及压力管理技巧；c. 改变潘可君不适宜的教养方法，教导其采用适合的教育方式；d. 协助潘可君解决家里其他困难，为女儿的成长营造良好的环境。

(4)介入阶段

社会工作者需根据计划展开服务，并依据实际情况调整工作计划。可以从三方面着手：

①时刻关注王倩倩的需求和感受；

②对潘可君的改变进行及时评估，直到确保王倩倩的家庭环境得到改善，不存在继续受虐的危险；

③与夏老师和王倩倩所在社区工作人员及邻居联系，请她们监督王倩倩的家庭情况，构建紧急支援系统。

(5)评估阶段

对个案辅导进行成效评估、过程评估和满意度评估，也可根据潘可君和夏老师对服务的满意度分析个案辅导的效果。此外，需要提前告知王倩倩和潘可君辅导即将结束。

(6)结案阶段

与王倩倩回顾个案辅导的整个过程，巩固辅导效果。在其表现出离别依恋情绪时，要恰当地处理，鼓励她坚持采用个案辅导中学到的方法来保护自己。

(7)跟进服务

个案结束之后要进行跟进，必要时需每隔一段时间进行一次回访，并请幼儿园给予王倩倩更多的关注。

第四章　青少年社会工作

一、案例分析题（应试人员需对提供的案例背景材料进行全面深入的分析，并按要求作答）

案例一

某社区青少年服务机构的社会工作者发现，该社区里有不少青少年以抽烟、喝酒、说脏话为时尚，行为也"匪里匪气"。因此，社会工作者以班杜拉（Albert Bandura）的观察学习历程的步骤顺序，组织了"什么是时尚"的主题活动，改善青少年对时尚的认识。[2011 年真题]

表 4-1　青少年"什么是时尚"主题活动大纲

节次	主题活动内容
第一次	A. 通过情景剧表演，帮助青少年反思不良时尚观的由来，重新树立正确的时尚观
第二次	B. 引导青少年制定改善认知和行为方式的计划，并指导他们应用于日常生活中，增强其保持正确时尚观的动力
第三次	C. 组织青少年观看电影、电视，通过实例示范，引导他们注意影视中反映出来的正确时尚观
第四次	D. 组织青少年开展关于"什么是时尚"的辩论赛，并对不同的时尚观进行辨识，引导青少年初步树立正确的时尚概念

问题：

1. 依据班杜拉（Albert Bandura）观察学习历程的要求，结合上述案例，分析该主题活动顺序中存在的错误，并用表 4-1 中与小组活动内容相对应的英文字母代码，重新排列小组活动节次的正确顺序。

2. 结合案例说明上述主题活动主要采用了班杜拉（Albert Bandura）社会学习理论中提出的哪些治疗技术。

【参考答案】

1. 班杜拉观察学习的历程可以概括为以下几个步骤：注意过程、保持过程、再生过程、增强过程。案例中，与此相对应的活动内容分析如下：

C. 组织青少年观看电影、电视，通过实例示范，引导他们注意影视剧中反映出来的正确时尚观，属于注意过程。

D. 组织青少年开展关于"什么是时尚"的辩论赛，并对不同的时尚观进行辨识，引导青少年初步树立正确的时尚观念，这是一种保持过程。

A. 通过情景剧表演，帮助青少年反思不良时尚观的由来，重新树立正确的时尚观，是一种再生过程。

B. 引导青少年制定改善他们认知和行为的计划，并指导他们应用于日常生活中，增强其保持正确时尚观的动力，这是一种增强过程。

因此，小组活动的正确顺序为 CDAB。

2. 运用到的治疗技术有：

（1）实例楷模法。引导当事人观看实例，如电影、电视、录音带的示范，使当事人学习适当的行为。案例中社会工作者组织青少年观看电影、电视的实例示范，引导他们注意影视剧中反映出来的正确时尚观，运用的是实例楷模法。

(2)认知楷模法。由增强当事人的认知结构或自我效能着手，如提高当事人的信心，使他相信自己有改变的可能。案例中社会工作者组织社区青少年开展关于“什么是时尚”的辩论赛，增强了青少年的认知结构，并且帮他们制定认知和改善行为方式的计划，增强他们保持正确时尚观的动力，运用的是认知楷模法。

案例二

社会工作者在某职业学校开展服务时发现，有些学生在课堂上表现不佳，动辄与任课老师产生冲突，甚至擅自离开课堂；有些学生流连于网吧，经常夜不归宿。社会工作者经过进一步的评估，发现大多数学生流露出对未来的迷茫，觉得读职业学校没有前途，既懊悔过去读书不认真，又不愿面对现实，更没有为改变现实而采取行动。

社会工作者决定依据现实疗法中的“责任”、“现实”和“正确”三个基本要点，开展以提升青少年自我管理能力为总目标的小组活动。

在小组活动过程中，社会工作者通过破冰游戏等方式来促进组员间的相互交流，建立积极、正向的伙伴关系；与组员共同制定契约，形成小组规范，使组员逐步认识到遵守规范的重要性。社会工作者通过“自画像”、“生命环”等活动，协助每位组员开展自我探索，了解自己的行为并进行合理评估，学会对自己的行为负责。社会工作者借助良好的小组互动氛围，通过角色扮演、示范、鼓励等技巧，协助组员学会真实表达，并履行自己的决定和承诺。[2017 年真题]

问题：

1. 围绕提升青少年自我管理能力的总目标，列出本案例中小组工作的具体目标。

2. 分析小组工作在本案例中发挥的功能。

【参考答案】

1. 本案例中，以提升青少年自我管理能力为总目标，小组工作的具体目标如下：

(1)提升青少年自我决策和自我管理的能力，协助青少年有效地自我约定并学会履行承诺和决定。

(2)培养青少年以勇于负责的态度来面对自己的生活，使其敢于面对现实，并通过实际行动来改变现状。

(3)协助青少年正确地检视、查核自己的行为表现，使其懂得如何对自己的行为作出有效的评估。

2. 本案例中，小组工作发挥了多方面的功能，具体如下：

(1)小组可以为青少年提供增加与同伴交往的机会。同伴给予的经常性的、多样的鼓励和赞许，远比成人给予的更有效。案例中，破冰游戏等方式可以促进组员间的相互交流，建立积极正向的伙伴关系。

(2)小组的过程更能刺激出大多数青少年的真实世界。案例中，社会工作者通过“自画像”、“生命环”等活动，协助每位组员开展自我探索，了解自己的行为并进行合理评估，学会对自己的行为负责。这样，小组可以帮助青少年学习到新的观念、行为，并为过渡到现实生活提供良好的帮助和训练。

(3)小组规范会对规范青少年的行为起到很好的制约作用。案例中，社会工作者与组员共同制定契约，形成小组规范，使组员逐步认识到遵守规范的重要性。

(4)小组能够提供很多的示范者、行为预演的协助者，提供模拟练习的机会。案例中，社会工作者借助良好的小组互动氛围，通过角色扮演、示范、鼓励等技巧，协助组员学会真实表达，并履行自己的决定和承诺。组员在小组内获得的经验将有助于其重新建立良好的人际交往和行为习惯。

案例三

小雷，男，某中学初二的学生，父母平时工作很忙，无暇照顾小雷的生活和学习。小雷从小就不爱学习，成绩在班里总是倒数，经常被父母称呼为“笨蛋”。小雷的性格也比较怪，动不动就乱发脾气，班里的同学给他起了个外号“小魔鬼”，没有人愿意接近他，更没有人愿意与他交往，老师也放弃了对小雷的希望，把他看作是班里无可救药的个别生。小雷因此自暴自弃，经常逃课到网吧打游戏，成绩也因此一落千丈，为此学校对他进行了多次教育，并警告他若不改正，则按退学处理。小雷的父母这才认识到问题的严重性，带小雷来向社会工作者求助。

问题：

1. 请运用标签理论分析小雷现在的表现。

2. 请依据标签理论制定合适的帮助计划。

【参考答案】

1. 标签理论认为没有一种行为是天生偏差的，偏差是被定义的。不同的社会会把不同的行为标记为偏差。该理论认为少年犯错在所难免，而他们的罪错行为之所以会加重是来自于教师、父母、警察、法官或司法系统所加于他们的负面影响。偏差有两种：初级偏差和次级偏差。标签理论讨论的重点是次级偏差行为，认为标签的过程犹如一种烙印，是一种强烈的负面看法，会使个体改变自我意识，并陷入“偏差生涯”。标签影响人的自我认同，进而导致更严重的偏差行为。

在本案中，小雷一开始不愿意学习，进而学习成绩差，父母就予以“笨蛋”的标签，老师给予“个别生”、“无可救药”的标签，小雷性格上的怪癖被同学贴上“小魔鬼”的标签，这些标签将小雷推上了标签标注的生涯——我就是笨蛋、魔鬼、个别生，由此自暴自弃。

2. 依据标签理论制定如下帮助计划：

(1)运用去标签化的方法，重新定义服务对象。去标签化具体过程如下：

①与小雷会谈，帮助其发现自己的优势与资源；

②与小雷父母会谈，调整认知，使其认识到“笨蛋”标签给小雷造成的影响和危害，重新认识孩子，帮助父母看到小雷的资源与优势，树立信心；

③与老师会谈，调整认知，使其认识到老师的放弃和对小雷的负面看法给小雷造成的影响和危害，重新认识小雷，看到小雷的资源与优势，相信小雷能够改变；

④利用班会设计小组活动，让同学们发现小雷的闪光点，建立同伴支持网络，帮助小雷融入班集体。

(2)通过个案辅导，与小雷本人沟通，多角度获取小雷的情况，了解他乱发脾气的原因，对他进行情绪辅导，帮助他学会控制自己的情绪和脾气，正确地处理与同学之间的关系；帮助小雷矫正行为，按时上学，按时完成作业，不再去网吧。

(3)教授父母正确的教育理念和方法，增强亲子沟通，了解他们对小雷成长过程的看法，让他们明白小雷希望与父母多接触、多互动的愿望，让他们多关注小雷的成长，多与小雷沟通，促进小雷与父母的关系。

(4)与老师共同制定方案，协助小雷恢复正常的学习，提高其学习成绩。

(5)与有关社区和治安部门进行联系，严格管理辖区内的网吧，禁止未成年人进入，改善社区环境。

案例四

孔永平，男，14岁，初二学生，父母离婚，他跟着母亲生活。孔永平的父亲经济收入不高，给他的抚养费不多，迫于生计，他的母亲四处打零工挣钱，基本没时间过问孔永平的学习。近半年来，孔永平经常旷课，去网吧打网络游戏，成绩一落千丈，学校班主任将此事告知他的母亲。他的母亲在网吧找到他，他对母亲不理不睬，母亲无论怎么劝，他都不回家。后来，孔永平甚至一星期不回家，沉溺在虚拟的游戏世界中。

问题：

1. 青少年个案过程的主要特点有哪些？

2. 上述案例中，孔永平面临的困境主要有哪些？

3. 针对孔永平目前的困境，社会工作者应采取哪些介入策略？

【参考答案】

1. 青少年个案过程的主要特点包括：

(1)在对青少年服务中，接案和建立关系阶段具有主动性、外展性和虚拟性等特点；

(2)青少年服务预估的焦点既包括青少年的需求评估，也包括开展专业服务所需要的资源评估；

(3)服务计划的制定必须充分尊重青少年的意愿；

(4)专业理论，特别是社会支持网络、优势视角和增能理论的运用，是开展青少年社会工作的科学基础。

2. 上述案例中，孔永平面临的困境主要有以下几个方面：

(1)沉迷于网络游戏不能自拔；

(2)父母离异，缺乏正常家庭的关爱；对母亲态度冷漠，母子关系不良，亲子沟通存在障碍；

(3)学习成绩下降，且对学习没有积极性；

(4)有逃学及夜不归宿的不良行为；

(5)家庭经济拮据。

3. 针对孔永平目前的困境，社会工作者可以采取的介入策略如下：

(1)直接介入

①帮助孔永平戒除网瘾

通过专业的社会工作服务，协助孔永平缓解网络游戏成瘾的现状。社会工作者可以同孔永平一起踢足球、爬山等，拓展其兴趣，鼓励孔永平多参加社区服务活动。

②修正孔永平的不良行为

及时表扬孔永平的进步，待其表现出希望改正的意愿时，指出其自身的缺点，督促其摒弃留宿网吧、彻夜不归、逃学旷课的行为。

(2)间接介入

①协助母子交流

安排孔永平母子会面，为他们提供交流的机会。通过母子之间的交流，使他们相互理解：一方面，可以让孔永平了解到母亲对自己的关爱，改变对母亲的冷漠态度；另一方面，可以使孔永平的母亲了解孔永平的想法和需要，在忙于生计的同时多关心孩子的生活和学习，使得母子关系得以改善。

②协助孔永平的母亲找到一份较为稳定的工作

根据孔永平母亲的情况，社会工作者为其联系职业培训机构，提高其职业技能，帮助其顺利找到一份稳定的工作，缓解家庭经济拮据的状况，同时也便于其关心照顾儿子。

③联系孔永平的父亲

请孔永平的父亲定期来看望儿子，多关心他的生活和学习，感受家庭的温暖，促进他健康成长。

④联系孔永平的老师

使老师了解孔永平的家庭状况，对孔永平多加鼓励和关心。

案例五

在社区居民需求调查中，社会工作者王妍发现很多居民被亲子关系方面的问题所困扰，特别是那些刚进入青春期的青少年的家长困扰更大，他们不知道何时与孩子交流，怎样与孩子沟通。而青少年总是抱怨学习压力大，每天功课多，抱怨老师和父母剥夺了自己自由玩耍的时间。针对这一情况，王妍准备开展一次历奇亲子辅导的服务项目。

问题：

1．请简要阐述历奇辅导的基本概念和理论基础。

2．请设计为期两天的亲子历奇辅导方案。

【参考答案】

1．(1)历奇辅导的基本概念

历奇辅导是通过将青少年放在一个新奇的环境中，让他们跳出生理及心理的舒适区域，互相合作，解决问题。通过总结经验，让青少年得到成就感，并能将成功的经验转化为未来生活的参照。

历奇辅导的定义包括四个元素：历奇活动、野外、个人及小组辅导、经验学习法。

(2)历奇辅导的理论基础

历奇辅导有四个训练模式：

①“历奇波浪”：主要是活动讲解、过程和解说；

②“野外挑战”：着重个人与大自然的挑战；

③“情感反思”：指学员内在反思；

④“多元创意”：包括利用音乐、戏剧、手工艺等多种方法带出重点。

历奇辅导鼓励个人在经历体验中构建自己“有用”的指示和信息。个人只有通过对知识赋予一定的意义，才能更好地理解知识、提升能力。同时，历奇辅导通过经历引发反思，提供自由表达的机会，促进分享与交流，对个人自我认识和成长具有重要意义。

2．设计亲子历奇辅导方案如下：

(1)服务目标

通过徒步穿越、拓展训练、绳结学习、野炊、篝火晚会、露营、夜间巡逻、钓鱼等充满挑战的历奇活动，让青少年体验坚持和勇气，磨练坚强的意志，锻炼优秀的品质。改善青春期孩子与家长的亲子关系，促进孩子和家长共同成长。具体目标：丰富青少年生活体验；促进家庭(亲子)关系；锻炼意志，提升青少年抗逆力；提升青少年沟通与合作意识和能力。

(2)活动方案如表4-2所示。

表 4-2

日期&时间		主题与内容	参加人员及形式
第一天	7:00～8:00	前往训练营	工作人员、家长、孩子。车上引导唱歌、猜谜等游戏
	8:30～10:30	垂钓	家庭组、钓鱼评奖
	10:30～12:00	分享	大家分享钓鱼经验与合作经验
	12:00～13:30	中餐	以家庭为单位亲子合作做饭、做上午钓到的鱼、围桌分享美食、“杯子歌”游戏
	13:30～14:30	午休	
	14:30～17:00	10 千米徒步	背行装徒步
	17:00～18:00	分享感受	大家分享徒步感受：如何互相帮助、鼓励
	18:00～21:00	自助烧烤篝火晚会	集体合作烧烤、以家庭为单位表演节目
	21:00～22:00	夜行、观星空	集体夜行、观星空后大家分享
	22:30 后	露营、休息	以家庭为单位搭帐篷
第二天	6:30～7:10	晨练	以家长组、孩子组为单位晨练
	7:30～8:30	早餐	孩子为父母做早餐
	8:30～11:00	户外拓展训练	低空历奇：电网、地雷阵、盲行、信任跌倒。 高空历奇：攀岩、胜利墙、空中断桥
	11:00～12:00	分享	分享历奇感受
	12:00～13:00	中餐	
	13:00～15:00	总结回顾	回放录像、分享收获
	15:00	返程	

(3)组员要求：以家庭为单位报名，每个家庭 3 人，包括父母及一位 10～13 岁的孩子，依据报名人数确定活动小组数量，每个小组 8 个家庭，共 24 人。

(4)小组总结与评估：返程后在小组内以家庭为代表分享历奇经验，对活动绩效进行评估，并对历奇活动中出现的问题进行总结。

案例六

阿勇，男，14 岁，初二学生，父亲是残疾人，日常生活起居依赖家人的协助，母亲整日忙于生计，四处打零工赚钱养家。阿勇每天要做很多家务，还要照顾残疾的父亲和年幼的妹妹，抽不出很多时间来认真学习，所以成绩一般。阿勇经常在好朋友面前抱怨命苦，家里的窘迫使得阿勇在和同学交往的时候，总感到低人一等。

问题：

1. 案例中阿勇面临的主要困境是什么？

2. 针对上述问题，社会工作者应采取什么样的介入策略？

【参考答案】

1. 从“人与环境互动”的视角来分析，阿勇面临的困境可以从“人”和“环境”两个层面来分析：

(1)从“人”的方面来看

①阿勇正处于青少年期，该阶段主要的人生发展任务是发展适当的人际关系；

②阿勇本处于充当子女角色的时期，但由于父母功能的部分缺失导致他需要担负起家

庭主要照顾者的角色，迫使他不得不过多地面对和处理家庭问题，致使身份认同出现混乱；

③家务劳动的大量参与导致阿勇无暇顾及学业，学习成绩不佳又造成挫折感与压力感；

④由于家庭经济状况较差，使得阿勇觉得低人一等，在人际交往中受到较大影响。

(2)从“环境”方面来看

①由于家庭的客观原因，父母给予阿勇的支持较少，造成亲子间缺乏沟通；

②由于花费较多的时间、精力在家务劳动上，阿勇用于建立朋辈群体间人际关系的时间相对较少，进而导致其社会关系发展上的障碍；

③同学、老师以及学校方面不了解阿勇的家庭状况，未能给他提供支持和帮助。

2. 针对案主阿勇面临的困境，社会工作者可以采取的介入策略为：

(1)评估阿勇的家庭经济状况，整合社会资源，协助其改善家庭生活窘迫的现状；

(2)为阿勇的母亲提供就业辅导和就业培训，提高职业技能，协助她获得一份既能改善家庭经济状况，又有时间照顾家庭的工作；

(3)评估阿勇父亲的身体状况，为其提供必要的医疗救助资源；联系阿勇所在社区康复中心，为阿勇父亲提供日常护理帮助，减轻阿勇的负担；

(4)用个案工作的方法对阿勇提供心理辅导，舒缓他的负面情绪，减轻其心理压力，帮助其正确看待家庭存在的问题，认识到自身的非理性信念，并学习恰当的情绪宣泄技巧；

(5)为阿勇提供必要的学习辅导，帮助其改善成绩不佳的状况，提高他参与学习的积极性；

(6)帮助阿勇掌握良好的人际沟通技巧，加强与朋辈群体及父母的有效沟通；

(7)走访阿勇的老师和学校，让老师及学校了解他的具体情况，给予其支持和帮助。

案例七

兰兰觉得她的家庭缺少温暖，特别是她的母亲好像只疼爱很乖巧的姐姐，并不疼爱她。她初中毕业后家里便要她外出打工，以供养家庭。在邻居的劝说下，兰兰勉强念完了高中，最后考上了大专。现在，兰兰已工作，但她对以前的事情仍然无法释怀，觉得她的家庭虽清贫，但其实也可以供她安心读书，不然她不会只考上一个大专而没有考上好的大学。因为这种不公平的待遇，她有强烈的自怜感及不平感。她的母亲经常说她脾气不好，没人敢娶她，对她不给予任何情感上的支持，所以，兰兰非常怨恨母亲。因为在家里缺少关爱，兰兰特别珍惜她与男友之间的感情，但由于男友对她的态度日渐冷淡，她提出分手。现在，她感到极为沮丧，觉得生活没有意义。

问题：

1. 上述案例中，兰兰面临的困境主要有哪些？

2. 针对兰兰目前的困境，社会工作者可以采取哪些介入策略？

【参考答案】

1. 上述案例中，兰兰面临的困境主要有以下几个方面：

(1)与男友分手而产生的沮丧心理

因为家庭缺少温暖，所以兰兰十分珍惜与男友的感情。但是，由于男友对她的态度逐渐冷淡，她忍痛提出分手，之后感到极为沮丧。

(2)对母亲的不公平态度非常怨恨，母女关系紧张

兰兰非常怨恨母亲，觉得母亲对她不公平，不疼爱她，不支持她安心读书，导致她只考上了大专，并且说她脾气不好，没人敢娶，对她不给予任何感情上的支持。

(3)不能接纳真实的自己

由于成长中缺乏家庭温暖，导致兰兰有强烈的自怜感及不平感，对自己没有客观的认识，不能接纳真实的自己。

2. 针对兰兰目前的困境，社会工作者可以采取的介入策略为：

(1)对兰兰进行心理疏导

①舒缓兰兰与男友分手后的沮丧情绪，帮助她重建生活的自信；

②帮助兰兰纠正对母亲的错误认知，消除对母亲的偏见，增进母女关系。

(2)与兰兰的母亲进行沟通

让兰兰的母亲认识其做法对兰兰的成长过程与以后的生活产生的负面影响，鼓励其母亲给予兰兰更多的关心疼爱和情感支持。

(3)帮助兰兰建立社会支持网络

协助兰兰寻找来自亲戚、朋友、同学、同事的支持和鼓励。

案例八

万斌，男，17 岁，因入室盗窃杀人而被依法判刑。万斌出生在一个工薪家庭，其父母感情不和，经常因为一些小事而大打出手，从来不关心儿子。万斌在校受老师批评，在家受父母冷落，无依无靠，内心孤独。上初一时，万斌在社会上结识了一帮小混混，常常夜不归宿，因为他感觉与他们交往有一种归属感，内心不再孤单。对于这种反常行为，万斌的父母并不重视。渐渐地，万斌染上了偷盗的恶习，并且没有失手过，万斌把这种错误行为当成一种成就，内心十分得意。前段时间的某个晚上，万斌去一家较为富裕的老年人家里偷东西，没想到被老人发觉了，他怕老人报警，便拿起厨房里的菜刀把老人杀了。事后，万斌很快被捕了。到这时，他的父母才知事情的严重性，后悔以前没有教育好儿子。

问题：

1. 请结合上述案例，谈谈青少年犯罪的主要原因。

2. 对于青少年犯罪，应该如何加以防治？

【参考答案】

1. 上述案例中，青少年犯罪的主要原因有：

(1)家庭教育的误区

家庭结构残缺使孩子的成长环境先天不良，缺乏家庭温暖是导致青少年违法犯罪的第一诱因。万斌的父母一直不关心万斌的成长，使万斌感觉不到家庭的任何温暖，最终走上歧途。

(2)学校教育的失当

不少学校的教育和管理还存在着严重的问题，在教学方法上存在一定程度的偏差，对青少年学生的成长没有给予应有的关注。万斌在学校读书时，其老师经常批评他，使他对学校没有好感，并且结识了社会上的不良青年，常常夜不归宿，老师却没有及时管教。

(3)社会环境的污染

社会上存在的一些不良现象，比如案例中的小混混的不良行为，影响了万斌的心理和行为。

(4)青少年自身素质的不足

不少青少年还缺乏独立处理问题的能力，自我约束力差，又缺乏辨别是非的能力，极易受社会不良行为的影响而误入歧途。万斌是在不良朋友的影响下走上盗窃的犯罪道路的。

2. 防治青少年犯罪的措施主要有：

(1)正面联系

通过个案、小组和社区工作等社会工作方法，加强对闲散青少年的接触联系，提供有针对性的引导和帮扶；加强对流动青少年群体的服务管理，进驻大型商企、市场、城中村等流动人员高度密集区域开展工作。

(2)临界预防

关注普通青少年向有不良行为青少年转化的边界，重视偷拿财物、逃学、抽烟喝酒、夜不归宿等早期典型行为，及时采取有针对性的预防工作；防止青少年与家庭和学校关系紧张、联系断裂，避免青少年受外界不良行为影响产生不正常的社会化倾向。

(3)行为矫治

对有不良行为或有严重不良行为的青少年，通过进驻社区、学校、戒毒所、拘留所、看守所等工作项目，加强制度规则意识教育和法制底线教育，纠正和改变其不良行为习惯。

(4)社会观护

协助公安、法院、检察院等单位开展取保候审观护帮教、附条件不起诉监督考查、合适成年人参与未成年人刑事诉讼、社会调查等工作，帮助掌握未成年犯罪嫌疑人的基本情况，减少涉罪未成年人再犯罪。在社会关护体系的社会化帮教服务中，社会工作者是重要的专业服务提供者。少年司法社会工作服务已经在全国逐步开展。

案例九

张华，男，幼年丧父，此后随母亲生活。后来母亲再婚，婚后又育有一子，家庭经济条件比较拮据。张华一直较为懂事体贴，成绩人品都不错的他大学毕业后谋得了一份外企银行的工作。眼看着家中生活条件正在日益改善，相恋多年的女友赵霞却突然向张华提出了分手，这给他造成了很大的打击。张华一直未从失恋的阴影中走出来，终日神情恍惚，后由于工作频频出错而被解雇了。事业爱情均不顺利，使张华对未来的生活失去了信心，心情很抑郁，经常彻夜不归，借酒浇愁，埋怨家人，也不像往日那样体贴和关怀家人，相反还时常有狂躁情绪发作。日渐年迈的母亲还要经常照顾酒醉后的他，母亲也感到身心俱疲，整个家庭生活陷入了一种恶性循环。社会工作者小洁坚持“人本治疗模式”的理念与方法，对张华开展了个案服务，并最终帮助他走出了消极情绪的樊笼，重新开始了新的生活。

问题：

请简要叙述“人本治疗模式”的概念，然后结合这一原理分析此案例，并说明治疗目标和方案。

【参考答案】

(1)人本治疗模式：人本主义关注人类的理智能力，注重感受和反映服务对象的内心变化，相信人有能力运用自己的理性控制自己的命运，追求不断发展。人本治疗模式遵循以人为本的原则，将案主视作有潜能的个体，社会工作者要遵循“积极聆听”“准确同理”“真诚友谊”的原则，改变了以往个案辅导模式的工作重点，注重以服务对象为中心创造一种有利于服务对象自我发展的辅导环境，具有注重社会工作者自身的品格和态度、强调个案辅导关系以及关注个案辅导过程等特点。

(2)针对案主张华的情况，社会工作者制定的治疗目标为：

①引导张华走出失恋的阴影，重新找到新的生活目标；

②协助张华树立正确的人生观、价值观，培养其积极的人生态度，使其认识到自身的

优势和潜力，鼓励其另谋新职。

(3)针对案主张华的情况，社会工作者制定的治疗方案内容如下：

①与张华初步接触，建立良好的专业关系，在专业关系中始终保持诚恳的、开放的、真诚的态度，关心、关注张华的一切，让张华感觉社会工作者是与他在一起的，并积极寻求资源协助，以回应他的需要。达成双方的互相信任。

②采取循序渐进的工作方式，为张华提供正确的行为指导和良好的习惯训练，促使张华遵守健康的生活作息，养成良好习惯，培养其自我管理和服务的能力。

③针对张华的心理问题，多与其进行谈话交流，耐心倾听，了解他的内心感受。鼓励张华宣泄因失恋引起的悲伤情绪，尽快从失恋的阴影中走出来；通过谈话及团体活动来消除他的负面情绪，减少狂躁情绪的发作次数，鼓励其多倾诉，把心结打开。

④适当安排他参加一些有趣的团体活动，激发他对生活的热情，树立开始新生活的信心。

⑤安排张华与母亲多沟通交流，使其明白母亲的难处，重新回归家庭生活，恢复和谐家庭关系。

⑥在张华的思想状态有所转变后，鼓励他积极参加一些职场招聘，加强张华的家庭责任感。

⑦回顾整个个案服务过程，对张华进行赞扬和肯定，令他获得成就感，增强自信心。根据治疗效果继续制定未来的服务计划。

二、方案设计题(根据题目的要求，设计出环节完整、严密、可行性强的服务方案)

案例一

某社会工作服务机构发现，社区内一些十六七岁的未成年人，由于家庭贫困等因素的影响，形成了敏感、内向等性格特点，自我认同较低，这些未成年人正处于进一步就学、就业的抉择关口，却不知道自己想做什么，也不了解社会上有哪些职业适合自己，对未来倍感迷茫。该社会工作服务机构计划为这些未成年人提供服务，并希望通过申报政府购买服务项目获得资金支持。[2016 年真题]

要求：

依据生涯选择配合论，设计一份"未成年人职业规划服务"的项目计划书(只需把需求分析、具体目标、服务活动形式和预计成效四部分答案，依据表 4-3 中所列字母的顺序填写)。

表 4-3

项目名称	未成年人职业规划服务		
需求分析	A		
理论基础	生涯选择配合论认为，职业生涯规划的先决条件是必须先对自己有充分的认识与了解，进而探索外在的职业世界。在了解了自己与外面的职业环境之后，作出抉择，制定未来的发展目标和开始采取必要的行动		
总目标	认识自我与职业之间的关系，提升职业规划能力		
项目实施	具体计划	服务活动 （只列出形式）	预计成效 （服务对象的改变）
	B_1	B_2	B_3
	C_1	C_2	C_3
	D_1	D_2	D_3
	E_1	E_2	E_3
	评估、管理、预算等：（略）		

【参考答案】

依据生涯选择配合论，设计并填写“未成年人职业规划服务”的项目计划书见表4-4。

表4-4

<table>
<tr><td>项目名称</td><td colspan="3">未成年人职业规划服务</td></tr>
<tr><td>需求分析</td><td colspan="3">A：①帮助服务对象认识和了解自己，包括对自己的能力、兴趣、人格、需求与价值观等，形成正确的人生观。本案例中，服务对象由于家庭贫困等原因的影响，形成了敏感、内向等性格特点，自我认同度较低。②帮助服务对象探索外面的工作世界，了解职业所需能力、职业的分类与内容、职业所需的特质及各类职业的报酬等。本案例中，服务对象处于进一步就学、失业的抉择关口，却不知道自己想做什么，也不了解社会上有哪些职业适合自己，对未来倍感迷茫。③协助做好个人职业生涯规划。分析个人特质与社会需求，帮助服务对象做好相关规划和能力、知识的储备</td></tr>
<tr><td>理论基础</td><td colspan="3">生涯选择配合论认为，职业生涯规划的先决条件是必须先对自己有充分的认识与了解，进而探索外在的职业世界。在了解了自己与外面的职业环境之后，作出抉择，制定未来的发展目标和开始采取必要的行动</td></tr>
<tr><td>总目标</td><td colspan="3">认识自我与职业之间的关系，提升职业规划能力</td></tr>
<tr><td rowspan="5">项目实施</td><td>具体计划</td><td>服务活动
（只列出形式）</td><td>预计成效
（服务对象的改变）</td></tr>
<tr><td>B_1：帮助服务对象充分认识和了解自己，找到自己的优势与不足，形成正确的人生观</td><td>B_2：互助支持小组</td><td>B_3：对自己有充分的认识和了解，个人性格进一步完善，树立了正确的人生观</td></tr>
<tr><td>C_1：提升服务对象对外面世界的职业环境的认识，做好选择的准备</td><td>C_2：邀请专家讲座，参观企业</td><td>C_3：服务对象对外面世界的职业环境有充分的了解</td></tr>
<tr><td>D_1：让服务对象探索适合自己的工作</td><td>D_2：自我职业兴趣探索小组</td><td>D_3：服务对象初步了解自己适合或感兴趣的工作，可以初步判断是否继续就学或选择就业</td></tr>
<tr><td>E_1：帮助服务对象作出抉择，制定自己的职业生涯规划，并采取必要的行动</td><td>E_2：职业素质提升规划小组，个人能力与知识提升小组</td><td>E_3：对自己的职业环境有充分的了解，并能作出睿智的抉择，详细制定职业生涯规划书</td></tr>
<tr><td></td><td colspan="3">评估、管理、预算等：（略）</td></tr>
</table>

案例二

假设你是某社区青少年事务中心的社会工作者，服务对象是社区内16～25岁失学、失业的青少年。在最近一次针对本社区青少年开展的求职情况调查中，你发现大多数的被访者都有较强的求职意愿，但是由于就业态度以及就业技能等因素的影响，他们的求职成功率很低。

要求：

针对上述情况，你准备采取小组工作的方法为他们提供服务。请设计一份小组服务方案。

【参考答案】

(1)问题的陈述与分析

通过对求职情况的调查和分析可以发现，该社区青少年在求职过程中面临的普遍困难包括以下几个方面：

①学历偏低，就业技能较差；

②缺乏工作经验，实际动手能力及解决问题能力差；

③就业态度存在一定的偏差，眼高手低，缺乏吃苦耐劳的精神；

④普遍缺乏求职技能，获取求职信息的渠道不畅通。

基于以上分析，社区青少年求职可能存在以下的需求：

①求职技巧及实际劳动技能培训的需求；

②了解自身特点与培养职业兴趣的需求；

③了解求职渠道与人力资源市场的需求；

④学习和改善沟通能力以及认识了解真实工作世界的需求。

(2)方案设计

针对案例情况，社会工作者可在社区内开展一次“我的第一份工作”的小组活动，方案如下：

①小组名称：“我的第一份工作”。

②小组工作目标：

a. 总目标：帮助社区青少年了解自身特点，提高求职能力，选择合适的工作岗位；

b. 具体目标：了解自身的人格特点和兴趣；求职简历的制作；面试技巧的学习和训练；了解和利用社会的各种求职渠道；学习和训练团队合作精神；设计初步的就业目标以及相应的职业计划。

③小组性质及特征：教育成长型小组。

④小组成员特性：社区内 16 ~25 岁、有较强求职意愿的无业青少年。

⑤小组成员人数：8 人。

⑥小组成员招募方法：张贴海报、派发宣传单、网站招募等。

⑦小组执行计划(见表 4-5)。

表 4-5

节数/名称	目标	内容
第一节 大家一起来	1. 组员相互认识 2. 介绍小组并形成小组规范 3. 签订小组契约	1. 热身游戏：大风吹 2. 介绍说明小组 3. 订立小组规范、签订小组契约 4. 确定求职目标：我那美丽的梦想 5. 讨论求职观念 6. 布置作业：收集招聘广告
第二节 求职加油站	1. 掌握简历的制作方法 2. 了解就业渠道	1. 热身游戏：击鼓传花 2. 作业反馈：分享招聘启事的要素 3. 制作简历 4. 头脑风暴：我的优势这么多 5. 布置作业：自我介绍

续表

节数/名称	目标	内容
第三节 花样面试	1. 掌握面试技巧和礼仪 2. 发掘自身特长和兴趣	1. 热身游戏：对对碰 2. 作业反馈：上台自我介绍 3. 技巧分享：面试秘籍打擂 4. 心理小测验：性格与职业的关系 5. 分享与讨论
第四节 职场一家亲	1. 了解沟通的技巧 2. 掌握团队合作的方法	1. 热身游戏：传递乒乓球 2. 情景模拟：如果我是…… 3. 技巧学习：沟通宝典 4. 团队游戏：铁人三项 5. 布置作业：你在小组中的收获
第五节 我们准备好了	1. 回顾和分享整个小组内容 2. 巩固成果	1. 回顾小组历程 2. 小组成员轮流发表感言 3. 游戏：爱的礼物 4. 宣布小组结束

⑧方案执行。

涉及整合社区资源、提供服务、监督服务执行进度、处理危机等。

⑨方案评估。

a. 小组过程评估，由小组成员填写评估表，在小组活动执行过程中进行评估；

b. 小组成员满意度评估，由小组成员对小组进行成效评估；

c. 社会工作者的小组报告，以及社会工作者的反思。

案例三

某社区今年有许多高三学生要参加高考，现在他们都承受着巨大的压力，不知道怎么选择学校，不明白志愿如何填报，恐怕考试发挥失常，出现了不同程度的焦虑状况，学习效率开始下降。这些高中生的家长请社会工作者提供帮助。

要求：

假如你是该社区的一名社会工作者，请针对这些高三学生的需求，拟订一份社区服务方案。

【参考答案】

(1)问题的陈述与分析

高考对于高中生来说是人生中的大事，他们在参加高考前会面临一些问题，包括：如何提高学习效率、如何减轻高考压力、如何选择学校、如何填报志愿等。

(2)方案设计

根据上述分析，社会工作者设计的社区服务方案如下：

①方案目标

帮助考生缓解考试压力，提高学习效率，根据自己的实力和兴趣填报合适的学校和专业。

②方案实施策略

a. 缓解考试压力，提高学习效率。

第一，组织考生开展高考互助小组，相互交流，分享学习心得；

第二，通过放松训练法，帮助考生缓解考前紧张情绪和压力，把精力放在复习功课上，而不是放在担心考试上；

第三，开展体育运动及文化娱乐活动，调节考生生活，放松心情，快乐备考；

第四，邀请已顺利考上大学的大学生分享考试经验。

b. 邀请有关考试专家为考生讲解选择学校、填报志愿的方法及注意事项。

c. 开展考生家长支持小组。

帮助家长了解考生备考阶段的心理、生理需求，使其不因过度关心考生，而给考生带来压力，与考生一起顺利渡过高考这一关。

③方案执行

包括调动社区及社会相关资源、开展考生互助及家长支持小组、监督服务执行进度等。

④方案评估

包括考生、家长对服务的满意度、方案执行情况及效果评估等。

案例四

某社区有很多大龄单身青年，他们大多不太懂得交友技巧，人际圈子也比较狭小，而对配偶的要求却很高，比较挑剔，所以，一直没有解决个人问题。不过，他们都有婚恋方面的需求。

要求：

假如你是该社区的一名社会工作者，请针对这些大龄单身青年的需求，拟订一份社区服务方案。

【参考答案】

(1)问题的陈述与分析

该社区的大龄单身青年在交友技巧、交友范围、择偶观念等方面都存在问题，需要社会工作者提供相应的帮助。

(2)方案设计

根据上述分析，社会工作者设计的社区服务方案如下：

①方案目标

帮助大龄单身青年学习交友技巧；拓宽交友范围；改变择偶观念；提供交友平台。

②方案实施策略

a. 通过问卷调查和面谈等方式，充分了解社区大龄单身青年的个人情况、择偶观念和择偶标准；

b. 定期举办社区活动，帮助大龄单身青年学习交友技巧；

c. 邀请婚恋方面的专家为大龄青年讲解正确的择偶观，帮助他们调整择偶标准，根据自身的条件进行择偶，选择适合自己的配偶；

d. 联系其他社区，定期举办交友活动，为大龄单身青年提供交友平台，拓宽交友范围；

e. 对个别有婚恋障碍的大龄单身青年提供个案辅导。

③方案执行

包括充分开展大龄单身青年择偶需求调查；整合社区相关资源，提供服务；监督服务执行进度等。

④方案评估

包括大龄单身青年对服务的满意度、方案执行情况及效果评估等。

案例五

某社区的居民主要是外来务工者，他们的子女白天在附近的农民工子弟学校上课学习，下午放学回家后因家长们忙碌而没有人看管照顾，平时的课余生活也比较单一枯燥。

要求：

假如你是一名社会工作者，请针对这些外来务工者的子女，拟订一份社区服务方案。

【参考答案】

(1)问题的陈述与分析

外来务工者子女面临的困境主要有：缺乏和父母的交流、课余生活比较单一、没有人看管照顾、辅导学习等。

(2)方案设计

针对外来务工者子女的困境，社会工作者设计的社区服务方案内容应包括：

①方案目标

丰富外来务工者子女的课余生活，使其拥有更好的生活和学习环境。

②方案实施策略

a. 与孩子们的家长联系，传授他们亲子沟通的方法，使其在有限的时间内增加与孩子的交流，关心他们的学习生活，提高家庭系统的支持作用；

b. 联系社区志愿者队伍，定期为孩子们提供学习辅导；

c. 利用自身资源，在这些孩子内部建立互帮互助小组，如课余时间组织有意义的活动或在一起完成功课等；

d. 定期组织一些外出活动，让孩子们开阔眼界，了解城市的变化；

e. 利用社区其他资源为孩子们提供服务，例如安排晚托班、提供膳食、提供活动场所等。

③方案执行

主要包括整合社区资源、提供服务、监督服务执行进度、处理危机等。

④方案评估

包括外来务工者子女和家长对服务的满意度、方案执行情况及效果评估等。

第五章　老年社会工作

一、案例分析题（应试人员需对提供的案例背景材料进行全面深入的分析，并按要求作答）

案例一

为缩小城乡公共服务差距，促进共同富裕，某社会工作服务机构采取五社联动策略，联合村民委员会，社会组织和企业，共同开展关爱留守老人志愿服务，社会工作者初步评估发现村民骨干的志愿服务能力欠缺，于是开展了村民骨干能力建设活动，社会工作者带领村民骨干上门开展服务，让他们边看边学为老服务的技巧，针对每个村民骨干的特点，指导他们练习与老人沟通的技巧，通过活动前演练和活动后回顾，提高村民骨干组织大型活动的能力。一段时间后，村民骨干的志愿服务能力显著提升，但社会工作者发现本地村民仍参与不足，主要是现有乡村志愿服务体系不健全，包括志愿服务活动缺少物资，志愿者数量少，志愿服务内容和形式单一，志愿服务信息碎片化，供需信息对接不畅，有的留守老人想为其他老人提供力所能的志愿服务，但缺少互助机制。［2022 年真题］

问题：

1. 在本案例中，社会工作者采取了哪些方法培养村民骨干参与关爱留守老人志愿服务的能力？

2. 在本案例中，为健全乡村关爱留守老人志愿服务体系，社会工作者应开展哪些方面的工作？

【参考答案】

1. 在本案例中，社会工作者主要采取了以下方法培养村民骨干参与关爱留守老人志愿服务的能力：

（1）肯定模仿学习的重要性。人的行为是观察学习和模仿得来的，而且行为是可以通过赞赏、鼓励得到强化的。案例中，社会工作者带领村民骨干上门开展服务，让他们边看边学为老服务的技巧，体现出社会工作者以身作则、积极示范待人处事的行为、态度和技巧，让居民骨干观察社会工作者和其他居民骨干的表现，自觉或不自觉地吸收知识、技巧和掌握工作程序。

（2）个别训练和督导的方式。通过服务对象的特点来进行专业训练，即根据居民个体的水平和兴趣设计训练内容。案例中，社会工作者针对每个村民骨干的特点，指导他们练习与老人沟通的技巧，有利于帮助居民个体掌握与人沟通的技巧和解决社区问题的能力，同时也有助于发挥其“影响力”，成为其他居民的“模范”，发动和带领更多的居民参与社区事务。

（3）示范、复习等方法。即回顾工作效果，帮助居民学习复杂技巧。案例中，社会工作者通过活动后回顾，提高村民骨干组织大型活动的能力。一段时间后，村民骨干的志愿服务能力显著提升，可见带领居民进行事后的总结十分重要，类似的复习能够帮助居民学习有关技巧。

2. 在本案例中，为健全乡村关爱留守老人志愿服务体系，社会工作者应开展以下几个方面的工作：

（1）广泛开展关爱农村留守老年人志愿者服务。

①社区社会工作者寻找和动员社区内或社区外愿意成为志愿者的大学生、社区党员、辖区单位的职工，通过合理配置，让志愿者和服务对象建立联系，提供帮助和支持。

②引导志愿者为留守老年人提供内容丰富的志愿活动。

③鼓励低龄老人帮助失能、留守的老人。

④鼓励农村基层组织组建志愿者队伍，为志愿服务提供便利，建立健全农村志愿服务体系。

（2）探索推动社会工作专业力量参与留守老年人关爱服务，社会工作者积极发挥社会工作人文关怀、助人自助的专业优势，通过设立社会服务点等方式，及时为留守老人提供心理疏导、情绪疏导、情绪疏解、社会融入等服务。

（3）支持社会组织为留守老年人提供关爱服务。

①为留守老年人落实税费减免等优惠政策。

②培育专业化为老服务机构，为老年人提供生活照料、康复护理等专业服务。

③鼓励农村经济合作社、农村电商等社会力量关爱老年人。

（4）建立互助组织。

把面对相同问题或具有相似兴趣或能力的人聚合在一起，帮助他们建立联系，促进他们互相帮助和互相支援。关爱留守老人，还要积极发挥农村老年协会等互助组织的作用，开展留守老人关爱服务，创新以老助老、结对帮扶、抱团养老的方式方法，组织会员之间采取“一帮一”“多帮一”“一帮多”等形式，广泛开展低龄健康老人扶助高龄、失能老人的互助关爱活动。

案例二

李大爷因中风住院治疗，出院回家后，执意一个人居住。女儿放心不下，为李大爷申请了社区居家养老服务。

社会工作者通过李大爷的女儿了解到，李大爷中风前是社区志愿服务团队骨干，经常参加各类社区活动。现在，李大爷虽生活基本能自理，但身体状况大不如前，经常忘记吃药，而且他总担心自己会跌倒，不愿出门，脾气也越来越差。

社会工作者入户评估发现，李大爷的居家环境存在一定的安全隐患，对医疗和社区服务资源的使用较少。

当社会工作者进一步评估时，李大爷表现得很不耐烦，他认为自己不需要外人帮忙，对女儿没经过他同意就找人来调查，感到很生气。李大爷也担心社会工作者会把家里的情况随便告诉其他人。［2019 年真题］

问题：

1．社会工作者对李大爷进行社区居家养老评估时，重点收集了哪几个方面的信息？

2．社会工作者在为李大爷开展评估时应注意哪些事项？

【参考答案】

1．社会工作者在对李大爷进行居家养老评估时，主要评估了身体健康、心理和情绪方面的安康、社会功能、日常活动能力、经济状况和环境安全六个方面的状况，因此收集的信息也主要是这几个方面：

（1）身体健康方面：因李大爷曾中风住院，需要收集目前疾病治疗、恢复和用药的情况，如李大爷身体状况大不如前、经常忘记吃药等。

（2）心理与情绪方面：需要了解李大爷心理功能和情绪状况，如他总担心自己会跌倒，脾气也越来越差。

(3)社会生活方面：需要了解李大爷的社会交往能力和社会支持网络，如不愿出门，一个人居住、女儿放心不下，对医疗和社区服务资源的使用较少等。

(4)经济状况方面：了解李大爷的经济收入、生活成本、家庭开支等。

(5)日常生活照顾能力方面：需要了解李大爷的独立生活能力，以及自我照顾能力，如李大爷生活基本能自理等。

(6)环境安全方面：需要了解李大爷的居家环境是否安全，如李大爷的居家环境存在一定的安全隐患。

2. 在对李大爷开展评估时，社会工作者应该注意以下事项：

(1)平衡好老年人自立和依赖他人的需要。在评估的时候，社会工作者应该注意李大爷自己能完成的事情，要让他自己来完成，不能完成的，不要让李大爷为了面子而过于自立，以免造成伤害。

(2)保护老年人的隐私权。社会工作者在对李大爷开展评估时，需要保护他的隐私，有些问题不能保密时，需要征得李大爷的知情同意，打消"李大爷担心社会工作者会把家里的情况随便告诉其他人"的疑虑。

(3)注意到老年人个体的差异性。在评估时要采用个别化的方法，不能一刀切，针对不同的老年人要采用不同的方法进行评估，面对李大爷的情况，社会工作者应该开展适合他的个性化服务。

(4)尊重老年人的自决。在评估时，社会工作者需要征得李大爷的同意，在为李大爷提供服务的过程中，当他能够有自我决定的能力时，需要尊重他的自决，所以要在评估前注意解决"他认为自己不需要外人帮忙，对女儿没经过他同意就找人来调查，感到很生气"这个问题。

(5)关注到最初提议做评估的人。最初提议做评估的人是李大爷的女儿，很可能是老年人身边最重要的人，所以社会工作者应该及时与其沟通，进一步详细了解老年人的各方面情况，以便为李大爷提供更适合他的服务。

案例三

社会工作者在一次走访中发现王老先生独自在家。对于社会工作者的到来，他很高兴。交谈中社会工作者了解到，王老先生现与儿子一家同住，儿子和儿媳外出工作时，家里只留下他一个人，社会工作者观察发现，王老先生的房间杂乱无章，身上衣服泛黄并发出异味，已经多日没有换洗。老人抱怨，退休工资都交给儿媳，身上没有任何零花钱。同时，社会工作者还注意到王老先生手臂上有多处淤青，问其原因，王老先生沉默不答，表情紧张。社会工作者向社区居委会进一步了解情况，得知王老先生今年80岁，以前是老伴照顾他的饮食起居，老伴去世后，主要由儿媳照顾。儿媳觉得老人不做家务，不讲卫生，一起生活碍事，常常为此打骂老人，有时还不让老人吃饱，儿子去外地出差时，儿媳还经常将老人反锁家中。[2014年真题]

问题：

1. 社会工作者在本案例中运用了哪几种收集资料的方法？

2. 列举本案例中老人受到虐待和疏于照顾问题的类型及行为表现。

【参考答案】

1. 收集服务对象资料的方法有很多，主要包括：向服务对象进行询问；向服务对象的相关人士进行咨询；查阅服务对象的档案记录；进行家访等。案例中，社会工作者运用的收集资料的方法有以下几种：

(1)家访。具体表现是：社会工作者在一次走访中发现王老先生独自在家。并了解到王老先生现与儿子一家同住，儿子和儿媳外出工作时，家里只留下他一个人。这运用了家访的方法。

(2)观察。具体表现是：社会工作者观察发现，王老先生的房间杂乱无章，身上衣服泛黄并发出异味，已经多日没有换洗。

(3)询问。具体表现是：社会工作者通过和王老先生的交流，了解到王老先生的近况，询问王老先生手臂淤青的原因，并向社区居委会进一步了解情况。

2. 虐待老人是指恶意对待老人，在身体上、情感或心理上、性方面或经济方面对老人构成非人道对待或剥削。疏于照顾老人既包括主动也包括被动地让老人得不到所需的照顾，导致老人的身体、情绪或心理方面的健康的衰退。案例中老人受到虐待和疏于照顾问题的类型及行为表现如下：

(1)身体虐待：王老先生手臂有多处淤青，原因在于儿媳觉得老人不做家务，不讲卫生，一起生活碍事，常常为此打骂老人；不让老人吃饱饭，将老人反锁在屋里，限制老人的人身自由。

(2)情感或心理上的虐待：老人丧偶不久，被儿媳嫌弃，其在情感上受到虐待。

(3)经济虐待：老人退休工资交儿媳后，无零用钱，其经济权利被剥夺。

(4)他人疏于照顾：老人吃饭吃不饱、没人洗衣服，日常基本生活无人照料。

(5)自我忽视：王老先生的房间杂乱无章，身上衣服泛黄并发出异味，已经多日没有换洗，老人没能充分照顾自己又得不到他人的照顾。

案例四

小杜是刚入职的社会工作者，她在为老年人服务时产生了极大的困惑，不知道如何将课堂上学到的社会工作知识和技能运用到具体服务中去；当老年人诉说自己遭受家人虐待时，她不知道如何处理；面对老年人不合理的要求，她不知道怎么应对；她也不了解从哪里可以寻找到服务所需要的资源。为此，小杜十分焦虑、沮丧，压力重重，已经哭了好几次，怀疑自己能不能从事这份工作，也没有信心把助人的工作做好，深感无助和无力。

针对上述情况，机构资深社会工作者老宋为小杜提供了督导。[2012年真题]

问题：

针对小杜在服务过程中遇到的困境：

1. 逐一列出老宋可以开展的支持性督导的具体内容。

2. 逐一列出老宋可以开展的教育性督导的具体内容。

【参考答案】

1. 社会工作中，支持性督导是要求督导者向被督导者提供心理和情感上的支持，促使被督导者感到自我的重要性与价值感，让被督导者能轻松面对工作。案例中，针对小杜焦虑、沮丧、感到压力重重、怀疑自己的工作胜任能力、无助和无力感的情况，老宋对小杜开展的支持性督导应包括以下四个方面的内容：

(1)疏导情绪：协助小杜适应和处理服务工作中所带来的挫折、不满、失望、焦虑等各种情绪，增强小杜的自我功能；

(2)给予关怀：给予关怀和支持，让小杜在工作过程中有安全感，并愿意尝试新工作；

(3)发现成效：协助小杜发现工作成效，并能自我欣赏，激发小杜的工作情绪和士气，使她对机构逐渐产生认同感和归属感；

(4)寻求满足：给予小杜从事专业工作的满足感和价值感，促进其对专业工作的认同，进而愿意持续投身于服务老年人的工作中。

2. 社会工作督导的教育性功能要求督导者不仅要提供被督导者完成工作所需的知识，并要协助社会工作者由“知”转为“做”。督导者通过个别督导或团体会谈，发挥知识、能力、学习与自我觉醒反馈的效能。案例中，针对小杜不知道如何将课堂上学到的社会工作知识和技能运用到具体服务中去、不知道如何应对服务对象的要求和不知道如何寻找资源等问题，老宋对小杜开展的教育性督导应包括以下六个方面的内容：

(1)教导有关“服务对象群”的特殊知识

小杜不太熟悉老年人服务，老宋要告诉她老年人面临老化时期价值态度会转换，要发展更乐观的态度，将那些鄙视、厌恶、绝望等负面印象转化成能表达老年人的优点和自我价值的陈述。

(2)教导“社会服务机构”的知识

面对社会服务机构的多样化，督导者必须教导一些机构的知识。小杜不清楚机构有哪些资源可以利用，所以老宋需要告诉小杜。

(3)教导有关“社会问题”的知识

不同的社会服务机构关注不同的社会问题。督导者老宋需要告诉小杜他们所属的社会工作机构关注哪些问题，可以提供哪些服务和资源。

(4)教导有关“工作过程”的知识

老宋必须教导助人的有关技术，包括小杜必须做的事是什么；如果要为老年人服务，小杜应该如何行动；老宋也必须教导和解释为什么采用这种特殊的介入方法。

(5)教导有关“工作者本身”的知识

老宋要通过教导，让小杜能够“自我觉醒”，让她自主地思考一些事情，并借此确保小杜对专业问题的反思不会影响到服务对象和小杜之间的协助关系。

(6)提供专业性“建议和咨询”

老宋的专业权力与个人魅力会对小杜产生影响。当老宋扮演小杜的顾问角色时，老宋就会发挥专业的、合法的权力功能，在征求小杜同意的基础上，提供相应的指导和忠告。

案例五

快乐山社区位于某市中心区，60岁以上老人占总人口的20%左右。他们大部分是退休老人，有一定文化水平，经济及健康情况都不错。除少数老人担任社区组长外，多数老人很少参与社区事务。

社区旁边正在建造五幢高层商品房，来了一批建筑工人。工人们每天都要穿过快乐山社区，来往于宿舍与工地之间。由于附近建筑工人多了，吸引了一些小商贩。最近，快乐山社区连续发生了几起入室盗窃事件。一些居民认为是外来人员大量穿行造成的，有人建议把社区靠近建筑工地的大门锁上，此建议引起了很大的反响。因为关乎社区安全和居民出行，社会工作者决定采用社区工作方法，发动社区老人参与解决上述问题。[2009年真题]

问题：

1. 本案例中，社区工作的任务目标是什么？过程目标是什么？

2. 社会工作者应该采取哪些步骤协助建立老人志愿者团体以实现上述工作目标？

3. 社会工作者在协助建立社区老人志愿者团体中可以采用哪些专业技术？

【参考答案】

1. 本案例中，社区工作的任务目标和过程目标分别为：

(1)任务目标

①使社区安全得到保障；

②使老年人的社会功能得到发展。

(2)过程目标

①了解社区治安问题及其原因；

②动员社区的老年人参与社区活动，参与社区的治安工作。

2. 社会工作者协助建立老年人志愿者团体，以实现工作目标的步骤主要有：

(1)在社区发布社区治安问题讨论会海报、宣传板，召开社区动员大会，游说及说服一些对社区活动不活跃的老人参与社区治安问题讨论会，鼓励老人发表看法及提供解决方案，并积极参与到社区治安维护中来。

(2)招募有意愿的老年人组成志愿者小组，共同商定活动方案，确立小组目标。

(3)安排愿意参与治安活动的老人的工作时间和方法。

(4)评估老年人治安工作的效果。

3. 社会工作者在协助建立社区老人志愿者团体中可以采用的专业技术有：

(1)倾听。在组成老年人志愿小组的过程中要注意倾听老年人的想法以及其他居民的反响。

(2)引导。社会工作者需要给予老人志愿者团体意见和建议，引导老年人团结互助，实现活动的目标。

(3)接纳。社会工作者要接纳老年人，鼓励他们勇于发表自己的想法和采取行动。

(4)行为改善。在老人志愿者团体活动过程中逐渐改变老年人的观念和行为，使他们积极参与社区活动。

案例六

某社区社会工作者计划成立“手拉手”志愿者俱乐部，旨在动员社区中的低龄老年人为有需求的高龄老年人提供志愿服务，社会工作者主要运用推动居民参与的工作方法，但是社会工作者在动员低龄老年人参与时，遇到了一些问题：

部分老年人不愿意参与志愿服务，认为社区在搞形式主义，没什么实际意义，持观望态度。

部分老年人想参与，但家人不同意，“子女怕我出意外，就不要给他们添麻烦了，而且参加了对我自己也没有什么好处，还是算了吧”。

部分老年人对自身的能力有所顾虑，“我没有什么特长，能干些什么呀”。

问题：

针对上述问题，本案例中社会工作者在推动社区低龄老年人参与志愿服务时应采取哪些策略？并说明运用这些策略时的工作重点。

【参考答案】

社会工作者在推动社区低龄老年人参与志愿服务时应采取的策略及工作重点有：

(1)进行社区教育和社区宣传

部分老年人不愿意参与志愿服务，认为社区在搞形式主义，持观望态度，这是没有认识到参与的价值，认为参与之后并不能影响和改变目前的状况，缺乏参与的热情。针对这一情况，社会工作者在推动工作进行时，应促进社区低龄老年人对参与志愿服务的价值的肯定。通过社区教育和社区宣传的方法，如社区研讨会、座谈会、居民大会、社区展览会、教育讲座等，让社区居民认识到“手拉手”志愿者俱乐部不是在搞形式主义，而是切实为高龄老年人提供志愿服务，从而提高这一部分低龄老年人的参与热情。

(2)组织家人体验活动

部分老年人想参与，但由于家人不同意，便打消了参与志愿服务的动机。面对这种情况，社会工作者应邀请和鼓励他们的家人参与志愿服务体验。

(3)通过心理辅导调整认知

通过个别辅导、团体辅导和活动体验，让老年人的家人认识到这些低龄老年人变为高龄老年人时也会有人为其提供志愿服务，可以减轻子女的负担，这与他们的生活、利益密切相关，让子女有意愿鼓励自己的父母参加志愿服务或尽量减少其负面影响。

(4)运用优势视角帮助挖掘潜能

通过沟通与互动帮助老年人发现自身的优点和长处，增强其自信和工作热情。

(5)进行志愿者培训

部分老年人对自身能力有所顾虑，担心自己什么也干不了。面对这类老年人，社会工作者应向其说明社区会对志愿者进行参与能力的培训。社会工作者可采用个别培训或小组训练的方法，帮助老年人了解参与志愿服务的过程，提高表达、沟通、讨论等技巧，更重要的是协助他们掌握社区的基本资料和最新动态，以便在讨论时能充分论证，具有说服力，培养老年人提高对自己的信心。

案例七

张老伯今年86岁，有三个儿子和一个女儿，目前他们都已退休。张老伯平时和大儿子一起生活。其他儿女分别住在不同的城市，对老人的照料较少。一个月前，大儿子被查出患有恶性肿瘤，需要住院做手术，无力再照料父亲。四个儿女商量后决定把父亲送到养老院。张老伯非常生气，觉得白养了这么几个儿女。进养老院后，张老伯情绪低落，不和任何人说话，还拒绝吃饭，现在已经三天滴水未进了。

假如你是养老院的社会工作者，院方请你负责张老伯的工作。

问题：

1. 张老伯面临的困境主要有哪些？

2. 针对张老伯的困境，社会工作者应该采取哪些介入策略？

【参考答案】

1. 上述案例中，张老伯面临的困境主要有以下几个方面：

(1)生活照料困境

张老伯一生养育了三个儿子一个女儿，本想能跟儿女安度晚年，没想到随着照顾自己的大儿子住院，张老伯就被送到了养老院。对于儿女们的行为，张老伯认为是不孝，内心十分失落和不满。

(2)环境适应困境

从熟悉的家庭环境到了陌生的养老院，张老伯不适应环境的改变，拒绝和其他人说话交流，还以不吃饭的方式进行抗议。

2. 针对张老伯的困境，社会工作者应采取的介入策略为：

(1)鉴于张老伯已经三天滴水未进，社会工作者应该紧急介入，通知张老伯的儿女尽快赶到养老院，劝说父亲吃饭，并请养老院的医护人员为张老伯输一些营养液，确保张老伯的生命安全。

(2)与张老伯交流，以同理心表达对张老伯的理解，给予关爱，帮助张老伯一起回忆年轻时的快乐往事，缓和老人的情绪。

(3)进一步与老人沟通，了解其内心想法，回忆其子女们关心他的往事，驱走老人的失落心理，劝慰老人注意身体的保养，按时进食。

(4)与老人的子女们交流，了解他们把张老伯送入养老院的原因，并将张老伯的内心想法告知他们，劝导他们尽量将老人接回家中照料。如果实在有困难，就请他们在老人入院初期，尽量多到养老院探望老人，消除老人因环境变化带来的不适。

(5)促进张老伯与子女们的沟通，增加亲子间的互相理解，重建和谐亲子关系。

(6)与院方协商，请护理人员多与老人聊天，协助老人尽快适应新环境，消除恐惧心理。

(7)鼓励张老伯多参加养老院组织的活动，多与其他老人交流，扩大交际圈子。

案例八

沈大妈是一位71岁的孤寡老人，两年前老伴儿去世，儿子定居国外。老伴去世后，沈大妈把房子卖了，住进了一家养老院。她性格非常开朗、热情，与其他老人相处得都很融洽。然而，性格开朗的她却患有轻度的抑郁症，并且吃药对她的病情没有任何效果。于是社会工作者小陈便希望通过非药物的方式来帮助沈大妈，即采用社会工作专业方法帮助沈大妈进行治疗。小陈每周都要来看望她，通过与沈大妈的面谈来帮助她缓解复发的抑郁症。很奇怪的是，每次小陈与沈大妈面谈的时候，沈大妈都会给小陈讲述她和老伴曾经一起参加单位组织的歌唱比赛的活动，并详述了整个比赛以及获奖的全过程。尽管小陈已经听了好多遍，但她还是继续耐心的听下去，并决定用缅怀往事疗法对沈大妈进行引导，改善其当前的情绪，逐渐适应现在的生活。

问题：

1. 结合上述案例，请详细说明缅怀往事疗法在助人过程中的具体运用。

2. 请简述老年社会工作的主要特点。

【参考答案】

1. 缅怀往事疗法对老年人的抑郁症、自尊和社会化有积极的作用。对认知有严重问题的老年人，如患痴呆症的老年人，这一方法并不适用，但对患有轻微痴呆症的老人可以有好的成效。行为错乱的、有严重精神疾病的老人和失禁的老人也不适宜用这一方法。

本案例中，社会工作者可以对沈大妈采用人生回顾型缅怀往事。在运用这一方法时最好先做一下前测，了解沈大妈对生活的感受。比如，可以运用相关量表了解沈大妈的生活满足感和抑郁症状，建立评估的基线。

人生回顾疗法所用的时间可以根据老年人人生回顾的目的、老年人的健康状况、个人的偏好等决定，一般每个重要的人生阶段会用两节的时间来讨论。在内容安排上，可以制定一套方案，明确探查的领域，比如可以探查死亡、悲伤、恐惧、读书生活、艰难的事情、工作和与他人的关系等。在回顾过程中，要帮助沈大妈发现人生历程中的一些主题，让她了解这些主题如何影响她过去和现在的生活，比如和老伴年轻时在一起的经历等。社会工作者可以和沈大妈设计制作具体的成果来总结和结束人生回顾。比如做一个相册或录像光盘等，但并非一定要这样做。必须做的是对整个介入进行结果测评，对比介入前的测评，评估介入的效果。

2．老年社会工作的对象主要是老年人及其家人，由于老年人的生理、心理状况及社会处境的特殊性，使得老年社会工作者会遇到许多特定的问题，这也是老年社会工作区别于其他领域社会工作的特点。老年社会工作的主要特点如下：

(1)社会价值观常会影响社会工作者的态度和行为。在开展老年社会工作时，社会工作者要认真反思自己的价值观，学习有关老年学的知识，以便消除对老年人的错误理解和认识。

(2)反移情是社会工作者的重要课题。做老年社会工作时，社会工作者可能会出现反移情，不仅会表现为对老年人缺乏耐心和关怀，还会表现为对老年人过度保护，想要“拯救”老年人。因此，社会工作者应注意反移情问题，时常反思自己对老年人的反应，这对从事老年社会工作来说很重要。

(3)社会工作者要善于反思并运用督导机制。在做老年人辅导工作时，社会工作者应该审视自己对老年人以及面对垂死和死亡的感受。在工作中，社会工作者要善于运用督导机制解决工作职责、专业技能和情绪困扰方面的问题。

(4)老年社会工作需要多学科合作。老年人的问题常常涉及许多方面的工作，做老年人工作需要多学科的合作，懂得协调、配合不同的学科专业人员共同开展老年人服务工作，才能使工作取得更好的成效。

案例九

王阿姨今年68岁，现在独自一人生活。她幼年丧母，与家人感情淡漠，成家之后与家人几乎不再来往。丈夫对王阿姨很照顾，夫妻感情很好，但丈夫已去世三年。他们中年得子，对儿子非常宠爱。现在儿子35岁，已经成家生子，孙子2岁。儿子和儿媳处于事业高峰期，工作忙碌。

王阿姨身体状况欠佳，患有关节炎、高血压等慢性病，全身经常病痛，但她不顾自己身体劳累，几乎每天到儿子家为其做家务，但与儿子沟通很少。王阿姨经常抱怨儿子不够孝顺、自私，对于母亲的病痛和劳累不管不问。

此外，王阿姨仍然非常想念丈夫在世时两人的美好时光，经常失眠，胡思乱想。她患有轻度的抑郁症，虽然通过治疗，有所好转，但是偶尔还是会压抑苦闷。王阿姨性格比较内向，不善于表达，与别人交往不多，朋友很少。居委会反映王阿姨也很少参加社区活动。

王阿姨每月有1000元左右的退休养老金，正常情况下能应付平时生活开支，可是现在扣除医药费、医疗费及给儿子、孙子不时买东西的费用，每个月的钱就所剩无几了。

问题：

1．上述王阿姨的案例反映了哪些典型的老年人问题？

2．针对上述问题，社会工作者应采取什么样的介入策略？

【参考答案】

1．老年问题包括因个人的老化而导致的问题，以及由于社会人口老龄化而出现的问题。在现代社会，老年人常面临以下一些方面的困境和问题：

(1)疾病与医疗问题。王阿姨步入老年，身体状况欠佳，患有关节炎、高血压等慢性病，全身经常病痛，王阿姨受到慢性疾病的折磨，生活质量下降。

(2)家庭照顾问题。城市化、家庭小型化、妇女职业化、离婚率上升和年轻人口的高流动性等都使得家庭照顾老年人的功能严重受损。王阿姨的老伴去世、儿子成家，一个人孤独生活，家庭支持不够，晚年生活境况凄凉。

（3）老年人医疗费用负担重，经济困难。王阿姨的退休工资低于全职时的工资，虽然有养老金，但是因为随着年龄增长，容易生病，医疗费用支出较多，不能完全保障其生活。

（4）社会隔离问题。老年人闲暇的增多与社会交往的减少使得老年人的社会隔离越来越严重。王阿姨退休在家，可自由支配的闲暇时间大大增加，但是因职业生涯的结束，社会交往的圈子却大大缩小。加上王阿姨比较内向，不善于与别人交往，也很少参加社区活动，朋友很少，晚年生活显得孤独寂寞。

（5）丧亲造成的长期抑郁情绪。个人在接受自己不可避免的死亡或他人的死亡时会经历一个痛苦的过程。王阿姨的老伴虽然去世三年，但她仍然非常哀伤和悲痛，还未到接受期的阶段。目前王阿姨的反应如表 5-1 所示。

表 5-1

生理反应	失去活力，全身病痛，劳累，无力，失眠，没精神
认识反应	回忆与丈夫的美好时光，把丈夫理想化，注意力分散，难以集中精神，善忘，觉得生活没有意思，认为自己命苦
感觉反应	情绪低落，经常独自哭泣，失落、空虚、失去自我肯定和自信，孤单、忧虑、无助、无安全感、恐慌、失望
社交及行为表现	退缩、孤僻、无聊；到儿子家做家务以逃避对丈夫的思念；将丈夫投射到儿子身上，希望儿子像丈夫那样照顾自己，经常将两者相比较，对儿子的照顾抱怨不满

（6）代际隔阂问题。王阿姨幼年丧母，本来就与原来的家人关系淡漠；对儿子也表现出不满，认为儿子不够孝顺，很少考虑到自己。

2. 针对王阿姨的问题，社会工作者可以采取的介入策略如下：

（1）进行丧亲辅导，帮助王阿姨宣泄抑郁情绪，规划新的生活

①进行综合评估。收集资料并注意观察，了解王阿姨哀伤的性质和阶段。

②提供感情支持。提供空间让王阿姨表达、静默及回忆，给予王阿姨情感上的支持和理解。

③提供丧亲辅导。与王阿姨谈谈往日无暇完成的心愿，并重新计划日常起居生活与人际交往活动等，协助王阿姨调整心态，逐步适应痛失至亲的变故，减少对儿子的抱怨，重建生活的意义和归属感，积极面对现在的生活。

（2）利用社区资源，丰富王阿姨的生活，提供社区支持网络

①与社区居委会联系，协助王阿姨享受独居老人的社会福利政策，如居家服务费用减免等政策，并安排社区医疗中心的医护人员为王阿姨提供上门医疗服务，缓解王阿姨的病痛，使其享受更好的生活；

②与社区老年服务机构联系，邀请王阿姨参加社区大型活动和老年秧歌队、健身队等，通过日渐丰富的日常生活，让她多结识老年朋友，扩大社会支持网络，开阔眼界、愉悦身心；

③发动社区志愿者与王阿姨结成帮扶对象，经常上门看望，给予精神慰藉，改善其精神状况。

（3）争取王阿姨的儿子与儿媳的支持

与王阿姨的儿子和儿媳进行沟通，让他们了解老人现在的状况，请他们多关心母亲的身体和情感生活，经常去看望母亲，帮助母亲度过哀伤抑郁阶段，切实担负起照顾老人的责任和义务。

二、方案设计题（根据题目的要求，设计出环节完整、严密、可行性强的服务方案）

案例一

某养老院近来入住了二十多位老人，他们对新生活非常不适应，要么整天抱怨，要么不和其他老人来往，要么觉得生活很无趣等。

要求：

假如你是该养老院的社会工作者，请针对养老院老人的需求，拟订一份服务方案。

【参考答案】

（1）问题的陈述与分析

新入住养老院的老人，由于刚刚离开原来的生活环境，在环境适应、人际交往、生活照顾、文化娱乐等方面都存在很多问题。

（2）方案设计

根据上述案例中新入住养老院的老人们的需求，社会工作者设计出的服务方案如下：

①方案目标

帮助老人更好地适应养老院环境，在养老院安享晚年。

②方案实施策略

a. 通过观察和面谈，为新入住养老院的老人提供适应状况评估，并根据情况为有心理、情绪、行为等方面问题的老人提供个案辅导；

b. 将有共同需要和问题的老人组织起来，开展小组工作，满足其需要，解决其问题；

c. 定期举办适合老人需要的社交康乐活动，拓展他们的人际网络，娱乐身心；

d. 联系和组织志愿者为老人提供志愿服务；

e. 为有需要的老人家属提供咨询辅导服务。

③方案执行

主要包括提供服务、调动养老院资源、监督服务执行进度等。

④方案评估

包括老人对养老院环境和生活的适应程度、老人对服务的满意度、方案执行情况及效果评估等。

案例二

杨老伯今年75岁，一年前患上了老年痴呆症，现在症状越来越严重，不认识老伴金老太和两位女儿，行为比较怪异，老伴走到哪里就会跟到哪里，还每隔两个小时便吵着要吃一次饭，吃饭需要老伴喂。金老太现在由于日夜照顾杨老伯而显得十分憔悴，而两位女儿因在其他城市居住，无法为母亲分忧，以致金老太时时感到孤寂无助、内心非常焦虑。金老太担心杨老伯病情严重时自己一个人照顾不了他，尤其担心自己一旦累病后杨老伯无人照顾。无奈中，金老太满腹忧愁地找到社区社会工作者寻求帮助。

要求：

假如你是金老太所求助的社区社会工作者，请你针对案主杨老伯的需求，拟订一份服务方案。

【参考答案】

(1)问题的陈述与分析

上述案例中反映的问题为：杨老伯身患老年痴呆症，其老伴金老太因为日夜照顾他而心力憔悴。

(2)方案设计

根据上述分析，社会工作者设计的服务方案如下：

①方案目标

控制杨老伯持续恶化的病情，协助金老太照料杨老伯。

②方案实施策略

a. 对金老太提供心理辅导和情感支持，缓解其焦虑、忧愁情绪，帮助她调整心态，积极面对生活；

b. 协助金老太分析杨老伯患病的原因，在日常生活中加以特殊照顾；

c. 与杨老伯在外地生活的两位女儿进行沟通，请她们常回家看望、照顾两位老人，多关心金老太，给金老太提供家庭支持力量，并与金老太一起制定照顾杨老伯的计划；

d. 联系较好的医疗资源，为杨老伯提供较好的治疗，缓解杨老伯的症状；

e. 为杨老伯建立社区支持网络，安排专门的医护人员定期为杨老伯提供上门医疗服务，并请社区志愿者为两位老人提供日间照料，减轻金老太的负担；

f. 教授金老太为杨老伯进行按摩的方法，多带其进行一些户外活动，与人交往等；

g. 当杨老伯病情严重时，帮助其入住医院，解除金老太的担忧。

③方案执行

主要包括整合社区资源、提供服务、监督服务执行进度、处理危机等。

④方案评估

包括金老太对服务的满意度、方案执行情况及效果评估等。

案例三

某高校社区里有许多已退休的高校教职员工，最近，他们向社区居委会反映现在的生活没人照顾，生病时没人照看，家中有体力活时也没人帮忙，吃完晚饭后就是散步或找人聊天，生活很无趣。

要求：

假如你是该社区的社会工作者，请针对这些老人的需求，拟订一份社区服务方案。

【参考答案】

(1)问题的陈述与分析

该社区高校退休教职员工在生活上面临饮食、居住、生活照顾以及参加社会活动、休闲娱乐等方面的一系列问题。

(2)方案设计

根据上述案例中高校退休教职员工面临的问题，社会工作者设计出的社区服务方案如下：

①方案目标

协助高校退休教职员工提高家庭生活质量，发挥他们的特长，使其享有健康、安全、温馨的社区生活环境，实现老有所养、老有所为。

②方案实施策略

a. 充分利用老年之家等社区照顾机构，为老人提供居家服务；

b. 成立社区志愿者队伍，定期为社区老年人提供生活照料和精神慰藉服务；

c. 利用社区其他资源为老人提供服务，如帮助生活困难的空巢独居老人料理生活、提供送餐服务等；

d. 组织开展丰富多彩的各类文体活动，比如书画比赛、下棋比赛、打太极拳、组织近郊游等活动，发挥老人的特长，丰富老人的生活。

③方案执行

主要包括整合社区资源、提供服务、监督服务执行进度、处理危机等。

④方案评估

包括老人对服务的满意度、方案执行情况及效果评估等。

案例四

某社区有很多老年残疾人，他们大多需要子女的照顾才能生活。但是，由于不少子女工作繁忙，使得这些老年残疾人的生活照顾无法得到保障。更糟糕的是，该社区中还存在一些“空巢”老年残疾人，他们的生活更加困难。

要求：

假如你是该社区的一位社会工作者，请针对这些老年残疾人的需要，拟订一份社区服务方案。

【参考答案】

(1)问题的陈述与分析

随着人口的老龄化，我国老年人数量不断增长，而老年残疾人的数量也随之增加。大多数老年残疾人由于生理、个人能力等方面的劣势，在家庭和社区中面临着不同程度的困难和需求，主要有以下几个方面：

①“空巢”老年残疾人缺乏家人的关怀；

②由于子女工作繁忙，老年残疾人的日常生活缺乏照料和扶助；

③由于缺乏社区活动能力，导致其与社会隔绝；

④缺乏必要的医疗和疾病常识，不能进行自我照料。

(2)方案设计

根据上述分析，社会工作者设计的社区服务方案如下：

①方案目标

帮助该社区的老年残疾人链接各方资源，包括医疗、生活照顾、志愿服务等，同时通过组织不同形式的社区活动，提升老年残疾人的社区参与度，丰富老年生活，扩大社会支持网络。

②方案实施策略

a. 建立老年残疾人互助小组。

第一，举办疾病预防知识讲座，普及医学常识，提升自我照顾能力；

第二，组织小组活动，丰富老年残疾人的生活，培养他们的兴趣爱好；

第三，建议老年残疾人的子女参与小组活动，增进家人之间的交流与沟通。

b. 充分利用社区医疗资源，联合社区居委会、社区卫生服务中心，定期为社区老年残疾人提供上门义诊服务。

c. 整合社区相关资源，提供社区照顾，组织社区志愿者，为行动不便又无人照料的老年残疾人提供居家养老服务，比如送餐、打扫卫生等。

d. 组织大学生志愿者，定期探望老人，帮助老年残疾人了解社会现状，避免与社会脱节。

③方案执行

社会工作者需要整合社区资源，联合社区相关医疗人员、大学生志愿者、社会工作督导等人员为社区活动的开展与实施进行服务支持和监督。

④方案评估

包括老年残疾人对服务的满意度、老年残疾人家属对服务的满意度、方案执行情况及效果评估等。

案例五

某市近期在全市推广居家养老新型模式，下辖区县的老人在家里就能享受护理、送餐、心理咨询等专业服务，幸福里社区是此次试点社区之一。虽然在试点之前，社区做了大量的宣传工作，但活动开展以来，鲜有老年人主动要求提供服务。通过问卷调查以及上门访谈发现，许多老人在日常生活中需要大量帮助，但他们认为社区服务可能洗不干净衣服，也不愿让别人扰乱自己的生活，因此对服务并不感兴趣。而通过对老人家属的调查发现，他们认为社区提供这些服务似乎暗示着他们不孝顺，没有照顾好老人。总之，该社区在推广居家养老工作方案时，遇到了极大的障碍。

要求：

1. 请分析该社区推行居家养老工作遇到障碍的原因。

2. 请针对上述分析，设计一个社区照顾服务方案。

【参考答案】

1. 上述案例中，幸福里社区推行居家养老工作不顺利，居委会服务不能很好满足老人的需要，居民参与意愿低。这种状况出现的原因有：

(1)核心障碍。幸福里社区的老人以及家属对社区居委会工作的不信任导致参与度极低。

(2)内因。随着生理的老化，老人大多不愿坚持学习，思维能力容易出现下滑现象，难以接受新事物，具体表现为固执。本案例中，幸福里社区的老人根据以往的社区生活经验，形成他们对居委会开展的老人照顾工作的看法，即认为居家养老服务工作并不起作用。

(3)外因。街道及居委会开展居家养老工作时，没有遵循社区工作和老年社会工作的一些特点和原则，具体表现为以下三方面：

①未将居家养老项目的理念和服务措施向老年人进行宣传和教育，没能鼓励老年人勇于维护自己被照顾的权益；

②没有遵照社会工作服务个别化的原则，不能根据社区不同老人的个别需求设计和实施不同的服务方案；

③未能主动了解情况，不能做到理性地推动和培养社区相互关怀和照顾的美德。

2. 根据上述分析，社会工作者设计的社区照顾方案如下：

(1)方案目标

通过宣传和推广居家养老的理念，建构和实施社区居家养老项目，开展成功的社区居家养老服务。

(2)方案实施策略

①进行需求评估，了解社区老年居民的照顾需求；

②根据不同的标准将老人分类，相应地将要提供的服务也进行分类，例如对病患或高龄老人提供危机干预服务，对行动不便、无人照顾的老人提供日常生活起居服务等；

③举办社区讲座或课堂，宣传老年生活知识及居家养老项目；

④进行资源评估和资源整合，和街道、家庭、医院、老年社会工作专家等各方进行沟通、协调，争取资金和政策上的支持，以便提供更优质的服务。

(3)方案执行

主要包括提供信息咨询服务、社区资源调动、机构协调配合、跟进服务、危机事件干预等。

(4)方案评估

①进行过程评估：在每一个介入行动实施后，对行动涉及的所有系统进行评估，观察老人、社区和居委会等各方面有无变化；

②进行效果评估：对照工作目标进行评估，检视目标结果及其实现的程度及影响，并为服务方案执行结束后的社区居家养老项目如何持续展开提出建议。

第六章　妇女社会工作

一、案例分析题（应试人员需对提供的案例背景材料进行全面深入的分析，并按要求作答）

案例一

社会工作者在某社区开展需求调研时发现：该社区的低收入家庭中有劳动意愿和能力的妇女共30名。她们大多从农村嫁到城里，婚后长期在家照顾老人和孩子，身边几乎没有能谈心的朋友。由于没有工作收入，她们的家庭地位较低，一旦发生家庭矛盾，只能忍气吞声。因此，她们希望学一些在家能做的手工编织技能，实现劳动创收和照顾家庭两不误，提升自身价值和家庭地位。

结合需求调研，社会工作者组织这些妇女成立了手工编织互助组。在开展手工编织技能培训时，她们认为应该由社会工作者制定培训内容和学习计划，因此几乎不发表自己的意见。由于不自信，她们在培训活动的讨论环节也很少主动分享自己的想法和经验。［2021年真题］

问题：

1．结合案例，分析该社区低收入家庭中的妇女主要有哪几个方面的需求？

2．运用参与式学习方法，社会工作者在开展技能培训时，应采取哪些策略促进这些妇女的改变？

【参考答案】

1．该社区低收入家庭中的妇女主要有以下几个方面的需求：

（1）就业的需要

案例中，由于没有工作收入，她们的家庭地位较低，一旦发生家庭矛盾，只能忍气吞声。提高收入水平可以提升妇女在家庭中的地位。

（2）提升工作技能的需要

案例中，部分妇女有劳动意愿和能力，但要获得收入，需要参加相应的技能培训。

（3）提升自身沟通能力的需要

案例中，妇女参加手工编织技能培训，但几乎不发表自己的意见，也很少主动分享自己的想法和经验。妇女需要转变理念，提升自身的沟通能力。

2．参与式学习方法是推动妇女自我教育、建立自尊自信、学习平等尊重的方法，同时也是锻炼妇女们参与社区事务管理乃至参政议政能力的方法。“参与式”强调的是参与者介入的程度和活动中权利的分享，特别关注参与者的参与动机、参与态度、参与热情、参与方式、参与效果等。

运用参与式学习方法，社会工作者在开展技能培训时，应采取以下策略促进这些妇女的改变：

（1）使妇女们参与学习课程内容制定、课程主题和进程、课程评估等各个环节，而不是执行专家制订的一套学习计划。

（2）用角色扮演、案例讨论、游戏、情景剧、讲故事等方法调动妇女经验的分享，“小活动、大道理”，通过小活动引发大家的深入思考，使每名妇女充分表达自己的思想。

（3）不仅要让妇女学习到知识，更重要的是提升妇女的自信。

案例二

社会工作者在社区调研中发现，一些失去独生子女的家庭存在重重困难，家庭成员不愿意面对现实，长期沉浸在悲伤和自责中，有的夫妻关系变得紧张，导致婚姻破裂的危机；有的老人疾病缠身，无人照顾；有的家庭缺乏稳定的收入，经济困难；有的家庭成员害怕无人养老送终，对未来充满担忧。社区居民虽对失独家庭感到同情，但不知如何与其交往，也很少邀请这些家庭参加社区活动。[2016 年真题]

问题：

1. 列出本案例中家庭面临的问题。

2. 结合案例中的问题，从家庭、社区、社会三个层面，分析社会工作者应采取什么干预措施。

【参考答案】

1. 本案例中的家庭面临的问题包括：

(1)失独之痛难以排解。表现为家庭成员不愿意面对现实，长期沉浸在悲伤和自责中。

(2)养老出现困境。表现为老人疾病缠身，无人照顾；失去独生子女使得家庭成员感觉无依无靠，家庭成员害怕无人养老送终，对未来充满担忧。

(3)婚姻破裂。表现为夫妻关系变得紧张，甚至出现婚姻破裂的危机。

(4)经济困难。表现为家庭因缺乏稳定的收入，导致经济困难。

(5)社会缺少对他们的关心和支持。社区居民由于不知道如何与他们交往，很少邀请这些家庭参加社区活动，使得这些家庭缺乏社会交际以及与外界的交流沟通的机会。

2. 针对案例中的问题，从家庭、社区、社会三个层面，社会工作者可以采取的干预措施具体如下：

(1)家庭层面

①通过家庭工作，提供心理辅导，鼓励夫妻相互支持和互助，从而避免夫妻关系变得紧张甚至婚姻破裂。

②给他们提供心理辅导，缓解失独之痛，让其放下悲伤和自责，重新融入生活。

(2)社区层面

①通过社区公共教育让社区居民认识到失独家庭的困境，营造对这个群体尊重、关怀和帮助的氛围。使得社区居民除了同情失独家庭，还要更加理解他们的痛苦，与他们多交流沟通，帮助他们排解内心的伤痛。

②帮助他们解决遇到的实际困难，并提供家庭所需的服务。如为失独家庭的老年人提供志愿服务，照顾其基本生活。

③鼓励和动员这些家庭参与社区活动，丰富他们的业余生活，重塑生活意义。如动员社区居民主动接近他们，多邀请他们参与社区活动，帮助他们找回生活的乐趣。

④组织遭遇同类问题的家庭和人群，形成支持和互助团体。如建立失独家庭支持小组，让他们能够在小组中相互鼓励、相互支持，减轻失独家庭的孤独感。

(3)社会层面

①倡导保障失独家庭的社会政策不断加强和完善。如目前的二胎政策是一种预防该类家庭问题的有效措施。

②提供养老、医疗等社会保障以及一些救助是重要的解决问题的制度性保障。如开展社区养老服务，建立社区日间照料站等，可以让失独家庭的老年人的养老得到保障。

案例三

某村大部分中青年男女外出打工，留守在村里的妇女不仅要承担农活。而且要照顾孩子和老人，留守妇女中，有些缺乏科学的种植养殖技术，难以增产增收；农忙时，有些能够得到亲朋好友的帮助，而大多数人只能独自承担；有些整日劳作，无暇顾及孩子教育；个别妇女遇到性骚扰时，倍感无助。村里也没有多少娱乐活动。繁重的劳作加上情感孤独，严重影响到一些妇女的身心健康。

在村委会的支持下，某社会工作服务机构计划针对上述情况开展服务。[2015 年真题]

问题：

1．列出本案例中留守妇女的服务需求。

2．列出社会工作者可以为本案例中的留守妇女提供哪些服务?

【参考答案】

1．(1)案例中的留守妇女所面临的问题主要有：

①生活负担重，承担着照顾老人、教育子女和种地等多方面工作，难以顾全。

②文化水平低，缺乏科学的种植养殖技术，难以增产。

③精神压力大，独自承担繁重的生活负担，且面临安全风险。

④心理健康问题。缺乏娱乐活动，缺少爱人陪伴，孤独无助，严重影响到一些妇女的心理健康。

⑤暴力问题。对性骚扰等暴力问题感到无助，没有安全感。

⑥子女教育问题。有些妇女整日劳作，无暇顾及孩子教育。

(2)针对案例中留守妇女所存在的问题，可以归纳出其服务需求主要有以下几个方面：

①分担多方面工作，减少生活压力。

②提高文化水平，掌握科学的种植养殖技术。

③改善生活状况，疏解精神压力。

④丰富业余生活，排解情感孤独。

⑤保障女性安全，避免性骚扰等暴力。

⑥改善子女的教育状况。

2．社会工作者可以为案例中的留守妇女提供以下服务：

(1)保健服务。协助妇联组织和卫生医疗部门积极开展送医送药下乡活动，定期开展义诊、免费健康检查等活动，广泛宣传医疗卫生保健知识，提高留守妇女的健康意识。

(2)心理健康服务。应对留守妇女劳动强度大、心理压力大、孤独感强烈等问题，采取开展情绪疏导、心理咨询、成立互助小组等方式，促进留守妇女之间的交流，及时化解她们心中的郁闷，减轻她们的精神压力，维护心理健康。

(3)技能训练和创业支持服务。联合劳动技能培训部门或相关民间培训机构组织各类培训班、主题讲座活动等，传授实用技术、法律维权、医疗健康、家庭教育等方面的知识，提高留守妇女的综合素质。另外，也可依托“小额担保贷款”项目，畅通融资渠道，支持妇女创业，培育和扶持妇女互助合作组织，帮助留守妇女解决生产、生活问题。

(4)文化娱乐活动。开展各种文化娱乐活动，并增设相应的文化娱乐场所和设备，促进妇女之间、家庭成员之间的相互交流，培养留守妇女的多种兴趣和爱好。

(5)创设安全的生活环境。向有关部门反映，改善农村中治安环境，创造安全的生活环境，保障妇女安全；为受暴妇女提供各种形式的服务，开设妇女心理辅导、法律咨询等热线，对受到性骚扰、性暴力、性侵害的妇女进行心理上的帮助和个案辅导；开展妇女维权小组，学习正确地应对性骚扰的方法和知识，共同抵制性骚扰等对妇女的暴力问题。

案例四

丽芬是一位普通的农村妇女。丈夫长年在外打工，很少回家，经常抽烟喝酒，每年拿不了多少钱回家。丽芬除了种地、养猪、养牛之外，还要照顾上学的女儿以及多病的婆婆，是家庭的经济支柱。

婆婆和丈夫都希望丽芬能再生一个男孩，可丽芬自己不想再生第二胎，也一直没有怀上。因此，丈夫和婆婆总是冷言冷语，丈夫甚至以“生不出男孩就离婚”来威胁，有时还会打她。丽芬得不到丈夫的关心，觉得自己很没用，在村里抬不起头来。

性格内向的丽芬找过村里要好的姐妹诉苦，大家都很同情她。村里像她这样挨打的妇女有不少，但大家认为家丑不可外扬，都选择了忍耐和沉默。丽芬曾找过妇联主任和派出所民警，他们都做过丽芬家人的工作，但没有起什么作用。村里人背地里对丽芬将家事告诉外人有些议论，也以“清官难断家务事”为由，没有给丽芬什么帮助。

丽芬感觉活得很累，有过离婚的念头。可是，父母住在弟弟家里，自己如果离婚，带着女儿能去哪里呢？她想过自杀，但一想到女儿没了妈妈之后的日子，就打消了这个念头。她感到无助，自叹命不好，不得不认命。

不久前，某社会工作服务机构在丽芬所在的村庄开展服务。丽芬经过一段时间的观望和了解，前来该机构求助。[2009 年真题]

问题：

1. 根据增能社会工作的基本假设，丽芬个人的无力感是怎样形成的？

2. 从优势视角看，丽芬拥有哪些资源？

3. 在本案例中，社会工作者应该如何运用女性主义社会工作的基本原则？

4. 从个人、小组和社区三个层面，提出解决丽芬问题的简要策略。

【参考答案】

1. (1)增能社会工作的基本假设

增强权能理论认为，个人需要不足和问题的出现是由于环境对个人的排挤和压迫造成的，社会工作者为服务对象提供的帮助并不是“赋予”服务对象权利，而是挖掘和激发他们的潜能，以对抗外在环境的压力。该理论看重服务对象的长处、主体地位和个人价值，焦点在于消除服务对象的无力感。在社会工作中，该理论有以下基本假设：

①个人的无力感是由于环境的压迫而产生的。服务对象之所以会处于弱势地位，并非他们自身有缺陷，而是由于不利的环境使他们感受到比其他人群更强烈的压力，形成强烈的无力感。造成无力感的根源有三个：

a. 受压迫团体的自我负向评价；

b. 受压迫群体与外在环境互动过程中形成的负面经验；

c. 宏观环境的障碍使他们难以有效地在社会中行动。

②社会环境中存在着直接和间接的障碍，使个人无法实现他们的权能，但是这种障碍是可以改变的。

③每个人都不缺少权能，个人的权能是可以通过社会互动不断增加的。

④受助人是有能力、有价值的。受助人的权能不是社会工作者给予的。

⑤社会工作者与服务对象的关系是一种合作性的伙伴关系。

(2)丽芬个人无力感形成的原因

丽芬个人的无力感是由于家庭环境和社会环境的排挤和压迫而产生的。造成无力感的根源主要有：

①丽芬的自我负面评价。由于婆婆和丈夫都希望丽芬再生一个男孩，但是丽芬自己不想生第二胎，也一直没怀上。丈夫和婆婆因此总是对她冷言冷语，甚至以“生不出男孩就离婚”来威胁，有时还打她。这些都使丽芬觉得自己很没用，在村里抬不起头来，并对自己形成了负面评价。

②丽芬与外在环境互动过程中形成的负面经验。丽芬在向村里要好的姐妹诉苦后，大家只是同情她，并且都认为家丑不能外扬，于是丽芬也选择了忍耐和沉默。丽芬曾找过妇联主任和派出所民警，他们都做过丽芬家人的工作，但没起什么作用。以上这些经历都是丽芬与外在环境互动过程中形成的负面经验。

③宏观环境的障碍使丽芬难以有效地在社会中行动。丽芬想过离婚，可是父母都住在弟弟家里，自己如果离婚，带着女儿无处可去；想过自杀，但一想到女儿没了妈妈之后的日子，就打消了这个念头。现实环境使她难以行动。而丽芬的现实处境不仅仅归因于个人和家庭，社会文化对妇女的歧视、性别偏见或性别歧视以及妇女社会资源的缺乏都是一种宏观环境障碍，都限制了丽芬的行动。

2. (1)优势视角理论

优势视角理论认为，每个人、群体、组织和社区都有其内在的能力，包括天赋、知识、社会支持和资源，只要存在适当的条件，就可以建设性地发挥自身功能。社会工作者做的一切都要立足于发现、寻求、探索和利用服务对象的优势及资源，协助其达到目标，实现梦想，并勇敢地面对其生命中的挫折和不幸。

(2)从优势视角看，丽芬拥有的资源包括：

①个人资源。丽芬个人比较吃苦耐劳，有能力也有体力，是家里的经济支柱。丽芬也比较勇敢，懂得抗争，在遭遇家暴后，敢于向妇联和派出所求救。

②社会资源。村里要好的姐妹非常同情丽芬的遭遇，妇联和派出所民警能为丽芬提供帮助，社会工作服务机构在丽芬所在的村庄开展服务。

3. (1)妇女社会工作的基本原则

①承认妇女的多样性以及与其一起工作的视角的多样性；

②尊重妇女作为独立的个体，而不是家庭角色的扮演者；

③了解、理解和接纳妇女的现实处境和她们的生存选择；

④认识到妇女本身也是一个资源，有能力处理自己的问题；

⑤妇女是发展的主体，而不是客体；

⑥增加妇女的资源和选择的多样性；

⑦将个体与群体联结起来，促进妇女之间特别是具有类似经历的妇女互助；

⑧社会工作者与服务对象之间的关系是平等的。

(2)案例中，社会工作者应采取下列措施来运用女性主义社会工作的基本原则：

①尊重丽芬是独立的个体，有她独特的生活经验，而不仅仅是家庭角色的扮演者。社会工作者应该给丽芬的丈夫讲解“男女平等”的法律知识及计划生育的基本国策，改变其传统的观念，尊重自己的妻子。

②了解、理解和接纳丽芬的现实处境和她的生存选择，承认社会上的权利不平等及资

源不足的现象。丽芬担负了家庭全部的生活压力，而其丈夫却常年不在家，也没为家里做过什么贡献。社会工作者应该让丽芬的丈夫看到、知道丽芬为家庭所做的努力与牺牲，使其悔悟。

③让丽芬认识到其本身也是一个资源，有能力处理自己的问题。

④增加丽芬的资源和选择的多样性。

⑤将丽芬与村内同样遭遇的妇女联结起来，促进妇女之间特别是具有类似经历的妇女互助，为争取自己的幸福而敢于抗争，共同构建美满幸福的家庭。

⑥与丽芬平等沟通，诚恳地听取她的想法和意见，采取最合适的解决方法。社会工作者与丽芬的关系是平等的。

4. 解决丽芬问题的策略主要有：

(1)个人层面

要使丽芬认识到自己所拥有的权益和能力，使她明白她的困境并不仅仅是个人原因，同时分析自我优势和资源，建立和恢复自信心。

(2)小组层面

将村里陷于类似困境的妇女召集起来，组成妇女权益维护与自强小组，进行妇女权益和法律意识宣传，通过开展小组互动、小组经验分享、小组凝聚力提升等活动，实现小组的目标，促进小组中妇女个人和小组整体问题的解决。

(3)社区层面

①促进相关立法及法律完善。建立和完善对妇女的社会救助机制；面向公众开展重视妇女人权的宣传和教育活动；倡导社会营造尊重妇女的良好社会氛围。

②建立妇女权益支持体系。

a. 构建社区社会支持网络，在村里宣传妇女权益，改变传统观念中对妇女的偏见和歧视，树立正确的妇女发展观；

b. 构建妇女自助互助为本的支持网络，召集村里陷于类似困境的妇女，增加她们的自信，相信她们有能力处理自己的问题，促进她们之间的沟通和互助；

c. 构建以妇女志愿者为本的支持网络；

d. 构建社区紧急支援网络，与妇联、派出所协商，为妇女在特殊情况下提供紧急支援。

③为受害妇女提供各种形式的服务，如开设妇女心理辅导、法律咨询热线等。

④开展针对损害妇女权益的综合干预行动，建立多部门合作机制。从公检法、司法、城市、农村、妇联等领域进行研究、行动、倡导立法等形式综合干预，建立多机构合作的反对损害妇女权益的机制。鼓励和支持建立为受害者服务的专业机构。

(4)组织与政策层面

争取妇女权益的政策倡导并进行相关政策宣传，倡导国家及社会其他组织对妇女问题给予更多关注。

案例五

曹大姐今年44岁，小学文化程度，在一家大型超市做保洁员。三年前，曹大姐的丈夫因病去世，她独自带着上初中的儿子在老城区一间狭小的平房生活。丈夫治病时花完了家中所有积蓄，还导致家里欠了六万元债务。近来，由于利润下滑，超市开始裁员，曹大姐失去了保洁员工作。做保洁员时，曹大姐每个月的收入只有七八百元，但还能勉强度日。

失业后，家庭经济来源中断，原本拮据的生活变得雪上加霜。由于就业信息不畅通，曹大姐年龄大而且学历太低，她找工作时总是碰壁。为了生活，曹大姐只好起早贪黑地卖报纸以贴补家用。但是，为了还债和供儿子上学，她仍然想找到一份合适的、稳定些的工作。偏偏这个时候，她发现儿子学习动力不足，学习成绩开始下滑，不大愿意和同学来往，也不乐意和她说话。曹大姐想辅导儿子功课，但心有余而力不足。现在，曹大姐一想到家里的状况，就泪流满面。

问题：

1. 上述案例中，曹大姐面临的问题有哪些？

2. 针对曹大姐的问题，社会工作者应采取什么样的介入策略？

【参考答案】

1. 上述案例中，曹大姐面临的问题主要表现为以下几个方面：

(1)家庭经济困难，生活难以为继；

(2)失业后，重新就业遇挫，找不到合适的、稳定的工作；

(3)发现儿子学习成绩下滑，精神状态不佳，却无能为力；

(4)亲子关系出现障碍，与儿子之间的交流变少。

2. 从案例中可以判断出，虽然曹大姐面临种种困难，但她并没有对生活失去信心，仍然起早贪黑卖报纸以贴补家用和供儿子上学。

针对曹大姐面临的问题，社会工作者可以从以下几个方面进行介入：

(1)针对曹大姐家庭经济困难，失业后重新找工作遇挫，可以从以下几方面进行介入：

①在现有的福利制度框架内寻找资源，到相关部门为曹大姐申请困难补助，缓解其因失业而导致的生活困难，减轻其生活压力；

②对于重新就业遇挫的问题，可以通过个案辅导，协助曹大姐顺利渡过失业初期的心理调适阶段，缓解负面情绪，树立就业信心，对今后的家庭生活有一个长远规划；

③借助社区资源，协助曹大姐参加适合自身的职业培训，提高就业技能，提供就业信息渠道，寻找各种适合曹大姐的就业机会，帮助她再就业。

(2)对于儿子的学习及亲子关系出现的障碍问题，有三种介入策略：

①引导曹大姐积极参加社区内组织的单亲母亲互助团体活动，协助曹大姐构建更广泛的社会支持网络，整合各种资源，协同解决面临的困难和问题；

②运用社会资源开展大学生志愿者活动，定期为曹大姐的儿子提供家教服务，并联系其儿子所在的学校，协助解决其儿子学习不良和朋辈交流等问题，提升其学习动力，使其获得朋辈支持，促进人格健全发展；

③组织曹大姐和其儿子参加亲子小组活动，学习亲子沟通的技巧，协调亲子关系，解决家庭变迁后的心理适应和情感适应等问题，促进个人和家庭功能的正常发挥。

案例六

38 岁的小君与丈夫结婚已经 16 年了，在与丈夫恋爱时，丈夫对她千依百顺，可结婚后不久，她就发现丈夫有赌博和嫖娼的不良嗜好，而且经常对她拳打脚踢，有时候不过瘾，就连女儿也一起打，因此这么多年女儿只要见到父亲就害怕。小君偶尔抱怨丈夫，丈夫脾气一上来就以离婚相威胁，小君害怕离婚，她觉得离过婚的女人是没有未来和希望的，会遭到别人的指指点点，无法正常生活。同时，婆婆总是求小君原谅自己的儿子，还告诉小君儿子也可怜，小时候常遭父亲的毒打，现在身上还有伤疤。另外，小君也不愿意女儿在一个不完整的家庭中长大，害怕失去父爱会影响女儿的健康成长。正是这些信念让小君一直没有与丈夫离婚，她希望等丈夫年纪大些了，脾气会有所改变，但是事与愿违。这16年来丈夫一直对她有家暴行为，甚至会把她打得鼻青脸肿，连班都不能上。

问题：

1. 请简要阐述针对婚姻暴力的理论解释。

2. 你将如何遵循针对妇女受暴的干预原则和干预策略进行工作？

【参考答案】

1. 婚姻暴力的理论分析包括：

（1）心理学的观点。侧重从个人因素来探讨，认为施暴者个人的认知、行为和情感方面的缺陷导致了暴力行为，如自卑、不会表达思想和情绪、害怕与人建立亲密关系、多疑等。案例中丈夫施暴的个人因素主要是赌博、酗酒后丧失理智所为。

（2）社会学习理论。从个人与家庭等微观系统分析暴力产生的原因。认为暴力是一个社会性习得行为，是通过直接体验或者观察而学到的，以此来解释男人是如何在童年时代的经验中，以及在社会化过程中学习到暴力行为的。本案中小君的丈夫幼年遭遇父亲的家庭暴力，因而习得了应对压力的暴力方式。根据此理论，既然暴力是习得的，那么干预中也可以通过再学习改正施暴行为。

（3）社会性别理论。认为家庭暴力是一种男性对女性行使的权力，是父权文化的产物。社会文化把家庭暴力当成是“家务事”或者“私事”，并且将妇女受虐归为“个人”原因。现有对家庭暴力的法律制裁缺少细致的规定，因此依靠法律制裁的力度不够。因此，在“清官难断家务事”的文化中，针对妇女的家庭暴力行为得到某种程度的掩饰。这些社会文化因素促使妇女变成“习得无助”，而沮丧和无助感使得她们在暴力面前越来越难采取行动，只能留在受暴的婚姻中。案例中的小君，为了保全家庭和女儿的成长，宁可自己受委屈。

2. 针对妇女暴力的干预原则和策略分别包括：

（1）针对妇女暴力的干预原则

①关注受害妇女的生命安全；

②接受受害妇女描述的问题而不是责怪受害者；

③尊重受害妇女的人格独立，提升她们的自信心；

④与受害妇女建立信任、真诚的专业关系。

（2）针对妇女暴力的干预策略

①为受暴妇女提供各种形式的服务。对小君进行个案辅导，调整认知、疏导情绪、修正行为，引导其重新认识暴力行为，敢于反抗压迫。

②建立受暴妇女支持小组。小组成员发展出自己主动参与反暴工作和唤醒社会的理解和关注。

③建立对施暴人的干预机制，不仅从法律上更要从思想认识上使其认识到如何尊重妇女，制止其暴力行为。

④开展反对针对妇女暴力的综合干预行动，建立多部门合作机制。从公检法、司法、城市、农村、医院、妇联等领域进行研究、行动、倡导立法等形式的综合干预，建立多机构合作的反对针对妇女暴力的机制。鼓励和支持建立为受害者服务的专业机构。

⑤促进相关立法及法律完善。向有关机构及其领导者、决策者进行倡导、宣传、培训；开展国际合作、政府和非政府组织间的合作；建立和完善对受暴妇女的社会救助机制；向

大众进行重视妇女人权的宣传和教育；倡导社会树立尊重妇女的良好社会氛围。

案例七

王丽娜，女，41岁，曾是某厂的技术骨干，4年前因照顾生病的婆婆辞职了。现在，婆婆已经病故，儿子也考上了重点中学，她想出去工作，却遭到家人的反对。丈夫认为自己是企业的管理干部，收入也可以，但工作忙碌，无暇顾家，老婆就应该在家好好照顾家人，做好"贤内助"。儿子也怕母亲工作后无法像现在这样照顾自己，不愿意母亲去上班。王丽娜执意去找工作，连续找了几个星期，却发现自己原来的技术用不上了，体力工作又不适应。她对自己的现状很苦恼，整天闷闷不乐，脸上没了笑容，晚上也睡不好，情绪十分低落。后经邻居推荐，她向社会工作者求助。

问题：

1. 上述案例中，王丽娜面临的主要困境是什么？

2. 针对王丽娜的困境，社会工作者应采取什么样的介入策略？

【参考答案】

1. 上述案例中，王丽娜面临的困境主要有以下几个方面：

(1)心理问题

王丽娜4年前因照顾生病的婆婆辞职，现在婆婆病故，儿子也考上了重点中学，想出去工作却遭到家人反对，加之在找工作的过程中发现自己找不到合适的工作，自己的技能过时，心中闷闷不乐。

(2)家庭地位问题

丈夫因为工作忙，反对老婆上班，认为她应该留在家里好好照顾家人。儿子也怕母亲工作后无法像现在这样照顾自己，希望母亲不要上班。在这个问题上，王丽娜很难取得丈夫和儿子的理解。丈夫和儿子都不能从平等的角度尊重王丽娜的个人意愿，从侧面反映王丽娜在家庭中处于附庸地位，缺乏自主性。

(3)就业问题

王丽娜在找工作的过程中，发现自己原有的技术已经过时，体力劳动又无法胜任，连续找了几个星期，都没有找到一份合适的工作。王丽娜的技术与现实社会需要脱节，说明她需要提升自己的知识和技能，以满足社会的需求，这样才能找到合适的工作。

2. 针对王丽娜的困境，社会工作者应采取的介入策略如下：

(1)与王丽娜的丈夫和儿子沟通，让他们理解并支持其就业

社会工作者帮助他们三人一起面对面的进行交流，了解各自的需要，在王丽娜照顾家庭和工作之间找到平衡点，争取兼顾，还应告知他们，家庭成员间应互相关爱、互相尊重，让他们多关心王丽娜，理解女性的自我价值体现意识，支持王丽娜的就业想法。

(2)对王丽娜进行心理疏导，协助她解决困难

运用倾听、情绪发泄等社会工作专业技巧，帮助王丽娜摆脱低落情绪，勇敢面对现实。通过个案或小组工作方法，进行心理辅导，帮助王丽娜顺利渡过求职初期阶段的困难。

(3)与王丽娜进一步交流，帮助她树立正确的目标

分析王丽娜的现状，利用她原来的专业技术基础，发现、挖掘她的潜能，引导其明确就业的方向，指导她树立正确的工作目标。同时鼓励她调整心态，树立信心，对今后的职业生涯发展做出全面规划，不要因为一时的工作难找而一蹶不振。

(4)整合社会资源，帮助王丽娜找到合适的工作

通过社区工作，帮助王丽娜建立更加广泛的社会支持网络，整合各种资源，解决就业困难的问题。具体办法有：

①建议王丽娜及时“充电”，在理论和实务上进行学习和培训，弥补相关知识、技能，尽快符合社会现实的需要；

②鼓励王丽娜多寻找招聘信息，继续求职，实现多渠道就业；

③利用社区推荐、介绍等方式，多渠道地帮助她寻找就业机会。

案例八

张阿姨家有两个儿子，大儿子已结婚，与老人同住，小儿子在外省读大学。近来，张阿姨因与儿媳之间产生了矛盾而心情烦躁，晚上常常难以入睡，总是唉声叹气。经社会工作者调查了解，发现张阿姨与儿媳之所以产生矛盾，是因为房子。大儿子与儿媳刚结婚时，张阿姨家只有一套两居室的住房，在朝夕相处中，张阿姨与儿媳常常因为一些生活中的小事而争吵。为了不破坏家庭关系，张阿姨和老伴商量后，决定把房子让给大儿子和儿媳住，他们自己到外面买一套房子。因为房子是用他们自己多年的积蓄和养老金买的，所以房产证上只写了他们的名字。没想到这件事却引起儿媳的不满，儿媳说两套房子的房产证上都不写他们的名字，是老人偏心，想日后将房子留给小叔子，甚至还威胁说，如果房产证上没有自己的名字，以后她就不会赡养两位老人。这番言论让张阿姨十分伤心，不知道该怎么办。

问题：

1．请界定在上述案例中，张阿姨面临的主要困境。

2．针对张阿姨目前面临的问题，社会工作者主要采取哪些介入策略？

3．作为社会工作者，在妇女婚姻和家庭关系调适上的主要工作有哪些？

【参考答案】

1．根据上述案例，张阿姨面临的主要困境有：

(1)婆媳矛盾：张阿姨和老伴打算买套新的房子，并且房产证上只写自己与老伴的名字，这个举动让儿媳不满，造成了严重的婆媳矛盾。

(2)生理症状：因为与儿媳经常发生争吵，再加上房子引发的矛盾，张阿姨的心情受到很大的影响，并因此出现失眠等现象。

2．社会工作者可以采取个案辅导与家庭辅导的介入策略，具体如下：

(1)个案会谈

与张阿姨会谈，通过表达同感建立信任关系，用个案工作心理——社会治疗模式中“描述——宣泄”的方法帮助张阿姨疏导、释放负面情绪，缓解情绪问题；帮助其调整认知，引导对儿媳的理解；连接医疗资源。

与张阿姨的大儿子和媳妇会谈，以接纳、尊重、同感的理念和技巧建立信任关系；通过提供信息让他们了解两位老人对房屋产权具有决定权，并且明白自己有照顾父母的责任；帮助他们调整认知，疏导情绪。

(2)家庭会谈

搭建沟通的桥梁，协调张阿姨与儿媳之间的关系，让他们了解彼此的想法，通过换位思考来相互原谅以前彼此因小事儿发生的矛盾，并且消除矛盾。对于房产证的问题，让张阿姨多与儿媳沟通，说明房产证没有大儿子与媳妇的名字，并不是为了日后留给小叔子，而只是因为买房时用的是自己和老伴的积蓄，且买房也是为了避免与家人产生不必要的矛盾，是为了维护家庭成员之间和谐的关系，帮助其建立家庭契约。

3．作为社会工作者，在妇女婚姻和家庭关系调适上的主要工作有以下这些：

(1)夫妻关系的调适

强调夫妻关系调适的性别视角的婚姻辅导原则，在辅导的过程中避免一味让妻子改变而忽视丈夫改变的重要性。

(2)婆媳关系的调适

解决婆媳关系这个永久的话题要从根治性别制度入手。婆媳关系调适最重要的原则是，要帮助媳妇认识到婆家和娘家都要平等对待，不要分亲疏远近。调适时应该遵循包容和相互理解、将心比心等原则，建立平等、相互尊重的婆媳关系。

(3)亲子关系的调适

由于传统的社会性别分工，母亲担负着重要的养育子女的任务。当孩子教育出现问题的时候，家庭和社会将责任归因于母亲角色的不当或者母亲素质不高，如果没有性别敏感性的社会工作者将辅导焦点集中在如何当好一个母亲和当母亲的技巧上面，反而加重了母亲的责任和负疚感，而忽视了父亲的责任和家人的配合，以及教育中社会所承担的责任。

二、方案设计题(根据题目的要求，设计出环节完整、严密、可行性强的服务方案)

案例一

近年来，职场性骚扰事件频频爆出，其中大部分受骚扰者是女性，这引起了社会广泛关注。

某地工会联合社会工作服务机构计划在在 H 企业中开展反职场性骚扰服务，服务前期的抽样调查显示，大部分企业员工对职场性骚扰问题有比较正确的认识，但也有少部分人认为受害女性“衣着暴露，是自找的”，“男人难免有点不良习气”，甚至有人认为那些投诉上司有性骚扰行为的女性是“别有用心”。在对受害女性的深度访谈中发现，有的受害女性希望惩戒骚扰者，却不知如何投诉；有的受害女性因为担心遭受打击报复、被人嘲讽后失去工作而选择了忍气吞声；有的受害女性甚至出现了自卑、罪恶感、恐惧和自我封闭等较为严重的心理问题。[2019 年真题]

要求：

依据社会性别理论，设计一份反职场性骚扰的社会工作服务方案，需说明理论，并分别运用个人发展模式和社群权益模式，列出具体目标和干预策略。

【参考答案】

1．社会性别理论

社会性别是指在一个特定社会中，由社会形成的男性和女性的群体特征、角色、活动及责任。社会性别是在人们社会化的过程中形成的。通过接受教育，男孩和女孩分别学习如何按照社会关于不同性别的观念来规范自己的行为，成长为符合社会性别角色定型的男人和女人。

传统的、定型的社会性别观念规定了男人和女人不同的发展路径，而且男性优越于女性的性别定型认识阻碍了妇女的发展。因此，打破传统的社会性别定型认识，重新反思和认识社会性别，对妇女发展、男女平等的实现有深刻的含义，也是妇女社会工作的目标。

2．个人发展模式

(1)干预目标：

①让职场女性对性骚扰有正确的认识；

②帮助职场女性了解与学习应对性骚扰的做法；

③解决受害女性因性骚扰而出现的心理问题。

(2)干预策略：

①成立支持小组。提供压力舒缓课程和人际关系训练，帮助受害女性解决自卑、罪恶感、恐惧和自我封闭等心理问题。

②成立互助小组。帮助职场女性了解性骚扰以及学习面对性骚扰的技巧与方法，提高职场女性应对性骚扰的能力，更好的维护自身的利益。

3. 社群权益模式

(1)干预目标：

①减少公众对职场女性受到性骚扰的偏见；

②创造良好的职场氛围使职场女性减少心理压力；

③宣传妇女保护的政策，使职场女性减少性骚扰；

④为职场女性提供必要的法律咨询与帮助服务。

(2)干预策略：

①组织关于性骚扰主题的宣传活动。帮助职场女性了解什么是性骚扰，为什么会引起性骚扰，如何避免性骚扰等相关知识。

②宣传妇女保护相关政策。鼓励大家面对性骚扰，不逃避，让其意识到这不是女性自身的问题。

③协调资源，联系相关专业律师，为职场女性提供法律方面的专业咨询服务。帮助其了解在遇到性骚扰后，该如何收集证据、如何投诉、如何保护自身安全等问题。

案例二

某街道地处某城市老工业区，原有的工厂或搬迁或关闭，导致很多女性职工失业，形成了许多困难家庭。

要求：

假如你是一位社会工作者，该如何为这些被生活所困的家庭主妇提供服务？

【参考答案】

(1)问题的陈述与分析

上述案例中，该街道很多家庭主妇面临的主要问题有：

①就业困难

原有工厂搬迁或倒闭，造成很多女工下岗，并且该街道地处老工业区，就业机会不多，这些失业女工再就业出现困难。

②家庭生活出现压力

这些家庭妇女被生活所困，既要照顾家庭，又要重新找工作，面对经济和心理上的双重压力，在照料家人方面，时间和精力都会不如从前。

③对生活失去信心

家庭主妇面临失业和二次择业的困境，在求职受挫后可能会对自己失去信心，生活态度变得消极，会对自身心理及家庭产生影响。

(2)方案设计

根据这些家庭主妇的问题，社会工作者设计的小组服务方案如下：

①方案目标

帮助家庭主妇们重新树立信心，自信、自强、自立、积极乐观地对待生活现状，努力改善生活。

②方案实施策略

a. 介入前的准备工作

通过家访、聊天、谈心等方式的交流，了解各位主妇的实际情况。

b. 制定小组活动内容

通过小组活动，使主妇们释放自己的心理压力，减轻心理负担。面对繁重的家事，按优先顺序列出解决方法。同时，通过小组活动发现或挖掘她们的兴趣爱好和特长，激发她们的生活热情。

c. 充分整合社会资源

鼓励和支持她们发挥自己的长处，积极就业。借助社区救助机构，积极为主妇们提供就业机会，缓解其生活压力。请社区志愿者为困难家庭定期服务，减轻主妇们照顾家人的负担。

③方案执行

a. 整合社会资源，列出一个详细可行的计划；

b. 设计好小组活动内容，监督执行进度；

c. 让家庭主妇们自己积极主动参与，做出中期和长期规划。

④方案评估

a. 调查家庭主妇的满意度，进行效果评估

在执行过程中定期跟踪、回访，通过调查问卷、电话咨询等形式，检查方案实施效果。

b. 进行反思和总结，进一步完善计划

通过调研和反馈得出的信息，对方案进行分析总结，根据实际情况及时修订并完善计划。

案例三

某社区的女性居民大多是附近服装厂的工人。由于经济效益下滑，该服装厂开始大量裁员，导致该社区的下岗女工增多，她们的生活开始变得拮据。

要求：

假如你是该社区的社会工作者，请你设计一份服务方案，帮助下岗女工走出失业困境。

【参考答案】

(1)问题的陈述与分析

上述案例中，该社区下岗女工面临着诸多困境，主要有以下几个方面：

①下岗女工家庭比较贫困，急需就业摆脱贫困现状；

②技能单一，只懂得剪裁衣服，就业竞争力不强，急需提高职业技能；

③有自卑心理，对重新就业缺乏信心，需要激励；

④经济拮据，生活单调乏味。

(2)方案设计

根据上述分析，社会工作者设计的服务方案如下：

①方案目标

通过再就业培训，增强社区内下岗女工的就业信心，提升其职业技能，促进其尽快实现再就业或自主创业。

②方案实施策略

a. 通过招募宣传，组织该社区下岗女工参加再就业培训；

b. 邀请一些下岗后再就业成功的女性现身说法，鼓励下岗女工认识和发掘自身潜能，树立再就业信心；

c. 根据下岗女工的兴趣爱好，聘请家政、烹饪、手工制作等方面的技术能手开设培训课程，提高下岗女工的职业技能；

d. 联系相关单位，为下岗女工提供就业信息和创业信息，鼓励下岗女工实现再就业或根据自身的技能进行自主创业；

e. 经常性地开展一些适合女工参加的社区活动，丰富她们的业余生活。

③方案执行

主要包括提供服务、调动相关社会资源、监督服务执行进度、处理危机等。

④方案评估

通过参与者的反馈、再就业和自主创业者的数量变化、过程评估服务满意度等方式对本方案进行评估。

案例四

34 岁的刘丽是某中学教师，自小在城里长大，是家中的独生女。五年前，刘丽嫁给了老家在农村的大学同学何亮，婚后一年他们有了一个可爱的女儿。可是，何亮的父母总盼望能有个孙子传宗接代。何亮对此虽然没说什么，但内心还是希望生的是个儿子。因为这事，刘丽与何亮发生过几次争执。现在，何亮是一家私营企业的销售经理，由于工作的关系，经常酒气熏天地回到家里，这让刘丽很不开心。何亮抱怨刘丽不理解他的工作压力，为此，两人经常发生口水战。随着应酬的增加，何亮晚归的次数也越来越频繁。由于缺乏沟通，刘丽对何亮不满的情绪越来越严重，甚至怀疑他有了外遇。一天晚上，刘丽趁何亮不注意的时候偷看了他的手机短信和通话记录，并没有发现什么异样，不巧却被何亮发现，他大为恼火，狠狠打了刘丽，还说打老婆在农村是很普遍的事情。刘丽深感痛苦和绝望，提出了离婚，但何亮马上道歉，保证再也不会发生。为了孩子，为了这个家，刘丽只好忍着。可是不到两个月，类似的情形又发生了，刘丽找到了某家庭服务中心寻求帮助。

要求：

请针对上述案例，设计一份社会工作服务方案。

【参考答案】

(1)问题的陈述及分析

①本案例中，服务对象刘丽和何亮虽然是大学同学，但他们在不同的家庭环境下长大，对于生儿育女和男女平等有不同的观念，这是引发夫妻冲突的原因之一；

②随着何亮晚归次数的频繁，夫妻间缺乏有效的沟通，导致家庭矛盾升级，婚姻关系恶化；

③何亮以暴力方式解决冲突，这不仅让刘丽身体上受到极大伤害，而且心理上产生了严重创伤；

④传统文化对虐待妻子现象的接受和认同，在很大程度上促进了家庭暴力的存在，造成暴力不断循环发生，以致婚姻破裂，家庭解体。

(2)方案设计

根据上述案例中服务对象刘丽的需求，社会工作服务方案的设计应包括：

①方案目标

a. 缓解刘丽因家庭暴力等所带来的心理伤害；

b. 改变何亮错误的社会性别观念；

c. 夫妻之间加强沟通，减少冲突的次数，杜绝暴力的发生，维护妇女的合法权益，协助解决夫妻矛盾，改善家庭关系。

②方案实施策略

a. 运用个案工作方法和危机介入模式

第一，坚持以受虐妇女为本的理念，为刘丽提供心理辅导和心理支持，积极地倾听、接纳和尊重刘丽的感受，缓解受暴力虐待后的心理压力和负面情绪；

第二，促使刘丽认识到家庭暴力是对妇女权利的侵害，妇女并不仅仅是为了家庭、为了孩子而生活，帮助她勇敢地争取在家庭中平等的权利和地位。

b. 通过社会性别视角的观点进行分析，提供认知辅导

帮助刘丽认识到家庭暴力是男女不平等的表现，并将刘丽的丈夫作为工作对象进行行为治疗，明确指出任何理由的家庭暴力都是违法犯罪行为，帮助他树立尊重妇女、尊重妻子的观念。

c. 教授正确的夫妻沟通技巧

让他们认识到夫妻冲突是不可以避免的，但解决夫妻冲突绝对不可以用暴力。社会工作者要注重案主夫妻沟通技巧的学习，帮助他们找到解决问题的途径，学会用理智的方法来处理婚姻冲突，改善家庭关系，促进家庭和谐。

d. 开展小组工作

将社区内与刘丽有相同遭遇的妇女组织起来，定期召开主题小组活动，依靠小组成员的力量和资源，学会个人解决问题的方法，提升自助的能力，协助她们形成互助支持体系，获得更多的情感支持。

e. 在社区层面开展家庭教育活动，建立反家庭暴力的紧急支援网络

大力推行家庭教育项目，一方面大力宣传家庭暴力的危害性和对社会的影响，另一方面让夫妻互相学习解决婚姻冲突的非暴力方法。联合所在的社区，联系相关职能部门，如妇联、派出所、司法所、社区医院、居委会、社区志愿者和邻居等组成专门的反家庭暴力的紧急支援网络，向有需要的妇女提供及时的帮助和服务。

③方案执行

主要包括整合社区和机构资源、提供服务、监督执行进度、处理危机等。

④方案评估

主要包括刘丽及其丈夫对服务的满意度、方案执行情况及效果评估等。

第七章　残疾人社会工作

一、案例分析题（应试人员需对提供的案例背景材料进行全面深入的分析，并按要求作答）

案例一

小明，17 岁，某职校学生。不久前与母亲外出时，不幸遭遇车祸，导致双腿截肢。截肢后的小明变得沉默寡言，不愿主动与人交往，与父母关系日渐疏远。职校虽然表示愿意接受小明返校读书，但由于缺乏相关经验，针对小明残疾状况的特殊安排迟迟没有落实，因此，小明至今没有返校。母亲感到十分自责，对小明的任何要求都尽量满足，希望能够“赎罪”。父亲因为唯一的儿子成了残疾人，认为自己是世上最“倒霉”的人，整天唉声叹气，愁眉苦脸。小明感到前途渺茫，内心十分焦虑，了解到小明的情况后，社会工作者决定介入。［2011 年真题］

问题：

1. 本案例中的小明有哪些服务需求？

2. 依据残疾人社会工作的教育康复模式，本案例中的社会工作者应开展哪些工作？

【参考答案】

1. 根据《中华人民共和国残疾人保障法》和《关于加快推进残疾人社会保障体系和社会服务体系建设的指导意见》规定，残疾人的权益和基本需求主要包括康复权、教育权、劳动权、文化生活权、社会福利权和环境友好权。

本案例中的小明有如下需求：

（1）康复的需求。由于刚刚截肢，小明需要持续的健康维护，需要配备假肢，需要康复训练，需要必要的药品与辅助器械。

（2）教育的需求。目前小明的教育权被剥夺，虽然学校表示愿意接受小明重返学校，但因伤残状况的特殊安排迟迟没有落实，小明至今没有返校。

（3）文化生活的需要。目前小明没有返校，因为肢体的障碍隔绝了应有的社会交往，不方便参与学校及社区的文化生活。

（4）社会福利的需要。小明需要有人帮助他及其家庭了解残疾人的福利政策，需要享受到应有的福利。

（5）友好、便利的环境需要。小明需要无障碍的社区环境及无歧视和偏见的社区氛围。

此外，由于变得沉默寡言，不愿主动与人交往，而上学难又给小明和家人带来了心理障碍，对此，小明需要社会工作者对其进行心理辅导和治疗，帮助其疏导情绪、调整认知、学习接纳自我，重拾对生活的信心和勇气。

2. 教育康复的主要对象是机构中和城乡社区的各类残疾人，又称特殊教育。教育康复的重点是从出生到入学年龄前的残疾婴幼儿和少年儿童的早期干预，以及义务教育阶段后与职业康复、就业安置等工作相关的教育工作。依据残疾人社会工作的教育康复模式，本案例中的社会工作者应针对小明及其父母分别开展服务，具体分析如下：

（1）针对小明开展以下服务：

①对小明开展人与环境互动的教育。帮助小明接纳自己残疾的事实，传授小明科学的身体护理知识，帮助小明适应新的日常生活方式、调整自己的心理状态；通过社会工作的

个案、小组和社区等方法提供专业化重点服务，使小明的身心与环境达成和谐。

②进行“补偿性”功能的损害训练，不仅学习基础性科学文化知识、劳动技能和职业技能训练，更重要的是为小明提供结合身心发展的培训。

③与服务对象“在一起”工作中，激发小明在服务过程中的主体性，从而达成教育康复、心理康复和功能康复的“三位一体”。

(2)针对小明父母开展以下服务：

①给予家庭照顾者以及家庭成员心理支持，缓解精神压力。在对待残疾人的照顾问题上，防止出现歧视、忽视或过度的呵护和保护的两种极端做法。

②普及相关的残疾人教育康复的相关知识，同时提升照顾者的康复技巧。帮助构建社区型社会支持系统，提升社区志愿者服务质量。

③帮助父母正确认识和对待小明的残疾状况，以正常化眼光看待小明，消除小明母亲的负罪感，纠正过分溺爱的方式，对小明多多鼓励和赞扬；改变小明父亲认为自己“倒霉”的看法，使他们树立起对小明康复和发展的信心，从而对小明产生一种正面影响。

社会工作者在帮助小明和家属的同时，还要促使社会组织、服务机构和其他残疾人康复工作者掌握有关知识，并使各种专业人员的知识技能不断提高。

案例二

王爱华，女，上海人，今年44岁，有一个正在上海本地读大学一年级的女儿，丈夫在女儿幼年时就因病去世。王爱华没有正式工作，这么多年来一直靠做临时工作维持家庭生活，比如做保姆、街道清扫员、家政人员等。去年三月份，由于一次车祸，王爱华不幸失去了一条腿，住院没多长时间，她就因无力支付医药费出院。至今她还无法接受这种巨大的生活变迁，整日闷闷不乐，脾气也很暴躁，经常对女儿发脾气，有时候甚至不吃不喝，病情也没有好转。后来在女儿的劝说下，她的情绪好了一点，但她还是经常想到自己是个废人，什么用处也没有了，有时甚至想自杀，但又觉得不能让女儿孤单单一个人在世上生活。现在，她几乎不出门，不愿意和健全人说话，也不乐意和残疾人交往。

问题：

1. 请阐释残疾人社会工作的定义及目标。

2. 针对王爱华的情况，社会工作者可以采取哪些介入策略？

【参考答案】

1. 残疾人社会工作的定义及目标分别如下：

(1)残疾人社会工作不同于一般的残疾人服务，专指社会工作者秉承利他主义的宗旨，运用社会工作专业知识和方法，帮助残疾人进行能力建设并克服自身缺陷的局限性，构建社会性支持系统并克服各种环境障碍，使得残疾人能够全面融入社会生活，并提升人类社会整体生活质量的活动。

(2)残疾人社会工作的目标是尊重残疾人的公民权利，促进残疾人平等的社会参与，实现残疾人体面工作和尊严生活，推动残疾人树立“自尊、自信、自强、自立”观念，全面提升残疾人素质，使其为社会做出更大贡献，构建“共建、共享、共融”的具有亲和力的文化，从而提升人类整体的生活质量。

2. 针对本案例中王爱华的情况，社会工作者可以采取的介入策略包括以下几个方面：

(1)社会工作者借助医疗科技的基本知识，帮助王爱华取得合适的医疗援助和康复服务。

(2)对王爱华进行心理辅导，促使其接纳自我并重建正向的自我认知，使其能够勇敢面对现实。

(3)帮助王爱华进行生活自理训练，提高其生活自理能力。

(4)在王爱华具有生活自理能力之后，为其提供就业辅导，帮助她联系力所能及的工作，使其重建自信，获得自我效能感，积极生活。

(5)评估王爱华的家庭状况、经济条件以及在社会生活中遇到的或可能遇到的问题，帮助她申请最低生活保障金，并取得社区的支持，解决其生活困难；联系王爱华的女儿所在学校，为其女儿申请校园援助。

(6)鼓励王爱华走出家门，积极参与残疾人之间以及残疾人和正常人之间的交流与沟通。

(7)重视社会社区资源作用的发挥，建立社会资源支持网络，让更多的人来关注、关心残疾人。

案例三

某社区内成立了一家专门为智障人士服务的社会工作机构，在成立之初，机构内活动设施及康复设施齐全，并且配备了6名专职的社会工作者负责活动的策划与机构管理，而且有很多志愿者前来帮助提供服务。在硬件软件设施皆齐全的情况下，有34名智力水平有不同程度差异的智障人士加入到机构。机构每周开放五天，平常的活动形式多样，内容丰富，学员们都很喜欢，踊跃参与，他们的家人也因此感到非常放心，认为找到了一个能帮助智障人士回归社会的地方。但是久而久之，由于受到一些外在的无法控制的因素的影响，其中3名专职社会工作者先后离开了机构，同时机构的志愿者也变的越来越少，平时举办的活动形式越来越单一，内容重复，枯燥无味，因此学员们越来越不喜欢参与，大部分时间只是在机构中静静地坐着发呆或者独自玩耍，这让机构负责人很头疼，不知道如何处理这些问题。

问题：

1. 请针对上述情况，对该社区的社会工作机构面临的问题做出陈述。

2. 如果你是这家社会工作者机构的负责人，为了改善机构的服务，你会怎么做？

【参考答案】

1. 该社会工作机构面临的问题有：

(1)由于专业社会工作者的流失、志愿者的减少，致使机构的服务不到位，无法为社区内的智障人士提供可行、有效、经济、全面的康复服务。需要因地制宜地调动和挖掘社区资源，吸引更多的专业人员及志愿者队伍。

(2)康复活动流于形式，影响智障人士的康复效果和质量，需要重新对现有的活动进行设计与策划，并将活动落到实处，切实地为智障人士提供有效的服务。

2. 如果我是这家社会工作者机构的负责人，为了改善机构的服务，我会采取以下措施：

(1)针对社会工作机构的特点和实际情况，重新调整及设计康复活动，为机构内的学员组织各类兴趣小组，并定期开展活动。

(2)根据学员的智力水平划分不同的等级和类别，根据不同的层次调整和设计新的康复活动，以帮助不同层级的智障人士达到康复目标。

(3)通过社区工作模式，整合社区资源，开展社区倡导和教育，为社区的居民普及智障方面的知识，提高大家对智障人士的理解与接纳，动员社区居民包容社区内的智障人士，同时也争取更多社区公众对残疾人工作的支持与参与。

(4)以小组的形式将机构的智障学员及其家人组织起来形成支持小组，定期开展各种主题活动，通过小组活动来带动小组成员相互分享经验，为他们搭建与社区和周围环境相连接的全新的支持网络，协助智障学员及其家庭解决问题。

(5)充分调动社区资源，如智障人士亲属、邻居等，鼓励并激发这些人际网络发挥作用，同社会工作者一道帮助智障人士进行康复训练。另外，组建较为稳定的志愿者服务队伍，并通过相关培训使他们掌握与智障有关的基本知识，并为他们提供服务的基本方法和技能，保证他们提供服务的持久性。

案例四

某家政服务公司的工作人员刘女士在为客户擦玻璃窗时，不慎从窗台上跌落，从此失去了双腿。家政服务公司给了她一笔数额不多的慰问补偿金。刘女士的丈夫对她很关心，为了多挣钱养家，又去做兼职。刘女士的女儿刚上小学四年级，但非常懂事，上学前后都细心地照顾妈妈。对丈夫和女儿的辛苦，刘女士都看在眼里，内心十分愧疚，觉得自己是家人的负担。一天，她趁着家里只有她一人，便爬下床打开煤气自杀，幸好被邻居发现救了过来。

问题：

1. 请运用优势视角理论分析刘女士面临的优势和困难各有哪些？

2. 针对刘女士目前的困境，社会工作者应采取什么样的介入策略？

【参考答案】

1. 运用优势视角理论分析刘女士的情况，其面临的优势和困难分别如下：

(1)刘女士的优势

①环境的优势。刘女士的家庭关系比较和谐、亲密，女儿与丈夫都很关心她，邻居与他们的关系也不错，平日很关照她，能及时帮助她。

②个人的优势。刘女士虽然失去了双腿，但上半身功能完好，精神正常，并且是一个为家庭着想的人。

(2)刘女士面临的主要困难

①环境的缺失。刘女士的丈夫工作很忙，为了多挣钱养家，还在外面做兼职，陪伴刘女士的时间较少，不能很好照顾她，也不了解刘女士的内心想法；刘女士的女儿尚且年幼，尽管上学前后都细心地照顾妈妈，非常懂事，但其他时间无法照顾妈妈的生活。刘女士所在社区没有为刘女士一家提供必要的帮助。

②个人的缺失。个人层面是刘女士自己悲观、消极，觉得自己给家人增添负担。

2. 针对刘女士目前的困境，社会工作者可采用的介入策略如下：

(1)采取增能模式

社会工作者可以采取增能模式帮助刘女士，增能模式把增能理论运用于社会工作实践。残疾人常被视为弱势群体，被贴上许多负面的标签，并受到压制、排斥和歧视。因而，增能模式会对残疾人有特别帮助。刘女士目前自认为自己没用，是家庭的拖累，对自身有较多负面性的评价与看法，增能模式有助于她提升自信、自尊，激发潜能，从而改变其悲观、消极的态度，解决其问题。

(2)注意运用充权技巧和优势视角

①在运用增能模式时，要注意运用充权技巧，通过确保刘女士的基本需求(衣食等)得到满足来增强刘女士改变的动机。在刘女士谈到自己受压迫、异于他人的经历时给予富有同感的回应也能增强其改变的动机。

②运用优势视角的评估也能起到激发动机的作用。对于刘女士，运用优势视角的评估可以激发她的改变动机，鼓励她反思，学习正面看待问题，并努力提升解决问题的能力。社会工作者要注意让刘女士看到自己的优势，增强其信心，鼓励她战胜自我。

(3)为刘女士申请医疗援助，联系其所在社区为其家庭提供必要的帮助。

(4)让刘女士和其丈夫倾心交谈，各自敞开心扉，使刘女士明白家人的关爱和担忧，消除其愧疚心理。

(5)为刘女士提供就业帮助，协助刘女士找到力所能及的简单工作，以补贴家用和提升自我效能感。

案例五

媛媛是个7岁的小女孩，现在就读于某小学。因为幼时患上了小儿麻痹症，媛媛的腿脚行动不便，这给媛媛的生活、学习以及进入社会造成了严重障碍。开学一个多月来，性格内向、自卑的媛媛从不参与任何室外活动，也很少与同学交流，几乎没有要好的朋友。时间一长，她产生了厌学情绪，经常对老师撒谎，借故请假。

假如你是该小学的一名社会工作者，被要求为媛媛提供服务。

问题：

1. 在上述案例中，媛媛面临的困境主要有哪些？

2. 针对媛媛目前的困境，社会工作者应采取什么样的介入策略？

【参考答案】

1. 上述案例中，媛媛面临的困境主要可从生理、心理、社会三个维度来分析：

(1)生理方面，媛媛幼时患有小儿麻痹症，腿脚行动不便，给其生活、学习以及进入社会造成了严重障碍；

(2)心理方面，媛媛不能很好地接受自身腿脚不灵便的事实，因为性格原因不与别人交流，产生了自卑心理和厌学情绪；

(3)社会功能方面，媛媛还不能适应小学的学习生活，不能处理好与同学、老师的互动关系。

2. 针对媛媛目前的困境，社会工作者可采取的介入策略如下：

(1)对媛媛的情绪进行疏导

社会工作者需要对媛媛的情绪进行疏导，帮助媛媛克服身份认同上的困难，接受腿脚不灵便的现实，增强学习和生活的自信心。

(2)对媛媛的在校行为进行修正

社会工作者需要对媛媛的在校行为进行修正，帮助她改掉撒谎的坏习惯，传授其人际交往技巧，帮助她建立良好的同伴关系。

(3)与媛媛的老师、同学和学校进行沟通

社会工作者需要与媛媛的同学、老师和学校进行沟通，争取他们的理解和帮助，从而组织同伴支持小组，建立支持性的学校环境。

(4)与媛媛的家长进行沟通

社会工作者需要与媛媛的家长进行沟通，教导他们学习必要的家庭养育技巧，旨在能够让他们运用科学的方式引导媛媛的健康成长。

(5)联系社区相关康复机构，为媛媛提供辅助器材和康复训练。

二、方案设计题(根据题目的要求，设计出环节完整、严密、可行性强的服务方案)

案例一

小珍，女，9岁，小儿麻痹症患者。父亲在小珍1岁时便去世了，母亲刘某是电子加工厂的一位普通工人，她平时上班时都把小珍锁在家中，以免小珍受到其他人的欺负。最近，刘某感到胸部不舒服，在单位的一次体检中，被查出患有乳腺癌。刘某心里很乱，认为自己活着是在耗日子，小珍又是小儿麻痹症患者，而乳腺癌是遗传病，小珍也可能遗传了此病。她想带女儿一起自杀。于是，在回家的路上，她特意买了瓶安眠药带回家。接下来的几天，刘某没有去上班，她一改平日节俭的风格，给女儿买好吃的东西、好玩的玩具、漂亮的衣服，带女儿去游乐场玩，这种反常的举动引起了一位热心邻居的注意，并把此事向社区居委会汇报了。

要求：

假如你是一位社会工作者，请你针对案主小珍的情况，拟订一份服务方案。

【参考答案】

(1)问题的陈述与分析

从本案中可以看出，案主小珍面临的困境是和其母亲的困境紧密联系在一起的，具体包括：

①基本生命权利受到威胁

小珍的母亲因为在体检中被查出患有乳腺癌，认为自己活着是在耗日子，小珍又是小儿麻痹症患者，而乳腺癌是遗传病，小珍也可能遗传了此病。她想带女儿一起自杀，这使小珍的生命安全受到了威胁。

②缺乏人身自由与社会交往

小珍在母亲上班时间，被锁在家中，缺少自由、没有玩伴，无法进行正常的人际交往。

③教育权利没有实现

小珍已经9岁，但每天被锁在家里，无法接受正常的文化教育。

④康复治疗的需要得不到满足

小珍患有小儿麻痹症，需要进行相关的康复治疗，培养独立生活的能力，但是小珍并没有接受康复治疗。

(2)方案设计

针对服务对象小珍的需要，社会工作者制定的服务方案如下：

①方案目标

a. 帮助小珍母亲接受现实，勇于面对现实，打消其带着小珍自杀的想法，保障小珍的生命安全；

b. 使小珍能够实现教育权利，满足其社会交往、康复治疗的需要，保护小珍健康成长。

②方案实施策略

a. 危机介入

在小珍生命安全受威胁、小珍母亲有自杀计划的危险情况下，社会工作者需要紧急介入，将小珍带离其母亲身边，首先保障小珍的生命安全，其次需要对小珍的母亲进行心理辅导及危机介入，打消其自杀计划。

b. 针对小珍母亲

第一，积极联系医院与小珍母亲的工作单位，详细了解小珍母亲的病情，为其申请必要的医疗救助，并号召单位主动关心她的日常生活；

第二，与小珍母亲的单位一起，共同给小珍母亲做思想工作，动员其到医院进行手术，治疗疾病，并为其提供心理辅导，鼓励其勇敢面对疾病，增强战胜病魔的信心。

c. 针对案主小珍

第一，为小珍做全面的医疗检查，判断小珍是否真的遗传了母亲的乳腺癌病症；

第二，整合社区相关资源，积极为小珍寻找特殊学校或者社区康复站，为小珍解决康复治疗、教育、社会交往等问题；

第三，为小珍在社区建立支持网络，号召大家都来关心小珍；

第四，倡导政策支持，改变社会环境，为残疾人营造友好的生活环境。

③方案执行

主要包括提供服务、调动相关社会资源、监督服务执行进度、处理危机等。

④方案评估

包括小珍及其母亲对服务的满意度、方案执行情况和服务效果评估。

案例二

经调查，某城市某社区有10名不同程度的智障儿童，他们在成长和生活方面遇到很多困难。

要求：

假如你是该社区的一名社会工作者，主要负责社区智障儿童的康复工作，请针对该社区智障儿童的需求设计一份社区服务方案。

【参考答案】

(1)问题的陈述与分析

上述案例中，该社区智障儿童面临的问题主要包括：

①行为方面。智力发育迟缓甚至停滞，身体各方面机能较差、成熟较晚。

②语言方面。语言理解能力、表达能力较差。

③感情世界方面。常常会表现出缺乏自信、容易退缩或过分依赖别人协助等情况，不能与同龄小朋友融洽相处，容易遭受歧视等。

对于上述问题，社会工作者需要提供有针对性的帮助，帮助智障儿童快乐成长。

(2)方案设计

根据上述分析，社会工作者设计的社区服务方案如下：

①方案目标

a. 增强智障儿童在行为及社会上的能力；

b. 提高智障儿童家庭对生活满意的程度；

c. 改善智障儿童与邻里间的关系，增加社区对智障儿童的接受程度。

②方案实施策略

a. 辅导智障儿童进行自我训练，辅导智障儿童学习简单的自我照顾技巧和康复技巧训练，协助其发展个人才能；

b. 组织志愿者从事康复工作，招募一批有兴趣从事康复工作的人士，为之提供基本的训练，使其能对智障儿童做定期探访或提供服务；

c. 建立社区支持网络，协助智障儿童建立社交网络，也协助其家庭成员建立互助网络；

d. 整合社区资源，将社区居委会、社区设施、专业人士、经济支援等进行整合，使智障儿童的需要得到满足、困难得到解决；

e. 联系相关康复机构，为智障儿童提供专业康复训练；

f. 倡导政策支持，改变社会环境，倡导大家共同关心智障儿童的成长。

③方案执行

主要包括提供服务、整合社区资源、监督执行进度、处理危机等。

④方案评估

该方案的评估应该包括：智障儿童及其家庭成员对服务的满意度，整个方案执行情况和效果评估等。

案例三

陈建，男，23岁，未婚，四川人，高中毕业后到海南打工。几个月前发生重大车祸，虽然保住了生命，但却留下重度残疾。在其手术住院期间，由于医院缺乏专业的康复训练条件和康复技术指导，未对患者进行康复治疗。不久，陈建来到海口市某康复中心进行康复治疗，他请求康复机构的社会工作者给予帮助。针对他存在的问题，社会工作者与有关部门、患者家属及主管医生交流情况，并多次进行法律咨询。

要求：

请根据社会工作的通用过程模式，拟订一份社会工作者服务方案。

【参考答案】

(1)问题的陈述与分析

按照社会工作通用过程模式，首先进行接案和预估两项工作程序：

①接案是社会工作者与前来求助的潜在的服务对象开始接触、了解其需要、帮助其逐渐成为服务对象并接受服务的过程。它的目标是要通过与服务对象的接触，在社会工作者和服务对象之间建立起一个彼此信任的、良好的专业关系。

本案例中，陈建是主动寻求帮助的，是自愿型服务对象，寻求改变的意愿和动力较强。社会工作者经过与陈建的面谈后，与其建立了初步的专业关系，对其所处的环境和面临的问题有了比较清晰的分析和判断。

②预估是收集资料和认定问题的过程，是把所有有关服务对象的资料组织起来并使其具有意义的专业实践活动。在预估环节，社会工作者通过收集资料等与案主陈建建立专业关系，更加准确地判断出其所面临的问题。这主要包括：

a. 存在心理压力大、缺乏康复训练和未能正常回归社会的多种困难；

b. 有就业需求，需要提供就业技能培训；

c. 需要与当地政府有关部门联系，协商对案主回归社会进行安置。

③案主陈建在遭遇不幸之后，并不是自暴自弃，而是主动寻求帮助，其强烈的改变动机也是社会工作者在介入时可发挥的案主优势。社会工作者要充分相信陈建是有解决问题潜能的，可以通过充分发挥陈建本身的能动性进行治疗。这些都为制定具体的服务计划打下了基础。

(2)方案设计

根据上述分析，社会工作者设计出的服务方案如下：

①方案目标

鼓励陈建以积极的态度进行社会康复和职业康复训练，学习和掌握回归家庭、重新参与社会的技能，努力实现自己的生活目标。

②方案实施策略

a. 心理辅导

通过与陈建的交流沟通，积极倾听他的真实感受，缓解他的心理压力和焦虑状态，为其提供心理支持。

b. 身体康复指导

第一，与职业指导师、主管医护人员和康复医生组成治疗小组，制定陈建的康复方案，提供有针对性的服务，有步骤地实施康复方案；

第二，在康复医生的专业指导下，帮助陈建改善身体机能和日常生活自理能力，调整身心机能，为开展职业康复做好准备。

c. 职业康复指导

按照职业康复的服务内容和工作程序，对陈建提供职业能力评估和咨询，帮助他了解自己的一般能力、特殊能力、职业兴趣等，作为选择职业的依据。并在此评估基础之上，对陈建提供职业技能培训，掌握再就业的技能。

d. 增进社会支持

根据陈建职业康复的情况，联系职业康复专业人员与陈建及其家属面谈，了解陈建对职业康复的想法和要求，并联系当地政府部门和陈建及其家属共同协商有关安置事宜，帮助陈建重新回归社会。

③方案执行

主要包括整合社区资源、提供服务、监督执行进度、处理危机等。

④方案评估

主要包括陈建康复的情况、对服务的满意度、方案执行情况及效果评估等。

案例四

陈先生今年45岁，去年他因车祸而瘫痪在床，失去了生活自理能力。现在，全家人的生活主要靠陈先生妻子的收入维持，家庭经济十分困难。陈先生的妻子在一家民营企业上班，每天早出晚归，十分辛苦。其女儿正在上高三，读大学的学费还没着落。陈先生看到家里的现状，情绪十分低落，感到自己是家庭的拖累，有轻生的念头。平时，陈先生白天由老母亲照顾，晚上由妻子照料。最近，陈先生的老母亲因为劳累，旧病复发住院了，家里乱得像是一锅粥。

要求：

假设你是一位社会工作者，请根据上述情况拟订一份个案服务方案。

【参考答案】

(1)问题的陈述与分析

上述案例中，陈先生面临的问题主要有以下几个方面：

①心理问题。陈先生由于身体残疾，以及家庭生活状况的原因，情绪低落，甚至产生了轻生的念头。

②经济上困难。陈先生本是家里的顶梁柱，现在因车祸而瘫痪在床，没有了经济收入，全家人的生活主要靠陈先生妻子的收入维持，即将读大学的女儿的学费还没有着落，母亲

又旧病复发住院，经济上比较困难。

③家庭情况复杂，包括：

a. 陈先生的妻子白天要外出工作，晚上回家后，还要做家务，照顾陈先生，压力较大，非常辛苦；

b. 陈先生的老母亲旧病复发住院。如此一来，不仅陈先生白天没人照顾，还需要人照顾住院的母亲，家庭情况比较复杂。

(2)方案设计

针对陈先生面临的问题，社会工作者拟订的服务方案如下：

①方案目标

a. 陈先生能调整心态，重新找到生活的目标；

b. 陈先生能在生活上学会简单的自理，并做一些力所能及的简单工作，以减轻家人的负担；

c. 帮助陈先生解决家庭问题，缓解家庭压力，营造良好家庭氛围。

②方案实施策略

a. 为陈先生提供持续性的心理咨询。社会工作者利用两个月时间，为陈先生提供持续性的心理咨询，主要针对车祸造成的创伤、面对瘫痪的心理调整、因家庭压力造成的负疚感和无用感，新的人生期望等问题开展辅导。

b. 提供相关资讯和物质性帮助。社会工作者可以帮助陈先生联系相关资源，提供相关的恢复性治疗和生活器械等。

c. 帮助申请经济援助。社会工作者整合社会资源，为陈先生一家申请经济援助，减缓其部分经济压力，如陈先生母亲住院的护理费用、女儿的读书费用等。

d. 帮助寻找社区志愿者。社会工作者可以组织社区志愿者，分别到陈母所在的医院和陈先生家，帮助照顾生病的陈母和瘫痪在床的陈先生。

e. 为陈妻提供心理支持。陈先生的妻子自陈先生瘫痪在床以后，就承受了巨大的生活压力和心理压力，社会工作者要对陈妻提供心理辅导，帮助其舒缓紧张情绪和心理压力，用积极的心态面对生活，这对整个家庭以后的正常运转非常必要。

f. 联系社会团体，寻求社会支持。社会工作者可以联系相关社会团体，比如慈善基金会，为陈先生提供合适的器械，使其能恢复正常生活等。还可以联系残疾人职业培训机构，针对陈先生的情况教授其力所能及的简单工作，以补贴家用。

③方案执行

主要包括整合社区资源、提供服务、监督执行进度、处理危机等。

④方案评估

包括陈先生及其家人对服务的满意度、方案的执行情况和效果评估等。

案例五

小敏，今年5岁，4岁时的一次意外使小敏失去了大部分听力。小敏的性格本来就比较内向，再加上听力不好，逐渐变得自卑，很少和人交流，加之父母工作繁忙，不能对小敏悉心照顾。近来，小敏很少和父母交流，常常一个人躲在房间里哭。她觉得自己和别人不一样，小朋友都不跟她玩。小敏的父母对女儿非常担心。

要求：

假如你是一位社会工作者，请根据小敏的状况拟订一份个案服务方案。

【参考答案】

(1)问题的陈述与分析

本案例中小敏面临的问题如下：

①身体缺陷。小敏失去了大部分听力。

②心理问题。小敏性格本来就比较内向，再加上听力不好，逐渐变得自卑，觉得自己和别人不一样，常常一个人躲在房间里哭。

③人际交往问题。小敏性格内向，很少与人交流，小朋友都不和她玩。

④亲子关系问题。小敏父母工作繁忙，不能对小敏悉心照顾；近来，小敏很少和父母交流，小敏父母对女儿非常担心。

(2)方案设计

根据上述分析，社会工作者设计的个案服务方案如下：

①接案阶段

社会工作者与小敏及其父母初次见面，需要帮助他们了解会谈目的；和小敏建立良好的专业关系，取得小敏的信任，并初步了解问题产生的原因、严重程度等。

②预估阶段

社会工作者要进一步全面搜集资料，和小敏一起确定问题与需要，初步判定小敏的问题主要是沟通障碍以及由此产生的自卑情绪。原因主要有三个方面：

a. 小敏存在听力障碍；

b. 小敏常独自在家，与外界接触较少，而小朋友们也不愿意和小敏玩；

c. 小敏的父母因工作繁忙而很少和小敏交流。

除此之外，仍有待收集资料后进行预估判断。

③计划阶段

a. 社会工作者协助小敏一起设计个案辅导的目标和计划；

b. 个案工作的总目标：帮助小敏掌握沟通技能，树立自信心；

c. 方案实施策略：对小敏进行心理辅导和沟通技能辅导，鼓励小敏与朋辈群体进行接触。同时，对小敏的父母进行亲子沟通方面的辅导。

④实施阶段

根据计划展开服务，并依据实际情况进行调整。可围绕四个方面进行：

a. 指导小敏消除自卑情绪，并学习积极沟通的技巧，增强社会交往能力；

b. 协助小敏与具有相同情况的孩子和健全的孩子进行接触，并逐步增加接触次数、延长接触时间；

c. 建立家庭支持网络，增强家庭系统的支持作用，强化父母对小敏的关心，促进小敏改变与成长；

d. 建立社区及社会支持网络，为小敏营造良好的成长环境。

⑤评估阶段

a. 社会工作者对个案辅导进行成效评估、过程评估和满意度评估，也可约见小敏和她的父母，询问小敏的变化，分析个案辅导的效果；

b. 寻找合适的时机提前告知小敏及其父母个案辅导即将结束。

⑥结案阶段

社会工作者要与小敏一起回顾个案辅导的整个过程，巩固辅导效果。在小敏表现出离别依恋时，社会工作者要恰当处理其离别情绪。个案工作结束之后，可对个案进行跟进，必要时每隔一段时间进行回访。

案例六

程卫东，男，40岁，聋哑人，一直和母亲生活在一起，其父亲已去世多年。以前，程卫东由母亲张罗着在附近一家工厂做搬运工作，现在工厂倒闭，他下岗在家，每天做一些简单的家务。而其母亲已经75岁，两年前患中风一直卧床养病。现在，家里仅靠母亲每月500元的养老金生活。由于聋哑，程卫东从不和街坊邻居打交道，整天闷在家里发呆，照顾生病的母亲，有时不得不出去买生活用品，但是在路上见人就躲，不敢正视。母亲看着儿子的状态，经常独自流泪，担心自己去世后，儿子不知该怎么生活。好心的邻居把程卫东家的情况反映给了社区居委会。

要求：

假如你是该社区的社会工作者，请你针对程卫东家的情况，拟订一份服务方案。

【参考答案】

(1)问题的陈述与分析

①程卫东是聋哑人，由于以前工作的单位倒闭，他下岗在家，整天闷闷不乐，变得越来越自闭、自卑；

②重病的母亲十分担心儿子的未来而又无能为力；

③程卫东下岗在家，而母亲一直卧床养病，家里仅靠母亲每月500元养老金生活，没有生活来源；

④程卫东在人际交往、就业、生活照顾、树立自信心等方面都面临困难，需要社会工作者提供专业介入。

(2)方案设计

针对程卫东家的情况，社会工作者拟订的服务方案如下：

①方案目标

帮助案主程卫东树立信心、学会应对社会事件和处理人际关系，掌握一定的职业技能，最大程度地恢复社会生活。

②方案实施策略

a. 在程卫东母亲的协助下，与程卫东建立信任关系，针对程卫东的日常生活，提供心理辅导，并给予关心，鼓励他勇敢地面对自己的聋哑病情以及母亲中风的现实，转变生活态度；

b. 通过特定的方式，辅导程卫东形成并巩固基本的人际交往技能，如采用组建互助小组、增强社区联络等方法和策略为程卫东增能，帮助程卫东树立生活的信心、通过社区宣传为程卫东建立朋友圈子、社交圈子等；

c. 为程卫东提供就业培训服务，使其掌握合适的职业技能，联系相关就业单位，帮助其找到合适的工作；

d. 与程卫东的母亲沟通，安排好程卫东以后的生活，打消她的顾虑；

e. 对程卫东家庭经济条件进行评估，必要时帮助其申请最低生活保障和医疗援助。

③方案执行

主要包括提供服务、调动相关资源、监督服务执行进度、处理危机等。

④方案评估

包括程卫东及其母亲对服务的满意度、方案执行情况和服务效果评估等。

案例七

冯雷，先天失聪，进入聋校后成绩一直很好，父母也为他骄傲。但是，他从聋校毕业一年多了，一直未能找到理想的工作。由于他性格内向，不善与人交往，几次面试都没有被录取。冯雷的父亲文化程度不高，母亲也是一位聋哑人，无固定工作，全家人仅靠父亲做小区保安微薄的收入维持生计。由于生理上的限制，冯雷与父母之间的沟通本来就很少。最近，冯雷时常一个人在房间里闷闷不乐，情绪十分低落。父母为此十分焦急，希望社会工作者能够帮助他们。

要求：

假如你是一位社会工作者，请为冯雷拟订一份个案服务计划。

【参考答案】

(1)问题的陈述与分析

上述案例中，冯雷面临的问题主要有以下几个方面：

①身体残疾，先天失聪；

②与人交往有自卑情绪，缺乏自信，情绪低落；

③与父母之间长期缺乏沟通交流，使得亲子关系出现问题；

④性格内向，不善与人交往，与外界缺少联系；

⑤从聋哑学校毕业之后一直没有找到理想的工作，几次面试都没有被录取；

⑥家庭收入不多，经济拮据。

(2)方案设计

根据上述问题描述，社会工作者可以采取个案工作的方法进行介入，具体内容如下：

①接案阶段。与冯雷及其父母初次见面时，帮助他们了解初次会谈目的。社会工作者初步了解当事人的个人基本情况、相关问题的成因、程度以及环境系统及其影响等，与冯雷建立信任关系。

②预估阶段。从环境、个人、问题三个角度进一步收集资料，确定冯雷存在的问题和需要，同时关注冯雷的优势，初步判定冯雷的问题主要是沟通交往障碍以及由此引起的待业问题。

③计划阶段。协助冯雷一起设定个案辅导的目标和计划。

个案的总目标是帮助冯雷掌握与人沟通的基本技能，消除其自卑心理，提高其自信心，帮助其找到一份满意的工作。

具体计划包括：

a. 为冯雷提供心理辅导和沟通技能的学习；

b. 帮助冯雷逐步与社会接触，并为其创造有利条件；

c. 与冯雷的父母交流，为他们提供亲子沟通技巧的辅导；

d. 鼓励冯雷多与父母沟通，使父母安心，营造良好的家庭氛围；

e. 整合社区及社会资源，寻求支持和帮助，尽快协助冯雷寻找工作。

④实施阶段。根据计划展开服务，并依据实际情况进行调整，落实服务方案。

⑤评估阶段。对个案辅导进行成效评估、过程评估和满意度评估。

⑥结案阶段。社会工作者要与冯雷一起回顾整个个案辅导的过程，巩固辅导效果，鼓励冯雷表达结案时的情绪，与他一起探讨结案后的跟进服务。

案例八

某小区残障人士比例较高，尤其是近一年间发生的两起重大意外事故造成了两人伤残，一起事故是小区王爷爷的孙子出小区大门玩耍，过马路时不小心被一辆汽车撞倒，车轮从右腿上碾过，住院治疗四个月，最后一条腿还是没能保住。另一起是陈阿姨晚上在小区散步，被六楼掉落的花盆砸到脑袋，当场晕倒，被送到医院抢救，医生说事故造成脑出血，最后陈阿姨变得神志不清楚，左半身行动也不便。针对社区出现事故造成人员伤残的情况，社区的社会工作机构准备组织实施相关的服务项目来提供帮助。

要求：

请以关爱生命为主题设计社区康复项目方案。

【参考答案】

以关爱生命为主题设计社区康复项目方案的步骤包括：

(1)背景与理念

调查表明，导致残疾的主要原因是：遗传、疾病、意外伤害和有害环境，而社区内每一个成员都离不开社区的生存环境、生活方式、防病治病的条件和社区安全设施。该社区半年内发生两起致人伤残的重大事故，说明社区内居民安全意识不强，社区内存在安全隐患。安全隐患不清除，安全意识不强化，就难以杜绝危险事故的发生。

(2)项目名称

“关爱生命”社区康复周。

(3)目的与目标

营造安全社区的文化氛围。具体目标包括：

①消除社区安全隐患；

②提高社区居民安全意识和责任感；

③建立社区安全隐患监督机制；

④为残疾人提供康复服务；

⑤建立残疾人社会支持网络。

(4)具体行动方案

①实施社区康复三级预防。包括：a. 通过实施监督免疫接种、围产期保健、预防性咨询及保健、减少暴力、预防交通意外、加强公共场所安全、避免引发伤残的危险因素或危险源、指导健康的生活方式、提倡合理行为及精神卫生、安全防护照顾等措施，防止安全事故的发生；b. 通过实施残疾早期筛查、定期健康检查、控制危险因素、改变不良生活方式、预防并发症、早期医疗干预、早期康复治疗等措施防止伤害后出现残疾；c. 通过实施康复功能训练、假肢矫形器及辅助功能用品用具、康复咨询、支持性医疗及护理、必要的矫形替代性及补偿性手术等措施防治残疾后出现的残障。

②开展康复评定和建档工作。在社区中针对残疾人运用客观、科学的方法开展功能障碍性质、部位、范围、程度、发展趋势和转归等做出全面评定。评定方法主要有：肌力评定、运动功能评定、日常生活能力评定、认知功能评定、心理功能评定、社会交往功能评定、职业技能评定等。同时，在社区建立残疾人服务档案，根据残疾人的特征、发展趋势和潜能开发可能性，提供适当性的社区康复方案。

③开展具体的康复服务。社区康复的内容是多样化的，要整合社区中的各种资源，通过各种康复性治疗，最大限度地恢复残疾人所丧失的功能。社区康复是集教育康复、职业康复和医疗康复等功能，实施“治疗—康复—服务”整合性服务的方法。

第八章　矫正社会工作

一、案例分析题（应试人员需对提供的案例背景材料进行全面深入的分析，并按要求作答）

案例一

为进一步落实《中华人民共和国禁毒法》对社区戒毒康复工作的要求，促进更多服务对象实现社会康复，某社会工作服务机构计划运用小组工作法，招募成功戒毒3年以上、有意愿和能力的康复者，培养他们成为同伴辅导员，共同开展戒毒康复服务，在社会工作者的组织下，"你我同行、创造奇迹"同伴辅导员能力建设小组成立，组员在小组中分享康复经历，学习辅导知识与技巧，建立起相互支持的团队关系。经过一段时间的培养，组员不仅具备了作为同伴辅导员的素养和能力，而且萌发出强烈的助人动机。

在此基础上，社会工作者组织同伴辅导员与正在社区戒毒康复的人员结成同伴关系，传递戒毒信心，同伴辅导员在同伴面临复吸危机时，通过陪伴劝导，多次成功阻止复吸事件的发生。在同伴辅导过程中，同伴辅导员提升了辅导能力，实现了自我疗愈，获得了新的生命意义。

此外，社会工作者组织同伴辅导员参加禁毒宣传等公益活动，鼓励他们面向社会传播禁毒理念和知识，分享自己的成长和收获。在活动中，同伴辅导员体验到了奉献的快乐，发挥了较好的榜样示范作用，也让社会看到了他们的行动所带来的改变。这些同伴辅导员成为禁毒社会工作服务的重要力量。［2024年真题］

问题：

1. 分析本案例中同伴辅导员的功效。

2. 结合案例，分析优势视角下社会工作实务的特点。

【参考答案】

1. 同伴教育（peer education）又称为同伴教学、朋辈咨询、同辈辅导或者朋辈辅导，是具有相似年龄、背景、生理、经历、体会、社会经济地位、相同性别等具有共同语言的人在一起分享信息、观念或行为技能，同伴教育者易唤起身边同伴的心灵共鸣，以实现教育目标。同伴教育是在具有同样犯罪和吸毒经历的人员中，发现和培养思想和行为改善良好者作为"同伴辅导员"，与社会工作者一起开展教育辅导，本案例中同伴辅导员的功效表现为：

（1）改变了自我认同，提升了自信，获得了价值感。案例中，组员不仅具备了作为同伴辅导员的素养和能力，而且萌发出强烈的助人动机。

（2）明确了自身定位，获得了使命感和责任感。案例中，同伴辅导员在同伴面临复吸危机时，通过陪伴劝导，多次成功阻止复吸事件的发生。

（3）增强了帮助同伴的动力，提升了生活意义。如案例中所述"在同伴辅导过程中，同伴辅导员提升了辅导能力，实现了自我疗愈，获得了新的生命意义"。

（4）增强了抵御毒品诱惑的能力。案例中，让社会看到了他们的行动所带来的改变，这些同伴辅导员成为禁毒社会工作服务的重要力量。

（5）为其他同伴树立了弃恶从善、改过自新的榜样。如案例中所述"在活动中，同样辅导员体验到了奉献的快乐，发挥了较好的榜样作用"。

2. 优势视角下社会工作实务的特点主要包括：

(1)非疾病假设。优势视角与传统社会工作的疾病模式不同，它从一个完全不同的角度看待服务对象、他们的环境和他们的现状；它不是孤立地专注于问题，而是将目光投向可能性，在创伤、痛苦和困难的荆棘之中看到希望和转变的种子。案例中，服务对象属于社区戒毒康复对象，从传统意义来讲，属于边缘人群，但是社会工作者不应先入为主地为其贴标签，避免将其界定为有问题的人。

(2)强调社会工作的任何过程都要重视服务对象的优势。优势视角/能力视角的实践意味着：社会工作者所做的一切都要立足发现和寻求、探索和利用服务对象的优势和资源，协助他们达到自己的目标。案例中，社会工作者通过戒毒康复的同伴志愿者陪伴辅导的方式，来让已经戒毒康复成功的人员陪伴帮助尚在戒毒康复期的其他伙伴，充分体现了重视服务对象的优势的特点。

(3)强调整合性干预服务。优势视角的理念与生态系统理论具有高度内在契合性。生态系统理论暗含着一个基本假设：个人痛苦是政治性的，社会工作的实践也是政治性的。社会工作的优势视角或称能力视角契合了生态系统理论的这种假设，倡导一种生态系统的方法，强调全体与完整，并且在评估和介入过程中对服务对象的经验予以关注。案例中，社会工作者在开展社区戒毒康复工作的时候，并不是只关注到了服务对象的生理问题，而是从身心等多角度进行整合性介入，从而达到更佳的效果。

案例二

服务对象张女士，40 岁。未参加正式工作，现在戒毒期间。社会工作者了解到，张女士的儿子到了上学年龄，因为是非婚生育，身份信息不全，影响了入学的办理，张女士为此非常着急。社会工作者决定以此为契机，采用个案管理的方式为张女士提供服务。社会工作者运用“社会—心理”视角，在“情境中”观察张女士与周围环境互动的情况。社会工作者与张女士一起将生活问题转为需求，逐一讨论可使用的资源，制作需求与资源分析表。接下来，社会工作者征得张女士同意与相关资源逐一关联确认，并与警察、医生各方紧密合作，提出一整套服务，持续跟进资源的全程使用，保障服务效果。[2023 年真题]

表 8-1　需求与资源分析表

生活中的问题	需求	资源
张女士关心的问题：儿子信息不全，影响入学	承担抚养责任	教育与户籍管理资源
经济：无正当收入，生活困难	①	⑦
生理：长期吸毒导致身体差	②	⑧
情绪：常常不稳定，易怒	③	心理服务资源
行为：控制不住想吸毒	④	药品替代与禁毒资源
朋友关系：周围大多都是“毒友”，很难融入正常生活	⑤	社区服务资源
家庭关系：与父母几乎断了联系	⑥	家庭服务资源

问题：

1. 将张女士生活问题转化成需求，并列出她可以运用的资源，按照需求与资源分析表中序号，写出即可。

2. 结合本案例，分析社会工作者遵循了哪些个案管理的实施原则？

【参考答案】

1．①基本生存条件保障需要、就业需要。

②身体康复需要。

③心理咨询和心理疏导。

④再社会化的服务需要。

⑤人际交往/社会融入的需要。

⑥正常家庭生活的需要。

⑦政府救助与慈善资源。

⑧医疗保健资源。

2．本案例中，社会工作者的做法遵循了以下个案管理的实施原则：

(1)服务对象参与。

个案管理强调服务对象与社会工作者一起工作，包括需求的评估、包裹式服务的规划与组织等，都是由双方共同作决定。案例中，社会工作者与张女士一起工作，参与需求讨论，制作《需求与资源分析表》，在征得张女士同意后再进行资源确认。这都体现了服务对象参与的实施原则。

(2)服务评估。

评估是个案管理的核心任务。评估包括服务对象的需求、生理状况、社会环境、非正式网络，甚至个人偏好。案例中，社会工作者运用“社会—心理”，在“情景中”观察张女士与周围环境的互动情况，体现了服务评估的实施原则。

(3)服务协调。

在服务设计过程中，强调社会工作者需要协调各方资源为服务对象提供“全人”服务，并不局限对服务对象的特殊需要提供直接服务。案例中，社会工作者协调警察、医生等各方资源为张女士提供了一整套的服务，体现了服务协调的实施原则。

(4)资源整合。

社会工作者要尽可能掌握有助于满足服务对象需求的各方面资源，并加以整合运用。案例中，社会工作者制作资源分析表，分析资源情况，整合了警察、医生等各方资源，体现了资源整合的实施原则。

(5)包裹式服务与专业合作。

包裹式服务是指经过需求评估和可利用资源的确认后设计一整套服务，并且通过各种服务的联结最终促使服务对象学会独立自主。专业合作是指个案管理是一种结合不同专业领域的团队工作方法。案例中，社会工作者经过需求评估和资源分析确认后，设计了一整套服务；并且结合了警察、医生等不同专业领域的人士一起合作，体现了包裹式服务与专业合作的实施原则。

(6)服务监督。

通过服务监督确保所提供的服务能够达到服务对象认可的标准。案例中，社会工作者持续跟进了资源的全程使用，并保障了服务效果，体现了服务监督的实施原则。

案例三

小明年龄10岁，一年前父亲因车祸去世，母亲离家不知所踪，小明与70岁的爷爷相依为命。社会工作者小顾通过家庭走访和查阅资料了解到，小明因目睹了父亲的车祸惨状，常常半夜惊醒，有时会突然大声尖叫，并伴有攻击性行为；为补贴家用，爷爷捡拾废品，家中和楼道堆满杂物，小明身上总有异味；爷爷年事已高，对小明的照顾越来越力不从心；小明常常逃学，整日在外游荡，考试成绩差，经常遭到爷爷打骂。

为回应小明的多元化需求，小顾采用个案管理的方法，与小明和爷爷多次沟通，共同制订整套服务计划，在征得他们的同意后开展服务：联系儿童医院的心理治疗师对小明的创伤后症状开展游戏辅导；推荐小明参加社区"四点半课堂"；动员社区志愿者为小明和爷爷提供生活照料；通过慈善总会对接爱心企业，为小明申请到一笔救助金，缓解了家庭的经济压力。小顾对上述服务进行了持续追踪和监督。［2020 年真题］

问题：

1. 分析案例中小明的需要。

2. 分析社会工作者小顾在上述工作中遵循了哪些个案管理原则？

【参考答案】

1. 案例中小明的需要主要包括：

（1）生存的需要。生存的需要包括生命存在的需要和社会存在的需要两个方面。生命存在的需要，即获得基本生活照料，包括养育照料和可获得的最高水平健康医疗照料。案例中小明"身上总有异味"，说明需要获得照料。

（2）发展的需要。它主要包括：

①获得良好的家庭生活，得到父母的爱和适当管教，与父母建立良好的亲子关系。案例中小明"父亲因车祸去世，母亲离家不知所踪""家中和楼道堆满杂物""爷爷年事已高，对小明的照顾越来越力不从心"均为具体体现。

②拥有受教育的机会，有良好的教育和学习环境，满足其探索和认知世界的求知欲。案例中"小明考试成绩差"体现了该需要。

③获得足够的休闲和娱乐，有适合儿童且安全的娱乐场所，为儿童形成良好的娱乐休闲态度、方式和行为提供教导和培养。案例中"小明学常常逃学，整日在外游荡"体现了该需要。

（3）受保护的需要。

指儿童在其成长过程中，需要在身心两方面得到安全保障，不受到任何人为的伤害。

①儿童虐待，包括身体虐待、情感虐待、性虐待。案例中"小明经常遭到爷爷打骂"体现了该需要。

②儿童忽视，包括对儿童身体健康需要的日常生活照料和医疗照顾的忽视，对儿童发展需要和教育需要的忽视，以及对儿童社会化发展需要的同伴交流和接触社会的机会的忽视。案例中小明"身上总有异味""常常逃学，整日在外游荡"体现了日常生活照料的忽视和儿童教育需要的忽视。

（4）社会化需要。具体内容包括：

①培养儿童的基本生活技能，使儿童掌握吃饭、穿衣、保持个人清洁卫生、语言表达等人类发展的最初行为方式。

②促使自我观念发展，使儿童能分清自我与非我两者的关系。

③养成良好的生活习惯，使儿童逐渐懂得约束自己的行为，调整好个人与个人以及个人与家庭、学校、社会等方面的关系。

④培养良好的道德品质，使儿童逐步适应社会规范，具备社会公德；培养社会角色，使儿童随着年龄的增长，不断扮演适当的性别角色、游戏角色、学校角色以及社会角色等。

2. 社会工作者小顾在上述工作中遵循了以下个案管理原则：

(1)服务对象参与

个案管理强调服务对象与社会工作者一起工作，服务对象不是单纯接受规划好的服务，而是需要参与整个个案管理过程。服务对象在其中要充分表达个人的需求和意见，同时具有相当程度的选择权和自决权。

(2)服务评估

评估是个案管理的核心任务，包括服务对象的需求、生理状况、社会环境、非正式网络，甚至个人偏好。评估的目的是为了切实提供符合服务对象需求的服务，并维持服务的公平性。

(3)服务协调

个案管理工作对社会工作者的角色要求与传统的直接服务提供者有较大区别，更注重协调能力。在服务设计过程中，这种角色的特点体现为强调社会工作者需要协调各方资源为案主提供“全人”的服务，并不局限对服务对象的特殊需要提供直接服务。

(4)资源整合

社会工作者要尽可能掌握有助于满足案主需求的各方面资源，并加以整合运用。这些可利用的资源可能来自政府机构、非营利组织、商业机构，甚至可能来自服务对象自身，因为服务对象本身所具有的能力也是一项资源。此外，资源整合的目的还包含提高资源运用的效率，避免资源的浪费或重叠，社会工作者需要具有一定的成本意识。

(5)包裹式服务与专业合作

包裹式服务，是指经过需求评估和可利用资源的确认后设计一整套服务，并且通过各种服务的联结最终促使服务对象学会独立自主。个案管理强调服务的连续性，既包括时间上的连续性，也包括服务的完整性，以此来保障服务对象所获得的各项服务之间紧密的联结。专业合作，是指个案管理是一种结合不同专业领域的团队工作方法。团队中可能包括医生、护士、职业治疗师、临床心理学家以及其他专业人士，这种多专业合作是为了给案主提供“全人”服务。

(6)服务监督

评估和监督是个案管理中的重要组成部分，其目的是为了确保所提供服务能够达到服务对象认可的标准。

案例四

小萌是小学五年级学生，由于先天原因，她的理解力较弱，学习困难，成绩总在末尾。小萌的母亲王女士为此十分焦虑。

王女士认为，只有学习成绩、学历才能决定一个人将来的职业和社会地位；她担心小萌学习成绩差，将来无法在社会上立足，养活不了自己。王女士不能理解自己这么用心地督促，为什么小萌的学习成绩还是不理想。

期中考试后，王女士得知小萌学习成绩仍然没有提高，情绪几乎崩溃，还动手打了小萌。事后王女士很懊悔，向社会工作者求助。

社会工作者通过评估了解到，小萌虽然学习成绩不好，但在学校性格开朗，在家孝顺母亲，她还特别喜欢给玩具娃娃设计、缝制衣服，而且在这方面很有天赋。

社会工作者决定运用理性情绪治疗模式(ABC 理论)对王女士开展个案辅导。[2019 年真题]

问题：

1. 依据理性情绪治疗模式（ABC理论），对王女士个案辅导中的A、B、C分别予以具体说明。

2. 列出社会工作者应该帮助王女士建立的合理信念。

【参考答案】

1. (1)理性情绪治疗模式对人的心理失调的原因和机制进行了深入的分析，提出比较有影响的ABC理论：A代表引发事件，是指服务对象遇到的当前发生的事件；B代表服务对象的信念系统，是指服务对象对当前所遭遇事件的认识和评价；C代表引发事件之后出现的各种认知、情绪和行为。理性情绪治疗模式指出，服务对象的认知、情绪和行为的反应受到其信念系统的影响。

(2)本案例中，对王女士个案辅导中的A、B、C分别代表：

①A代表引发事件，是指王女士遇到的当前发生的事件，即“期中考试后，小萌学习成绩仍然没有提高”。

②B代表王女士的信念，是指王女士对当前所遭遇事件的认识和评价，即“王女士认为，只有学习成绩、学历才能决定一个人将来的职业和社会地位；她担心小萌学习成绩差，将来无法在社会上立足，养活不了自己。”

③C代表引发事件之后出现的各种认知、情绪和行为，即“王女士情绪几乎崩溃，还动手打了小萌”。王女士情绪崩溃以及动手打孩子的行为是受她的信念系统影响的。

2. 社会工作者帮助王女士建立的合理信念有：

(1)改变王女士“只有学习成绩、学历才能决定一个人将来的职业和社会地位”的想法，帮助其建立“孩子将来的职业和社会地位会有很多因素影响，不仅是学习成绩”的观点。案例中，小萌虽然学习不好，但她在给玩具娃娃设计、缝制衣服方面特别有天赋，如果把这个兴趣爱好发展下去，孩子将来也有可能可以从事服装设计师这样的职业，如果发展的好，也可以拥有很高的收入与社会地位。

(2)家长对孩子未来的期盼，更应关注的是孩子的身心健康和幸福感，而不仅仅是职业和地位。社会工作者应该帮助王女士意识到孩子生活幸福感比较重要，学习成绩、职业和地位等并不能决定孩子将来生活的好与坏。案例中，小萌性格开朗，在家孝顺母亲，是品质和性格都很好的孩子，王女士应该注重小萌品质与性格的培养，使其将来也能幸福生活。

(3)帮助王女士认识到每个孩子都是不一样的天使。案例中，小萌因先天原因理解力较弱，学习困难。王女士应该给予小萌更多的耐心和时间，认真教授她学习方法和技巧，帮助她每天进步一点点，长久下去，学习成绩也能提高。

案例五

张某，男，45岁，初中文化程度，因犯故意伤害罪被判有期徒刑。服刑期间，张某表现良好，最近经法院裁定假释。

张某妻子已于几年前与其离婚，变卖房产后带着儿子移居外地。目前，张某只能与父母、兄嫂同住，但矛盾冲突不断，家庭关系十分紧张。回到社区后，张某处处感到不适应，对人高度戒备。他多次尝试找工作，但因文化程度低、没有专业技能等原因未能成功；户籍办理也不顺利；再加上最近又被查出患有肝病，张某感觉生活压力很大，十分自卑沮丧，却不知向谁求助。对此，社会工作者计划以个案管理的方式为张某提供服务。［2014年真题］

问题：

1. 本案例中的张某有哪些服务需求？

2. 在本案例中，社会工作者进行个案管理时需要注意哪些问题？

【参考答案】

1. 张某的服务需求主要包括以下几方面：

(1)基本生存条件的保障需要。案例中，张某的房产被变卖，只能与父母、兄嫂同住，有住房保障的需求；他多次尝试找工作无果，无基本收入来源，且户籍办理不顺利，有获得维持基本生活所需的经济收入或最低生活保障的需求；其最近又被查出患有肝病，有获得维持身体健康的卫生医疗的需求。

(2)教育、就业权益的保障需要。案例中，张某由于文化程度低、没有专业技能，多次找工作未能成功，表明张某有获得继续教育、就业权益的保障的需求。

(3)正常家庭生活的需要。案例中，张某前妻带儿子移居外地，他只能与父母、兄嫂同住，但矛盾冲突不断，表明其有正常家庭生活的需要。

(4)再社会化的服务需要。案例中，张某只能与父母、兄嫂同住，但矛盾冲突不断，家庭关系十分紧张；回到社区后，张某感到不适应，对人高度戒备。这说明张某无法融入到家庭和社会中，有再社会化的需求。

2. 在本案例中，社会工作者在进行个案管理时需要注意以下问题：

(1)要重视和善于与张某建立良好的专业关系。在个案管理开始阶段，张某可能会具有被动、不配合甚至抗拒的心理和行为特点。社工要用接纳、尊重、平等的态度来对待他，以便与其建立良好的专业关系。

(2)要有重点、分步骤地制订矫正工作计划。案例中的矫正对象张某，出狱后面对许多问题，而矫正是一个长期的工作过程，社会工作者在了解张某的困难和想法后，必须引导张某共同参与，一起分析什么是当前最迫切需要解决的问题，有重点、分步骤地制订矫正工作计划，逐步实现矫正工作的最终目标。

(3)要善于协调多部门、多机构提供整合性的服务。个案管理是一种资源的联系与整合服务，其服务计划可能涉及许多部门和机构的人员、物资和财力的配合。社会工作者此时要扮演协调联系者的角色，在必要的时候要召集包括服务使用者在内的各相关人员进行协商，既为张某提供所需的充足服务，又尽量避免服务的重复和资源的浪费。

(4)要着眼于张某的潜能发掘和独立解决问题的能力，切忌包办代替。个案管理的目标是帮助张某恢复或重建通过正常途径获得社会资源的意识与能力，以利于其重新回归社会，成为正常的社会成员，矫正社会工作者不可能包办代替其一辈子。

案例六

社区矫正对象李某，男，25岁，未婚，初中毕业，与父母同住。李某认为钱是万能的，能够改变一切，他一直梦想一夜暴富，对于收入较低的工作岗位不屑一顾。他从不主动了解就业市场的需求，加上学历较低，所以一直失业在家，每日无所事事。

新入职的社会工作者小王认为，李某目前的状况主要由失业所致，只要替他找到了工作，问题就全部解决了。于是，小王想方设法寻找就业信息，多次向李某推荐就业岗位，但一直没有成功。因此，小王十分沮丧、困惑。[2012年真题]

问题：

1. 本案例中社会工作者小王的服务目标存在什么偏差？

2. 对本案例中社会工作者小王的服务目标作出具体的修改。

【参考答案】

1. 社会工作者在社会工作过程中，要确定服务目标，必须首先要界定服务对象的问题和需要，了解服务对象寻求帮助的原因、服务对象对自己的看法以及服务对象期望达到的目标。根据对问题的界定，来确定服务目标。案例中，社工小王的服务目标与矫正对象李某的需要存在偏差。

(1)按照社会工作通用过程模式，服务计划目的和目标的制定需要经过双方协商，可以由工作者根据服务对象的情况提出目的、目标，然后与服务对象逐条讨论，最终确定具体目标。但是案例中小王对李某目前状况的归因出现了偏差：小王认为造成李某目前状况的主要原因是失业，而真正造成李某目前状况的原因是李某的错误观念和自身条件。李某认为金钱是万能的，而且梦想着一夜暴富，对收入低的岗位不屑一顾，但自身学历低，且从不主动了解就业市场的需求。

(2)社工小王设定的服务目标与李某的就业目标不一致，服务目标存在简单归因。案例中，小王确定的服务目标是帮李某就业，改变其无所事事的现状；而李某的期望是"一夜暴富"。

综上，小王应该确定的正确服务目标是帮助李某改变其"金钱万能"、"一夜暴富"的错误价值观念，使李某客观理性的认识自身情况，树立"脚踏实地"的观念。然后引导李某关注就业市场的要求，努力提高自身技能。同时为李某提供就业信息，使李某脚踏实地地找工作。

2. 对社工小王制订的服务目标，建议修改如下：

(1)改变李某错误的价值观念和思想认识。

①改变李某"金钱万能"的错误价值观、金钱观，帮助他树立正确的价值观，让他明白"君子爱财，应取之有道，用之有度"，人生还有许多比金钱更重要的东西；

②改变李某"一夜暴富"的错误思想认识，帮助他树立脚踏实地"劳动致富"的观念；

③改变李某眼高手低"对于收入较低的工作岗位不屑一顾"的错误观念，引导他从工资较低的岗位做起，积累经验，提高技能。

(2)帮助李某树立正确的择业观，不能好高骛远，要脚踏实地。

(3)引导李某客观正确地认识自身的条件。让李某认识到自身学历低的客观条件，意识到自身存在的问题，使李某有需要改变自身的意识，然后帮助李某提高文化水平，学习新的职业技能。

(4)帮助李某多了解劳动力市场的新动向、新需求，鼓励其积极参加就业培训和指导，提高就业竞争力，努力寻找适合自己的工作。

(5)李某已经25岁了，却还依靠父母生活，社工小王可以从其父母方面入手，依靠其家庭来督促李某尽快就业，从而为下一步开展社区矫正工作打下良好的基础。

案例七

社区矫正对象赵某近日获得了一个就业面试机会，但他觉得自己一无是处，而且曾经是服刑人员，肯定会遭到用人单位拒绝，所以在面试中表现得自卑、胆怯，不能自如应答，导致面试失败。

社区矫正对象陈某在快递公司上班，在一次送货过程中因小事与客户发生了口角，他更加觉得客户对他们这些有过犯罪经历的人是看不起和排斥的，争吵使他丢失了来之不易的工作。

社会工作者发现不少社区矫正对象都有相似的就业困境，决定为他们举办一个就业辅导小组。服务计划的理念、目标、主要内容如下所示：

理念(原因分析、理论基础)：社会工作者在开展就业辅导服务时，发现不少社会矫正对象存在着因非理性信念而导致的自我认知偏差及对社会认同低等现象，社会工作者决定以理性情绪治疗模式为理论基础开展小组工作，帮助社区矫正对象通过改善自我认知来提升就业能力。

总目标：促进社区矫正对象回归社会。

具体目标：1. 改善自我认知；2. 提升就业能力。

每节活动主题：

第一节：相互认识、建立小组契约、讨论小组计划；

第二节：分享就业经历；

第三节：邀请职业介绍所工作人员介绍就业信息；

第四节：参观社区矫正就业基地；

第五节：学习面试技巧；

第六节：总结、处理离别情绪。[2010 年真题]

问题：

1. 分别对上述小组服务方案中的目标与活动主题的相关性，以及理论基础与活动主题的相关性做出简要评价。

2. 依据理性情绪治疗模式，结合案例，修正小组目标(总目标、具体目标)**，修正每节小组活动主题并简要说明其内容。**

【参考答案】

1. 小组服务的目标与活动主题应该严格贴近服务对象的需求，且二者之间要高度相关，案例中表现出来的是：

(1)各项活动主题包括介绍就业信息、面试技巧、参观基地等，都与“社区矫正对象”的特定身份和特殊心理状态相关性低，主题内容也没有涉及到任何“改善自我认知、提升就业能力”的内容，属于一般性的就业促进指导工作。

(2)理性情绪治疗模式指出，服务对象的认知、情绪和行为的反应受到其信念系统的影响。如果服务对象用一些非理性的信念看待引发事件，这种非理性信念就会使服务对象情绪和行为上出现困扰。理性情绪治疗模式的治疗技巧包括非理性信念的检查技巧和非理性信念的辩论技巧。而活动主题包括介绍就业信息、面试技巧、参观基地等，不涉及到该理论及其所配套的治疗技巧，属于简单的直接治疗方法。

由此可以看出，该小组服务方案各项活动主题与其总目标、理论基础相关性都较小，达成小组目标的困难较大。

2. 理性情绪治疗模式是以人本主义作为自己理论的基础，提出了著名的 ABC 理论。理性情绪治疗模式指出，服务对象的认知、情绪和行为的反应受到服务对象的信念系统的影响。理性情绪治疗模式的治疗技巧包括非理性信念的检查技巧和非理性信念的辩论技巧。

(1)非理性信念的检查技巧。主要包括反映感受、角色扮演、冒险和识别。

(2)非理性信念的辩论技巧。主要包括辩论、理性功课、放弃自我评价、自我表露、示范、替代性选择、去灾难化和想象。

(3)据此并结合案例，修正小组工作计划书内容如下：

总目标：帮助社区矫正对象走出就业困境。

具体目标：①反思自身问题，增强自尊自信；②提升就业能力，积极融入社会。

每节活动主题：

第一节：相互认识，建立小组契约，讨论小组计划；

第二节：邀请心理专家做心理辅导和纠正；

第三节：邀请矫正成功典型做分享报告；

第四节：交流就业求职的经验与教训；

第五节：模拟求职现场，设定各种求职障碍；

第六节：提升自信，学习面试技巧；

第七节：总结、处理离别情绪，联系介绍职位。

案例八

某中学三名不到18岁的高中学生，在假期为寻找一时的刺激而到某商店盗窃，后被抓获。因盗窃数目巨大，他们面临的可能会是几年的牢狱之灾。但该市建立的一项针对未成年人的特殊检察机制使之得以改变。这项制度名为“诉前考察”，这意味着对未成年人刑事案件进行非监禁化处置。犯罪青少年由社会工作者进行3个月的诉前考察，表现良好的话将免于起诉，反之则进入诉讼程序。

问题：

1. 结合案例说明矫正社会工作的定义和服务对象。

2. 对于上述案例中的三位青少年，矫正社会工作者可以采用哪些方法进行服务，请简要说明。

【参考答案】

1. (1)矫正社会工作的定义

矫正社会工作是指将社会工作实施于司法矫正体系中，是专业人员或志愿者在社会工作专业价值观指引下，运用社会工作的理论、知识、方法和技术，为犯罪者或具有犯罪倾向的严重违法人员(如吸毒者)，在审判、监禁、社区矫正、刑释或强制戒毒期间，提供思想教育、心理辅导、行为纠正、信息咨询、就业培训、生活照顾以及社会环境改善等方面的服务，使其消除违法犯罪心理结构、修正行为模式、适应社会生活的一种福利服务活动。

本案例中的“诉前考察”属于矫正社会工作。

(2)矫正社会工作的服务对象

矫正社会工作的服务对象是罪犯或具有犯罪倾向的违法人员。本案例中，矫正社会工作的工作对象为三名不到18岁的高中学生。

2. 矫正社会工作者为上述案例中的三位青少年提供服务时，可以采取的社会工作方法有：

(1)致力于改善服务对象偏差心理和行为的社会工作方法

无论是在监狱中服刑的罪犯，还是在社会上服刑的罪犯，由于其人格特征方面的缺陷、社会功能方面的丧失、行为方式方面的反常，存在心理和行为上的偏差，矫正社会工作的重点之一就是改善服务对象的偏差心理和行为。虽然本案例中，三名学生没有进入诉讼程序，但是其偏差心理和行为是不可忽视的，因此必须尽力改善他们的偏差心理和行为。

(2)致力于改善服务对象社会环境的社会工作方法

社区工作是以社区为对象的社会工作介入手法。它通过组织社区成员参与集体行动去界定社区需要，合力解决社区问题，改善社区成员生活环境及生活质量。针对本案例，在对三名学生进行矫正的时候，应该注意以下几个方面的问题：

①进行综合治理，以改善他们的生活环境。三名学生的偏差行为之所以产生，除了他们自身的原因外，外部社会环境的影响也是不可忽视的。因此，还应该整合社区资源进行综合治理。

②开展社区教育，培育社区居民接纳、尊重矫正对象的意识和习惯。三名学生的偏差行为给社会和他人造成了一定的伤害，因此社区居民对他们产生的戒备、恐惧等情绪和行为都是正常反应，但是这会阻碍三名学生重新融入社会和社区，因此要通过社区教育的途径，改变居民对他们的偏见。

③挖掘社区志愿力量，共同参与社区矫正工作。虽然矫正工作的主体是专职的社会工作者，但是社会工作者的数量较少，因此需要挖掘大量的志愿者参与进来。

(3)个案管理：协调、整合的服务提供模式

个案管理，又称照顾管理或服务管理，是指专业人员为一个或一群服务对象协调整合一切助益性活动的一种程序。单一部门或机构独自提供服务的方式不能满足矫正对象多样化的需求，协调整合的程序使得来自相同或不同福利及相关机构中的各个工作人员能彼此沟通协调，以专业的团队合作方式提供服务对象所需的服务，并扩大服务的效果。

案例九

43 岁的女子杨某，是一名在社区服刑的矫正对象。她曾因多次盗窃和贩卖毒品 3 次被判刑，但她并未吸取教训。后来她在南京一处公交站台上扒窃他人的手机时被当场抓获。考虑到杨某属累犯等因素，法庭以盗窃罪判处她有期徒刑 8 个月，并处罚金 2000 元。而就在法院受理案件的当天，经医院检查证实，杨某已经怀孕，法院决定对她实施监外执行。她激动不已，觉得自己做了错事，反倒得到了某种程度的照顾。

杨某觉得自己没有脸面再回到自己的社区，觉得所有的人都会指责她，所以很郁闷，生活也没有精神头。在社区矫正工作者的帮助下，杨某向社区矫正工作者说出了她过去行为的不当，表达了后悔莫及的心情。从此，杨某经常找社区矫正工作者谈心，精神状态转好，并且在矫正期间定期汇报思想和参加社区活动。同时，社区矫正工作者给了杨某莫大的鼓励和安慰，使这位女性感受到了社区的温暖、人间的关爱。

问题：

1．请从矫正工作者的角度来回答，你认为杨某在社区矫正初期遇到的主要问题是什么？

2．作为矫正工作者，应该遵循哪些矫正工作的价值理念去进行服务？

【参考答案】

1．从案例材料中我们可以看到，杨某最初遇到的问题是：她认识到了自己行为的不当，但是她为无法将自己的形象重新摆在社区居民面前而苦恼，担心各种歧视和偏见，因而心理情绪低落。

2．作为矫正社会工作者应该遵循以下价值理念去为矫正对象服务：

(1)社会工作者对待受助者的基本态度应该是接纳而非批判。

在矫正社会工作领域，社会工作者应该将受助者本身连同他过去的犯罪事实接受下来，然后以客观的、体谅的心态，在平等的、安全的气氛中与受助者深入讨论问题，选择解决

问题的办法。在材料中，矫正工作者与杨某谈心，帮助她面对现实，正是接纳的表现。

(2)社会工作者相信每一个人在一定的条件下都是可以改变的，犯罪者同样具有可塑性。

他们相信运用专业的方法和技巧，可以帮助受助者改变其与社会生活不相适应的思想观念、生活态度、行为方式等，从而达到恢复其社会功能、重新成为正常社会成员的目标。杨某在矫正工作者的帮助下，大胆地以乐观的态度、新的形象站在大家面前，说明人在一定条件下是可以改变的。

(3)社会工作者确信，任何人都是一个独特的个体，都有其独特的生理、心理特质和生活经验。

因此，矫正社会工作者不能用先入为主的观点和态度来判断服务对象所面对的问题，要敏感地觉察自己对服务对象的偏见并及时加以改正，倾听和观察矫正对象的一言一行，真正进入矫正对象内心世界并运用不同的原则和方法来协助每一个矫正对象解决问题，重建和提升其社会适应能力。材料中，矫正工作者经常与杨某谈心，对于改变杨某、促使她重新树立生活的信念有很大的帮助。

案例十

黄亮，男，20岁，高中文化。黄亮在学校时，成绩优良，但由于家境贫寒，父母多病，没有经济能力供其念大学，因此高中毕业后就被迫外出打工。黄亮痴迷于电脑知识，而自己每月的工钱都寄往了家中给父母看病，所以打工一年多，仍没能力购买电脑。后来，他产生了偷盗的念头。黄亮看准了某高档居民小区内有较多居民使用电脑。一天深夜，他趁夜色潜入一居民家，当场就被主人抓住，并扭送公安机关，被判处服刑一年。服刑期间，黄亮苦于与外界隔离，心情极为烦闷。

假如你是黄亮服刑监狱的一名矫正工作者，请针对黄亮的情况提供服务。

问题：

1. 上述案例中，案主黄亮面临的困境主要有哪些？

2. 针对黄亮面临的困境，社会工作者可以采取哪些介入策略？

【参考答案】

1. 上述案例中，案主黄亮面临的困境主要表现为以下几个方面：

(1)成绩优良，但由于家境贫寒，无法圆大学梦，被迫外出打工支援家庭，帮助父母看病；

(2)痴迷于电脑知识，但没能力购买电脑，因一时糊涂而去盗窃电脑，被主人抓住，并扭送公安机关，随后服刑；

(3)在监狱服刑期间，与外界隔离，心情烦闷。

2. 针对黄亮面临的困境，社会工作者可以采取的介入策略如下：

(1)协助黄亮适应监狱场所的生活，减少负面情绪，使其尽快改过自新；

(2)通过开通电话、组织家属探访、走访罪犯家庭等方式，尽可能保持和加强黄亮与其家庭的联系，利用家庭的有利资源促进黄亮的正面转化；

(3)邀请知名人士到监狱开展各种活动，使黄亮了解外面世界的信息；

(4)联系高校社会工作系的志愿者，请他们帮助黄亮进行改造；

(5)将与黄亮有同样兴趣的服刑人员组织成小组，开办相应的电脑知识班，将兴趣转化为职业技能，降低出狱后的社会适应难度。

案例十一

王某是一名在社区服刑的矫正对象，因诈骗罪被判处有期徒刑 2 年，因病被暂予监外执行。王某有一位生病在床的老母亲，妻子没有工作，靠打零工赚取租房费用，有一个上小学的女儿，现在也面临辍学的危险。王某家境贫寒，全家四口人生活在一个 30 多平米的租用房内。回到社区内服刑后，社区居民见到他总是指指点点，甚至看到他就绕道而行。原来的社区朋友现在都成了陌生人。这一切让生病的王某感觉到了生活的艰难，而且因为生病，他还不能从事过于繁重的工作。

问题：

1. 王某作为矫正社会工作服务对象，有哪些特殊的需要和问题？

2. 作为矫正社会工作者，你应该从哪些方面介入来帮助矫正对象解决这些问题？

【参考答案】

1. 王某面临的特殊需要及问题

(1) 特殊需要：基本生存条件的保障需要

基本生存条件包括：维持基本生活所需的经济收入或最低生活保障救助，维持基本生活所需的住房条件，维持身体健康的卫生医疗待遇等。王某这些基本生活需要都没有得到满足。

(2) 面临的问题

①他的行为较难取得社会公众的同情。社区居民和原来的社区朋友现在都在指责他，而且不再和他来往。

②王某社会功能缺失的严重程度增加其功能恢复与重建的难度。王某生病，不能从事过于繁重的工作，加上缺乏医疗费用，使他工作和生活都面临困难。

③王某的身份使他处于社会资源网络的边缘地位。因为社区朋友和居民都无法接受他，同时也不会给予王某任何帮助，使王某行动起来非常艰难。

2. 作为矫正社会工作者，应该采取的主要介入方案有：

(1) 从认知、情绪等方面让王某正视家庭贫困、居民的不接受等事实，帮助王某发泄情绪，舒缓心理压力；

(2) 从社区的角度帮助王某一家申请低保，安排王某及其妻子参加职业技能培训，提供适合王某及其妻子的就业信息，协助王某及其妻子找到合适的工作；

(3) 帮助其女儿联系所在学校减免学费；

(4) 社区医疗机构可以帮助王某的母亲，为她提供一些相关的低收费服务或义务照顾等；

(5) 改变社区居民偏见，鼓励王某多与邻里沟通，帮助王某重新建立起包括朋友在内的社会关系网络，树立自信，积极生活；

(6) 与王某所在社区工作人员联系，请他们多帮助王某一家，切实解决他们的困难。

案例十二

李某，男，35 岁，曾因盗窃被判入狱两年，刑满释放后，其妻提出离婚。李某因没有固定工作又有前科而未得到儿子的监护权。李某入狱前视儿子为宝贝，但现在妻子却以各种理由拒绝李某探望儿子，这使李某很难过。他因此经常喝酒麻痹自己，喝醉后神志不清楚时就对别人大发雷霆。最初醉酒后回家只是打骂自己的老父亲，到后来变得以虐待父亲为乐。社会工作者与其接触后决定对此案采取一系列干预措施。

问题：

1. 社会工作者应采用何种模式对李某提供服务？

2. 在对李某提供帮助时应考虑哪些因素？

3. 社会工作者应采用怎样的介入策略？

【参考答案】

1. 在本案例中，社会工作者应采用理性情绪治疗模式对李某提供服务。

理性情绪治疗模式以人本主义作为自己理论的基础。理性情绪治疗模式对人的心理失调的原因和机制进行了深入的分析，提出了比较有影响的 ABC 理论：

A 代表引发事件，是指服务对象所遇到的当前发生的事件；

B 代表服务对象的信念系统，是指服务对象对当前所遭遇事件的认识和评价；

C 代表引发事件之后出现的各种认知、情绪和行为。

理性情绪治疗模式指出，服务对象的认知、情绪和行为的反应受到其信念系统的影响。如果服务对象用一些非理性的信念看待引发事件，这种非理性信念就会使服务对象情绪和行为上出现困扰。

2. 在对李某提供帮助时应考虑的因素包括：

(1)助人过程的先后次序是有弹性的；

(2)要与李某建立良好的、相互信任的专业关系；

(3)要充分遵循自愿的原则；

(4)充分考虑李某的感受，重视李某的自尊等需要。

3. 在案例中，社会工作者应采用的介入策略如下：

(1)直接介入。在李某父亲遭受危机的情况下，社会工作者首先应保护李某父亲的人身安全，将其带离危险的环境。

(2)运用诚恳、理解、同理心等与李某进行深刻的沟通和讨论，取得李某的信任，与之建立良好的、互相信任的专业关系。

(3)运用非理性信念的检查和辩论技巧与李某进行更深层次的沟通，使李某认识到自己的非理性信念和行为，以及由此带来的伤害，进而帮助李某克服这种极端的非理性信念，帮助李某逐步改变酗酒行为，使其明白虐待老人的法律后果，教导其孝敬父亲，关爱父亲。

(4)鼓励李某参加职业技能培训，帮助李某找到固定的工作，稳定其经济收入，保障其日常生活，促使李某早日融入社会。

(5)与李某的妻儿取得联系，并进行沟通，劝说妻子平时让父子多见面，建议妻子对李某多进行鼓励，帮助李某走出过去的阴影和误区。如果与其妻子无法达成一致，必要时可聘请律师为李某提供法律建议，使李某能够行使探访儿子的正当权利。

(6)帮助李某整合社会资源，重建其人际关系，并帮助李某建立社会支持网络，联系李某所在社区工作人员，为李某提供更多的支持和帮助，使李某对社会重新抱有希望。

(7)社会工作者应运用自身的社会工作知识和技巧来弥补该模式的不足，根据实际情况调整工作过程。

案例十三

钱刚，35 岁，某社区无业人员，因为缺少职业技能，一直没找到合适的工作。经朋友介绍，他当起了某无医疗资格的小诊所的医托，经常出没于地铁口、火车站、汽车站附近的正规医院及周边旅馆，和朋友联合用欺骗的方法引诱患者及家属误入歧途。后来，钱刚被判处有期徒刑 1 年，缓刑 1 年，现在正接受社区矫正工作站的矫正。

每个星期，工作站都会听取钱刚的思想汇报，每个月给他做一次心理辅导，指导他在社区里做公益劳动，比如打扫卫生等，像好朋友一样亲切。现在的钱刚与四个月前判若两人。这两天周末，他还在社区矫正工作者的帮助下，参加了机械操作技能培训，并到车间进行实践。钱刚越干越有劲，精神十足，说自己一定会认真进行改造，靠自己的辛勤劳动生活。

问题：

1. 根据我国现行法律的规定，社区矫正适用于哪五种罪犯？钱刚属于哪一种？

2. 结合上述案例，谈谈社区矫正工作者在对钱刚进行矫正过程中的主要任务有哪些？

【参考答案】

1. (1)《关于开展社区矫正试点工作的通知》指出，根据我国现行法律的规定，社区矫正的适用范围主要包括下列五种罪犯：

①被判处管制的；

②被宣告缓刑的；

③被暂予监外执行的；

④被裁定假释的；

⑤被剥夺政治权利，并在社会上服刑的。

(2)上述案例中的钱刚属于第二种情况，是被宣告缓刑的罪犯。

2. 在对钱刚提供矫正服务的过程中，社区矫正工作者的主要任务有以下几个方面：

(1)加强对钱刚的管理和监督

虽然钱刚在社区矫正过程中的表现逐渐变好，但矫正工作者仍然要提高警惕，加强对其服刑的管理和监督，确保矫正工作的顺利开展和完成。

(2)加强对钱刚的思想教育

矫正工作者要加强对钱刚的思想教育、法制教育、社会公德教育，矫正其不良心理和行为，使他悔过自新，弃恶从善，成为守法公民。

(3)帮助钱刚解决遇到的困难

钱刚是因为缺少职业技能，在找工作的过程中一直遇挫，所以才走上医托这条路的。社区矫正工作者需要帮助他解决这一困难，寻找合适的机会协助钱刚参加职业技能培训，帮助他靠自己的辛勤劳动独立生活。

二、方案设计题(根据题目的要求，设计出环节完整、严密、可行性强的服务方案)

案例一

某乡社工站在对低保家庭的社会支持网络状况开展评估时发现，有的救助对象对政策存在误解，有时会因此与基层工作人员发生矛盾；有的低保对象在获得救助后，仍存在一定的经济困难，有时甚至会通过越级上访的方式希望获得更多的资源支持；有些低保家庭与亲友关系疏远，与邻里关系交往甚少；当地社会组织针对低保家庭开展的社会服务较少；该乡与辖区内的一些企业达成了对低保家庭的社会救助合作意向，但迟迟没有开展行动。

针对以上情况，社会工作者计划从整合社会支持网络的资源，丰富社会支持网络的成员构成以及发挥社会支持网络的功能 3 个途径，开展对低保家庭社会支持网络的建构服务。[2024 年真题]

问题：

依据社会支持网络理论，设计低保家庭社会支持网络的服务方案，只需列出理论假设、服务目标和服务内容。

【参考答案】

社会支持网络是指由个人之间的接触所构成的关系网，通过这些接触(关系网)，个人得以维持其身份，并获得情绪、物质、服务、信息等支持。

(1)社会支持网络理论的理论假设

社会支持网络理论认为，每个人都处于社会关系之中，无法自绝于社会而存在。其基本假设如下：

①人类的生存需要与他人合作，并且依赖他人从而获得协助。

②人的一生中都会遭遇一些可预期和不可预期的事件发生。

③人们在遭遇一些事件时，需要自身资源以及外部资源的支持。

④当人们遭遇事件处于压力之下时，社会支持网络能够缓解负面的压力。

⑤一个人所拥有的社会支持网络越强大，就能够越好地应对来自外部的挑战。

⑥社会中的困难群体需要强化他们的社会支持网络，增强社会支持功能。

(2)服务目标和服务内容(见表8-2)

表8-2　服务目标和服务内容

服务措施	服务目标	服务内容
整合社会支持网络的资源	帮助服务对象整合周边的社会资源，形成资源合力帮助服务对象解决问题	①社会工作者整合周边的正式支持资源，联合当地政府部门、社会组织以及辖区内的企业，共同为服务对象提供必要的支持与协助，以解决他们在实际生活中遇到的困难。 ②社会工作者协助整合周边的非正式支持资源，联合服务对象的亲友适时提供帮助；协助服务对象与邻里建立起帮扶队伍，为服务对象提供情感和物质支持等
丰富社会支持网络的成员构成	帮助服务对象丰富其社会支持网络中的成员，扩充支持网络中的人员数量和规模	①社会工作者协助在社区内开展社区活动，协助服务对象与社区居民建立起联系，认识社区内的更多居民；与居民建立起互助队伍和志愿者网络，提升服务质量。 ②社会工作者协助链接社区外部资源进入社区开展服务，如邀请相关部门进入社区进行政策宣传，帮助服务对象接触更多的社区外资源，如社会组织、企业、相关的政府部门等
发挥社会支持网络的功能	协助服务对象社会支持网络中各主体发挥应有功能，精准帮助服务对象解决问题	(1)物质援助。链接社区外部企业、社会组织、志愿者个人等为低保家庭提供物质方面的援助，解决切实的经济困难。 ②情感慰藉。发挥服务对象亲友网络、社区居民志愿者网络等给予服务对象及时的疏导、支持和关怀，帮助他们缓解负面情绪和压力。 ③心理疏导。为遇到有心理问题的服务对象及时进行心理辅导，解决心理问题。 ④关系支持。为服务对象寻找解决问题的关系渠道，协助其通过合法合规的方式解决自己的问题、反映自身的需求

案例二

禁毒社会工作者在开展吸毒人员社区康复时发现，不少服务对象陷入就业困难，有的服务对象表示，用工单位对他们存在歧视，自己根本无法找到工作，有的表示自己曾经吸毒，是个“废人”，不可能找到工作了，有的表示在求职面试时总是感到自卑，容易紧张不安，同时，社会工作者也发现，有一些服务对象走出了困境，顺利就业。社会工作者计划应用标签理论，为陷入就业困境的服务对象开展就业辅导小组服务。小组共五节，总目标设定为协助组员“去标签”，提高就业能力。

小组活动的主要内容有：与服务对象建立关系、澄清小组目标和签订小组契约。[2022年真题]

要求：依据标签理论，完成本小组的活动设计，只需列出理论要点，以及其余四节小组活动的目标和主要策略。

【参考答案】

（1）理论要点

标签理论的主要观点是：没有一种行为是天生偏差的，偏差是要定义的。不同的社会会把不同的行为标记为偏差。他们相当注重服务对象在出现社会越轨行为的烙印影响，认为偏差有两种：初级偏差和次级偏差。初级偏差是指未被人指认或惩罚的行为，这种行为是相当普遍的，而次级偏差是来自司法人员及一般社会人士对于偏差少年初级偏差行为的反应而形成的。标签理论讨论的重点是次级偏差行为，认为标签的过程犹如一种烙印，是一种强烈的负面看法，会使个体改变自我意识，并陷入“偏差生涯”。

（2）其余四节小组活动的目标和主要策略

表 8-3　其余四节小组活动的目标和主要策略

节	目标	主要策略
开始阶段	组员之间相互认识，建立信任，澄清小组目标，制定小组规范	首先是破冰游戏，让组员间相互认识熟悉；其次是制定小组规则；然后是小组成员各自谈谈自己对标签的看法以及标签的存在对自己的影响，社会工作者总结讨论结果，让小组成员准确理解什么是标签
中期转折阶段	了解组员的异质性，互相之间取得信任，培养合作意识，增强小组凝聚力，让组员自己撕掉内心负面标签，并表达经历这些事的情绪感受	小组成员分享自己在求职过程中的困难，包括主观和客观两个方面；小组成员互相出谋划策，给对方分析问题，并尝试提出解决问题的办法
后期成熟阶段	巩固小组成果，提高组员利用身边资源解决问题的自立能力和面对现实生活中困境的能力，培养组员的自信心	小组成员再次分享自己对标签的认识，对比和小组开始阶段的变化；分享自己在就业方面的需求和自身能力存在的有待改善之处，社会工作者为他们综合分析提出实用性的就业建议
结束阶段	展望未来，回顾小组效果	让组员共同回馈，认识到彼此在小组中的改变或新发现，增加自信心，并把该种能力应用到求职过程和实际生活中去，评估小组成效

案例三

曾志发，男，19 岁，某中学高三学生，学习成绩优秀，但家境贫寒，母亲已去世多年，父亲的身体也不好，父子俩的生活全靠低保金来维持，更无能力供其念大学。为了交学杂费，曾志发在校门口抢走了低年级学生的 350 元现金，被法院判处拘役 5 个月，缓刑 5 个月，在此期间，曾志发考上了重点大学。但由于其有案底和家庭经济困难，曾志发害怕因此而错失读大学的机会，一个月来一直闭门不出。

要求：

假如你是曾志发所在社区的社会工作者，其父亲请你为曾志发提供服务，请拟订一份服务方案。

【参考答案】

(1)问题的陈述与分析

上述案例中，曾志发家境贫寒，但学习成绩优秀，有坚定的毅力，虽然犯有抢劫罪，但其罪行较轻，在缓刑期间还能排除各方面的压力考上重点大学，说明案主自身具有很多优势和资源。

目前，曾志发面临的困境主要有：

①担心案底是否影响到他就读大学；

②家境贫困，交不起读大学的费用；

③因为担心会错失读大学的机会，情绪低落、恐慌，一个月来一直闭门不出，不愿与人交流。

(2)方案设计

根据上述分析，社会工作者设计的服务方案如下：

①方案目标

a. 帮助曾志发缓解精神压力；

b. 寻求司法帮助，采用正常的途径帮助曾志发顺利地进入大学学习；

c. 帮助曾志发解决家庭经济问题。

②方案实施策略

a. 对曾志发进行心理辅导

通过个性化的心理辅导服务，消除曾志发的紧张情绪，释放其精神压力。

b. 寻求司法帮助，消除案底对其入学的影响

与当地检察机关和法院进行沟通，请求他们不要将刑事判决书寄到曾志发的户籍所在地，而是寄到检察院，使曾志发不会因为案底而影响进入大学学习的机会。

c. 寻找社会资源，提供经济援助

社会工作者可以帮助曾志发寻求矫正对象资助基金或其他基金，为曾志发筹措学费。

d. 帮助曾志发父亲从事合适的工作

为曾志发父亲提供就业信息，联系就业单位，帮助曾志发父亲找到合适的工作，缓解其家庭经济困难的状况，减少曾志发对父亲的担心。

③方案执行

主要包括各方面资源的协调利用，特别注意曾志发的异常情绪，处理好突发事件等。

④方案评估

包括曾志发对服务的满意度、曾志发父亲对服务的满意度，方案执行情况以及服务效果评估等。

案例四

乐铮，男，48 岁，西安某区人，因犯强奸罪而被判处有期徒刑 11 年。2016 年 12 月，乐铮刑满释放，因为有剥夺政治权利 2 年的附加刑，所以，他到西安某区的街道司法所接受社区矫正，想认真改造的意愿比较强。可出狱后，他发现父母早已去世四五年了，家里

10 平米大的一间房住着弟弟一家三口，他根本没法和弟弟一家住，可身上分文没有，又不能去其他地方，加上他现在没户口没身份证，根本找不到工作，而他多年的关节炎也越来越严重。

要求：

假如你是一位矫正工作者，请根据乐铮的具体情况，制定一份服务方案。

【参考答案】

(1)问题的陈述与分析

乐铮刑满释放后，因为有剥夺政治权利 2 年的附加刑而在社区接受矫正。可他出狱后，发现自己面临着就业、住房、疾病多方面的困难，主要有以下几个方面：

①没地方住，缺少容身之处；

②身无分文，短期来看，急需解决经济问题，长期来看，需要寻找合适的工作；

③关节炎需要诊治。

(2)方案设计

根据上述分析，社会工作者设计的服务方案如下：

①方案目标

a. 为乐铮寻找容身之处，给予经济支援，保障乐铮的基本生活；

b. 帮助寻找合适的工作，提供必要的就业技能培训；

c. 联系相关医疗机构治疗疾病。

②方案实施策略

a. 帮助寻找容身之处

先把乐铮安置到一些小旅馆，在尽可能短的时间内通过社区等渠道为他找到容身之处。同时，为他准备一些生活必需品，如被褥、洗漱用品等。

b. 解决短期经济问题：给予经济支援

乐铮刚从监狱出来，身无分文，解决燃眉之急是首要问题。

c. 帮助乐铮联系其弟弟一家，寻求家人的帮助

乐铮父母在几年前去世了，其弟弟一家住在父母留下的房子里。该房子本来应该是他们兄弟两个一同继承的，所以现在乐铮有权向其弟弟索取赔偿或帮助。

d. 解决长期经济问题：帮助寻找合适的工作

乐铮有劳动能力但没工作机会，矫正工作者可以帮助提供其必要的就业技能培训，或者为其提供街道和社区的就业渠道，帮助乐铮找一份在社区内打扫卫生或看管车辆的工作，让他能够自食其力。

e. 联系医疗机构，治疗疾病

带乐铮到医院检查关节，如果疾病严重，需要较大金额手术费，可以向有关基金会求助或者进行募捐。

③方案执行

注意调动各方面的资源，为乐铮提供服务，根据情况随时调整实施策略，做到感化与帮扶同时进行。

④方案评估

包括乐铮对服务的满意度、方案执行情况和服务效果评估等。

案例五

小龚，今年17岁，初中学历，父亲是一名修鞋匠，母亲在社区摆摊卖点日用百货。前年，小龚在读夜校期间，曾与一帮朋友合伙抢劫而被抓到派出所处理，并被记录在案，后被学校劝退。现在，父亲对小龚比较严厉，反对他与不良青年来往，见一次打一次，为此小龚对父亲既怕又恨。而母亲对小龚很迁就，平时不怎么管教他。一年前，父亲托人为小龚找到了一份维修汽车的学徒工作。小龚对这份工作比较感兴趣，还交了几个人品不错的朋友，但他工作了没5个月，就被单位辞退回家，原因是他性格冲动，常常因为一句无关紧要的话而和同事打架，大家最后都受不了他。于是，小龚闲散在家，整天在家上网，无所事事。父母也不知道该怎么说服儿子改变自己、提高自己。

要求：

假如你是一名社会工作者，请针对案主小龚的情况，拟订一份服务方案。

【参考答案】

(1)问题的陈述与分析

上述案例中，案主小龚面临的问题有以下几个方面：

①性格问题。小龚性格冲动，无法控制自己好斗的情绪，稍有不顺心，就会与别人打架。

②学历、技能问题。小龚年纪小、学历低，缺少一技之长，适应社会有一定困难。

③家庭问题。父亲对小龚管教严厉，但母亲又对他很迁就，父母二人的反差不利于他的成长。

④社会交往问题。小龚喜欢交友，但又因为性格冲动而不能和他人长久和睦相处。

(2)方案设计

根据上述分析，社会工作者设计的服务方案如下：

①方案目标

协助案主改变冲动的性格，利用社会资源，提供学习机会，提高其学历与技能，促进他更好地融入社会。

②方案实施策略

a. 与小龚建立信任关系。

通过与小龚的父母及其本人进行交流，了解小龚的生活状况、脾气性格、兴趣爱好以及存在的主要问题。走近小龚并注重倾听其心声，取得信任，与其建立良好的专业关系。

b. 与小龚进行沟通交流。

赞扬小龚认真交友的进步，肯定他的优点，同时让他发现自身的不足之处，并积极引导他改善不足，树立起新的人生目标。

c. 与小龚的父母沟通。

帮助小龚的父母认识到打骂与迁就都不是教育孩子的最佳方法，建议他们学习教育孩子的科学方法，改变教育孩子的方式，协调好亲子间的关系，引导他们注重督促儿子。鼓励他们多与小龚交流，明白小龚的真实想法，营造良好的家庭氛围。

d. 协助小龚提高职业技能。

小龚对修车比较感兴趣，社会工作者可以协助其寻找合适的信息，帮助其重新学习和提高修车技能。

e. 教导小龚学会处理人际关系。

建议小龚学习人际关系处理方面的技巧，多看一些相关方面的书籍，多听一些相关讲座，和他人相处时注意克制冲动情绪，鼓励小龚多交积极向上的朋友。

f. 巩固服务成果，对小龚的改变和努力予以赞扬和鼓励，并做好跟踪服务。

③方案执行

主要包括提供服务、监督执行进度等。

④方案评估

包括方案执行情况的评估、小龚及其父母对服务的满意度和服务效果评估等。

案例六

工读学校的青少年大多存在一些不良行为，对他人、对社会怀有敌视和不满的情绪，尤其是具有情绪控制能力弱的特点。

要求：

作为一名专业的社会工作者，请你根据工读学校的学生普遍存在的认知和行为偏差的情况，拟订一份小组工作方案。

【参考答案】

(1)问题的陈述与分析

目前，青少年犯罪现象呈现出上升的态势。家庭和学校教育的偏差，以及社会不良风气对青少年的负面心理和偏差行为都产生了极大的影响，具体分析如下：

①工读学校的青少年普遍受到的影响有：a. 内部不良心理因素的影响；b. 家庭不良环境和教育的影响；c. 朋辈群体的不良影响；d. 学校教育方法不当，教育功能偏颇；e. 社会不良风气的影响；f. 业余生活贫乏。

②工读学校的青少年可能存在的需求有：a. 愤怒控制和放松；b. 识别并处理非理性情绪；c. 修正偏差行为；d. 自我管理；e. 朋辈群体正向支持；f. 沟通。

(2)方案设计

针对案例情况，社会工作者计划在该工读学校内开展一个认知——行为小组，具体方案如下：

①小组名称：我是天使——做情绪的主人；

②小组工作目标：

总体目标：通过小组工作的形式帮助工读学校的青少年正确控制和处理负面情绪，同时修正偏差行为。

具体目标：协助成员意识到偏差行为的后果和对他人的影响，帮助成员学习情境分析、问题解决、自我管理、情绪放松、沟通的技巧，从而获得来自个体内部和环境的正向支持。

③小组性质及特征：

性质：教育成长性小组；

小组成员特性：行为存在偏差，对他人和社会存在不满和敌视态度、自我情绪管理不佳的青少年。

④拟定小组成员人数：12 人；

⑤小组人员招募方法：张贴海报、学校班主任或家长推荐；

⑥小组计划纲要(见表 8-4)。

表 8-4

节数＼项目	目标	内容
第一节 缘来有你	1. 建立专业关系，组织相互认识 2. 了解小组目标，确定成员期望 3. 订立小组规范	1. 破冰游戏：相见欢 2. 热身游戏：跟我走 3. 介绍说明小组目标 4. 订立小组规范，签订小组契约 5. 布置作业(一)：罐头情境研讨
第二节 说你说我	1. 帮助成员寻找共同点，加深认识 2. 学习反馈和倾听的基本原则	1. 热身活动：导电运动 2. 讨论并分享家庭作业 3. 技巧学习，给予并接纳建设性的反馈、有效地倾听 4. 游戏：大珠小珠落玉盘
第三节 我的未来我做主	1. 学习设定个人目标 2. 学习设定团队目标	1. 热身活动：拼图游戏 2. 技巧学习：目标的类型和制定的原则 3. 活动："制定目标" 4. 布置作业(二)：设定自我目标练习
第四节 人在情境中(一)	情境分析(一)： 1. 学习如何描述问题情境 2. 识别行为反应、认知反应和情绪反应	1. 热身活动：团结一致，冲冲冲 2. 概念学习：情境、反应 3. 活动：卡片游戏(什么是行为反应、情绪的字眼、你在想什么) 4. 布置作业(三)：三栏笔记
第五节 人在情景中(二)	情境分析(二)： 1. 学习找出关键时刻的技巧 2. 学习分析问题情境的后果	1. 热身游戏：捉虫虫 2. 讨论和分享作业 3. 技巧学习活动：找出关键时刻、后果是什么 4. 回顾问题情境的描述法 5. 布置作业(四)：完善的情境分析案例
第六节 成功在于解决	1. 学习完整的情境分析技巧 2. 辨别资料与阻碍 3. 了解问题解决的重要性及策略	1. 分析与讨论上节作业 2. 活动："找出资料与阻碍" 3. 游戏：套环 4. 技巧学习：系统问题和冲突的解决训练——以家庭作业为例 5. 分享与讨论
第七节 和负面情绪说再见	1. 识别非理性信念 2. 学习认知应对策略	1. 热身游戏：趣味报数 2. 技巧学习，认知应对策略 3. 活动：脑力激荡——澄清思想上的谬误 4. 活动：以应对性想法取代思考谬误 5. 布置作业(五)：想法表
第八节 愤怒，我可以控制	1. 学习自我指导技巧 2. 与问题解决训练相结合	1. 回顾家庭作业(五)：想法表 2. 播放资料视频 3. 活动：自我指导训练 4. 问题解决训练结合自我指导训练 5. 角色扮演：二者结合的运用

续表

项目 节数	目标	内容
第九节 一起“深呼吸”	1. 学习多种放松技巧 2. 成员间分享个人有效的放松	1. 热身游戏：谁是007 2. 放松体验：肌肉放松法、冥想放松 3. 成员互相分享个人有效的放松法 4. 结合压力情境，内化放松技巧 5. 提醒成员，小组聚会即将结束
第十节 珍重道别	1. 巩固小组成果 2. 处理离别情绪	1. 回顾小组历程 2. 小组成员发表感言 3. 成员间互相鼓励 4. 总结

⑦方案执行

包括：a. 整合资源；b. 提供服务；c. 监督执行进度；d. 处理危机。

⑧方案评估

a. 小组的过程评估，由小组成员填写评估表，在小组执行过程中进行评估；

b. 小组成员满意度评估，由小组成员对小组进行成效评估；

c. 小组工作报告以及社会工作者的反思。

案例七

张某，男，本科学历，曾是一家汽车销售公司的总经理，妻子是国家公务员，夫妻感情较好。但后来，他利用职务便利收受财物合计人民币 90 万元，以受贿罪被判处有期徒刑 5 年。三年后，由于认真遵守监规，接受教育改造，认罪伏法，积极劳动，确有悔改表现，考虑到其对社会的危害性较小，给予假释，并接受社区矫正。

张某在社区矫正期间严格要求自己，表现很好，对受贿一事后悔莫及。由于张某正值事业的辉煌时期犯了错误，尤其是因为他的父亲一直不能原谅他，他在社区矫正期间，内心一直有着很重的阴影，使他无法重新面对生活。他的父亲远在他乡，从小一直疼爱他，把他当作家里的骄傲，可是现在他这个“骄傲”在父亲的眼里、在大家的眼里却是一个罪犯。父亲不允许他这个犯罪的儿子回家乡看望他，不接受儿子的孝心。现在有大公司以高薪聘请他，他也毫无兴趣，因为他认为自己的亲人都接受不了自己，别人也很难接受自己。

要求：

指出张某现在的困难，请按照社会工作实务通用的过程模式设计一个完整可行的服务过程。

【参考答案】

社会工作实务通用过程模式共包含六个环节：接案、预估、计划、介入、评估和结案。对照上述案例，这六个环节的具体工作内容如下：

(1)接案

案主基本情况：张某，男，本科学历，曾是一家汽车销售公司的总经理，妻子是国家公务员，夫妻感情较好。但后来，他利用职务便利收受财物合计人民币九十万元，以受贿罪被判处有期徒刑 5 年。三年后，由于认真遵守监规，接受教育改造，认罪伏法，积极劳动，确有悔改表现，考虑到其对社会的危害性较小，给予假释，并接受社区矫正。

矫正情况：社区成立了矫正小组对张某进行矫正。矫正期间他积极配合，表现很好。通过社会工作者与张某接触，发现张某是一个能正确认识到自己错误的人，认为犯罪应该受到处罚，也愿意接受法律的制裁。但是以他为骄傲的父亲对他犯罪特别不接受，一直不能原谅张某，使张某无法面对新的生活。

分析情况：社会工作者认为，张某具有悔改的态度，并且用自己的行为表明了对犯罪的悔恨。此时主要的任务是让他的父亲能接受他，帮助他走出阴影。

(2)预估

通过对张某家庭的了解，他的妻子是国家公务员，对他的行为能给予一定的理解，目前夫妻之间关系很好，家庭也没有负担。

分析情况：张某有良好的个人能力，在个人的事业发展方面有较好的前途，在个人的价值观上也有良好的基础。

界定问题：①因犯罪前科带来的心理问题；②和父亲的关系问题。

(3)计划

工作目的：帮助案主顺利渡过矫正期，完成重新社会化的过程；

工作目标：调整案主的认知问题，减少其心理障碍；调解案主与父亲的关系；

介入系统和介入计划：社会工作者提供的服务将涉及到司法系统、社区服务中心及案主的家庭等系统，把这些系统充分调动起来才能帮助案主完成矫正。主要的计划包括：心理辅导、情绪疏导、沟通技巧训练及完成司法矫正规定的任务。

(4)介入

按照计划开展一系列具体活动：

①与案主面谈，通过沟通，接纳，倾听，帮助案主释放内心压抑的情绪；

②有目的地安排案主到养老院为老人做社区服务，提高案主与老人的沟通能力，以便今后与自己的父亲进行沟通；

③在社会工作者的帮助下，通过与张某不断的沟通和训练，让张某的妻子在给公公每周都打电话关心公公生活情况的过程中，逐渐表达张某悔改并想要孝顺父亲的愿望，促使张某的父亲原谅儿子。

(5)评估

比较设计的目标和结果，案主重新实现了社会化，完成了矫正任务。

(6)结案

结案原因：案主赢得了父亲原谅，拥有了积极的生活态度，完成了矫正任务；

结案建议：建议案主和社工保持联系。社会工作者对案主保持关注的态度。

案例八

社区矫正机构计划将刑满释放人员的综合管理纳入到服务范围内。经调查发现，该社区就业资源的利用率较低，但刑满释放人员中，大多是无业者。对此，社会工作者访谈了有劳动能力的刑满释放人员，调查他们关于如何定位自己和就业的看法等问题，他们对社会工作者说：“我们这种人是社会的‘渣子’，坐了这么多年牢，现在出来还能有什么作为，什么都不会，连出门坐哪路公交车都不清楚，更不用提工作了。”“到任何地方别人都戴有色眼镜看我，犯了一次错误，感觉要一辈子受惩罚。”“现在找工作都需要上网，我不会用电脑，都不知道去什么地方找工作，没有哪家单位会要我。”“社区里适合我们的岗位不多，上次去办理就业登记，他们看了我的档案就说好多人暂时安排不过来，要我慢慢等。”“我跟不上社区提供的职业技能培训，而且现在工作都要政审，我们一定通不过。”“我不认识几个字，自然要求也比较低，工资稍微高些，活儿稍微轻些，如果能坐在办公室上班，就最好了。”

要求：

结合本案例，以促进刑满释放人员就业为目的，从微观、中观、宏观三个层面设计服务方案（只需说明各层面具体目标和服务内容）。

【参考答案】

以促进刑满释放人员就业为目的，从微观、中观、宏观三个层面设计服务方案，具体如下：

（1）从微观来讲，找到工作是刑释人员回归社会的重要途径和手段。社会工作机构和人员在这方面的服务包括对刑释人员进行工作技能培训，帮助联系、介绍职业，还要通过个案辅导修正刑释人员的自我认知，养成良好的行为习惯。通过这些服务，帮助刑释人员提高自信心和重新投入社会，使他们尽快就业。

（2）从中观来讲，开展社区教育，引导社区居民接纳、尊重矫正对象。社区矫正的功能发挥要靠社区居民的共同参与，从而使刑释人员融入社区成为正常社会成员。社区矫正工作者要通过社区教育的途径改变居民对矫正对象的偏见，培育社区居民接纳、尊重矫正对象的意识和习惯，使矫正对象顺利回归社会。同时，要挖掘社区志愿力量，共同参与社区矫正工作，以提高工作效率。

（3）从宏观来讲，要协调多部门、多机构提供整合性的服务。刑释人员的就业需要多部门和机构的人员、物资和财力的配合，为刑释人员提供技能培训、合适的职业岗位。倡导政府对刑释人员应给予一定的宽容，适当放宽岗位政审标准。

第九章　优抚安置社会工作

一、案例分析题（应试人员需对提供的案例背景材料进行全面深入的分析，并按要求作答）

案例一

新入职的社会工作者小范有积极为居民提供专业服务的意愿，但工作一段时间后，渐渐表现得有些消极，存在着严重的无力感。在接受机构主管督导时，小范表示：最近的个案服务没有显著成效，虽然服务对象表示可以理解，但他还是非常自责，认为主要是自身的专业能力不足；个别服务对象的情况出现了反复，自己也会觉得可能是当时预估不够充分和全面；此外，由于自己是新入职的员工，缺乏经验，没有表达自己意见的资格，所以只好听从督导者的意见。［2017 年真题］

问题：

1．导致社会工作者小范产生无力感的主要原因是什么？

2．基于增强权能视角，督导者应对社会工作者小范开展哪些方面的督导服务？

【参考答案】

1．导致社会工作者小范产生无力感的主要原因包括：

（1）由于挫折经历导致的无力感。案例中，小范因为最近的个案服务没有显著成效，同时，个别服务对象的情况出现了反复，遭受挫折，从而产生了无力感。

（2）由于督导者正式权力导致的无力感。正式权力来自于督导者在督导关系中较高位置所获得的权力。督导关系建立初期，受督导者可能因为在实务领域比督导者更具有经验而感受到权利剥夺。案例中，小范因为是新入职的员工，缺乏经验，没有表达自己意见的资格，只能听从督导者的意见，从而感觉到自己的权利被剥夺，产生了无力感。

2．基于增强权能视角，督导者应对社会工作者小范开展的督导服务具体如下：

（1）提高小范的权利意识，鼓励其积极表达自己的意见。

（2）增强小范的能力感。可采取的技巧包括：

①富于同理心的倾听，协助小范宣泄负面情绪；

②肯定小范的能力与付出，协助其发现工作成效，提升价值感；

③将问题归因外在化，减低其失能感。

（3）发展小范的能力。即对小范完成任务所需的知识、技能与程序予以指导，协助其实现专业上的发展。培养小范具体可以从以下四方面的态度和能力入手：

①改变和主动参与的态度；

②批判性分析环境系统中权力与压迫的能力；

③分析问题、制定行动策略的能力；

④开展改变行动、解决问题的能力。

案例二

张伯伯是优抚对象、革命伤残军人，无儿无女，独自居住在老房子里。随着年龄的增加，张伯伯身体越来越差，还患上了关节炎，行动非常困难。加之房屋常年失修，漏水情况严重，多雨季节“屋外下大雨，家里下小雨”是经常现象，导致张伯伯的关节炎更加严重。张伯伯为了不给社区干部添麻烦，一直没有提任何要求，硬是凭着自己坚韧的毅力，独自在恶劣的环境中艰难地生活。后来，细心的社会工作者发现了张伯伯的实际困难。

问题：

1. 请结合优抚安置社会工作的内容，谈谈本案例中社会工作者可以提供给张伯伯哪些帮助？

2. 如果你是一位社会工作者，你会使用哪些具体方法为张伯伯提供服务？

【参考答案】

1. 优抚安置社会工作是军队社会工作的重要组成部分，它是在优抚安置领域，综合运用社会工作的专业知识、技能和方法，以优抚安置社会工作服务对象及其相关人员和系统为工作对象，协助有需要的优抚安置社会工作服务对象整合社会资源、协调社会关系、预防和解决问题、恢复和改善社会功能，使优抚安置社会工作服务对象有更好的社会适应和福利的活动。根据优抚社会工作的内容，可以对张伯伯提供如下帮助：

(1)做好相应的评估和准备工作，争取让张伯伯早日进入军人光荣院，安度晚年；

(2)联系社区的医疗机构，定期为张伯伯进行身体检查、提供医疗及康复服务；

(3)积极为张伯伯提供辅导服务，并为其提供与革命伤残军人休养院的优抚对象进行沟通、交流的机会，使其更快融入这个大家庭；

(4)根据张伯伯的实际经济状况，可以酌情帮助他申请社会救济，提高其生活质量。

2. 为张伯伯提供帮助时，社会工作者可以使用的方法有：

(1)个案方法

社会工作者可以主动上门，面对面地为张伯伯提供情绪疏导、心理辅导等方面的帮助；

(2)小组方法

社会工作者可以组织张伯伯与年龄、阅历相似的优抚对象一起参加活动，通过他们之间的互动与沟通，帮助张伯伯建立畅通的沟通渠道和更广的交友范围，提升其愉悦度；

(3)社区社会工作方法

社会工作者可以利用社区内的各种资源，帮助张伯伯解决实际困难，比如联系物业公司，帮助他修理房屋；联系附近的社区医院，提供上门诊疗服务等。

案例三

张兵出生于一个贫困的家庭，高中毕业后他选择入伍成为了一名士兵。家人都很支持他的做法，希望他在军队中能好好表现，努力考上军校。不料，在一次运输物资的任务中，由于下雪路面结冰，导致张兵乘坐的汽车因此翻倒，他也在事故中受伤严重，颈椎以下高位截瘫，从此生活不能自理。退役后，张兵被移交至政府安置，由国家集中供养。但是入院以来，家人由于生活困难，一直没有到医院看望过张兵，也从来没有联系过他。年轻的张兵无法接受这样的现实，身心压力倍增。而且只要一想到自己以后的生活，就感觉毫无希望可言，开始认为亲人不关心自己，生活也没有意义，并且拒绝治疗，甚至出现自杀倾向。

问题：

1. 根据张兵的情况，评估其现在存在的问题有哪些？

2. 简要介绍危机干预模式及其主要的服务阶段。

【参考答案】

1. 服务对象张兵主要存在的问题如下：

(1)生活适应困难，缺乏病理常识和自理、护理知识。和部分住院伤病残军人相似，张兵是高位截瘫重残人员，生活不能自理，日常生活完全需要护理人员的帮助才能完成。从健康军人到需要他人帮助不仅会产生心理上的不适应，日常生活也难以适应。

（2）心理障碍严重，难以接受伤病残导致的心理障碍。服务对象因个人遭遇导致生活中出现较大创伤，可能会造成一定的心理障碍，同时缺乏家庭的关心和照顾，可能会造成他性格孤僻，人际沟通和日常生活存在某些障碍，有强烈的被遗弃感，自尊心受损。

（3）生活保障问题。由于相关政策的调整相对滞后于经济社会的发展，导致服务对象的抚恤补助标准偏低，张兵面临生活困难等问题。

（4）家庭婚姻障碍，生儿育女困难。张兵尚未成家，即使结婚，婚后保持家庭稳定也需要付出较多努力，但他也有结婚成家、生儿育女的需要。

（5）社会隔离问题。和多数服务对象一样，张兵缺乏社交网络，非常孤单。

2. 危机干预是一种短期干预的方法，一般仅持续1～6周，旨在通过运用现有的和新发现的优势、资源和应对机制应对挑战、压力或危险事件，目标是帮助个体、家庭和社区返回到平衡稳定状态。针对类似张兵这样的服务对象，危机干预主要包括以下相互联系的七个阶段：

（1）开展评估。全面评估造成危机的生理——心理——社会因素，关注服务对象的情感——认知——行为反应，了解服务对象能够获取的支持和资源，重点获悉服务对象对自身、他人或社会的伤害史，做好致命性杀伤力评估。值得注意的是，在任何时候，服务对象发生危险需要就医的，应本着生命第一的原则马上联系急救或警方确保服务对象的安全。

（2）建立关系。对于处于危机中尤其是对生活失去信心，可能不会主动求助的服务对象，社会工作者应熟练运用沟通与谈话技巧，主动出击，积极拉近与服务对象的距离，迅速与其建立良好互信的专业关系，协助服务对象敞开心扉。这一阶段社会工作者应该运用人本主义的视角，保持冷静和平静，对服务对象表现出无条件的积极的关注、真诚和同理关怀。

（3）聚焦问题。造成服务对象危机的原因多样、问题多元，社会工作者可以使用开放式的问题让其详细阐述危机问题和突发事件、充分表述人生经历和过往故事。在问题呈现的过程中，社会工作者应将焦点限定在与危机相联系的紧迫性问题上，快速做出危险性判断。

（4）稳定情绪。在梳理问题的同时，要有效稳定服务对象的情绪，帮助其宣泄由危机带来的紧张，协助其远离危险、远离导致自杀等极端行为的情绪反应。在这一阶段，服务对象尤为需要他们的经历、感情和情绪获得认可和支持，社会工作者可以使用积极倾听的技巧，对服务对象予以鼓励性、认可性、反应性的示意。

（5）制定方案。通过询问，着力呈现、辨识、建构服务对象现有的优势、资源和应对技巧，充分发挥服务对象的能动性，与其一起寻求减轻紧急状况和问题的可取之策和应对机制。这里尤为强调：介入的目的是处理那些与危机有关的问题，而非完全解决所有问题；介入的焦点是以危机的调适和治疗为中心，要瞄准服务对象当前需要，确立现实、有限、具体、可行的目标；介入的关键是帮助服务对象修改其意识中和潜意识中存在的问题，故应与服务对象一起探讨可行性方案、一起订立服务计划，鼓励服务对象自决。

（6）实施计划。在具体实施的过程中，要注重：①输入希望，提供精神支持与宣泄渠道，让迷茫、无助的服务对象重燃对生活和人生的希望；②提供支持，加强资源连接，积极联络亲属，充分利用其自身拥有的资源，协助解决当前问题，共同努力克服危机；③恢复自尊，了解服务对象对自己的看法，协助其重塑自信、增强自我权能，并在其改变的过程中给予适度激励，以乐观的精神感染服务对象，传递正能量；④培养自主能力，帮助服务对象恢复和发展功能、减少依赖、增强自主、克服危机。

(7)后续跟进。社会工作者应该在最初的危机干预结束后适时结案，之后通过电话、网络等媒介或实地回访跟进服务等方式，确保危机情况得到解决，帮助服务对象恢复生活态度，努力促进其身心健康和人际交往。

案例四

小王，2009 年入伍，2016 年怀揣战功奖章从海军东海舰队回到老家，和朋友一起创办了一家节电工程有限公司，主要从事节能节电环保产品的使用与开发项目。为了帮助小王创业，他的父母用老房子作抵押，从银行贷款 50 万元给小王做本金。然而，生意开张一个月，他却只卖出两台节能器，除去门面租金、贷款利息和各项开支，亏损 5 万元。第二个月依然没有半点起色，小王急得像热锅上的蚂蚁。父母也非常为他着急，经常数落他，埋怨他把自己的养老钱都给弄丢了。朋友觉得风险太大，准备撤资。种种困难把小王逼到了绝境，他觉得自己没有本事，枉费了部队的培养，不仅没有办法养活自己，还要连累父母和朋友，无奈之下来找社会工作者帮忙。

问题：

1. 上述案例中，小王面临的困境主要有哪些？

2. 针对小王目前的困境，社会工作者应采取什么样的介入策略？

【参考答案】

1. 上述案例中，小王面临的困境主要有以下几个方面：

(1)如何从军人的身份转换为普通公民

从部队退役回到地方，小王怀揣激情进行创业，但没有意识到自身身份和工作环境的转变。

(2)如何渡过创业阶段的艰难处境

创业初期，由于小王没有经验，资金也是父母和朋友筹集所得，面对这些初期阶段的困难，小王没有做好充分的准备，没有很好地预估创业风险，导致其措手不及。

(3)如何缓解自身压力

面对创业的压力，小王自信心受到挫伤，不能正视压力，也没有找到一个合适的方法释放压力，显得十分无助、自卑和焦虑。

(4)如何安慰父母，缓解家庭生活困难

小王创业初期的资金是父母用老房子作抵押从银行贷来的 50 万元贷款，但公司运营后不但没有盈利，还亏损了 5 万元，直接导致了家庭经济困难，小王面临着安慰父母、缓解家庭经济困难的问题。

(5)如何说服朋友，继续共同合作

亏损的现状令小王的朋友开始担心，纷纷撤资。小王与朋友间的合作关系出现危机，公司面临倒闭的风险。

(6)如何树立起自信心

目前小王面临经济上和心理上的极大压力，自卑、焦虑、力不从心，感到自己的价值无法实现，对前途没有信心，对创业局面也是一筹莫展。

2. 针对小王的困境，社会工作者可采取的介入策略如下：

(1)帮助小王消除压力

对小王进行心理疏导，宽慰他“成功的道路并不是一帆风顺的，万事开头难”，帮助他消除自身压力。

(2)鼓励小王树立生活信心

可以给小王提供一些从军人到商人的成功转型案例，逐步帮他实现角色转变，从这些成功者身上受到启发，使其树立信心，重新激发起其改变现实的愿望和热情。

(3)让周围的人多关心、支持小王

与小王的父母和朋友沟通，让他们多给小王一点关心、包容和鼓励，改变他们目前对小王的态度，在物质上和精神上给予他必要的帮助和支持，尤其是精神上的信任和支持。

(4)争取社会各方的支持

争取社会相关优抚机构的物质救助，解决小王一家的经济困难。更重要的是，利用多种渠道进行信息搜集，帮助小王找到产品的优势和劣势，搞清楚经营不善的原因，学习成功经验，找到解决问题的办法，从而为小王公司的产品找到销路，从根本上帮助小王走出困境，实现“助人自助”的良好目标。具体做法有：

①利用网络资源，搜寻大量信息，通过学习，借鉴其他商家的经验，并与其商品进行对比，找出小王产品的优势和不足；

②利用报纸、广播等媒体资源，开展多种活动宣传小王的产品，同时与顾客建立良好的关系，帮助小王的公司树立起良好的企业形象；

③利用熟人介绍、推荐等方式，扩大小王的客户群，拓展其产品销路；

④关注国家和当地政府关于退伍军人自主创业的相关优惠政策，为小王及其公司寻求支持和帮助。

案例五

刘老已经入住光荣院一段时间了，年近九十的他，孑然一身，每当看到院内有年龄和他差不多的老人去世，就会莫名地感到担忧和恐惧，觉得自己的“大限将至”。刘老本身患有多种老年慢性疾病，每逢病痛时，都会追忆自己年轻时的“丰功伟绩”，并和现在的自己相比。刘老始终无法将自己的情绪调整好，一直深深地陷入对自己生命结束的担忧和恐惧中与对自己灿烂过去的回忆中，因此他总是一个人发呆，闷闷不乐、郁郁寡欢，情况越来越严重。

问题：

1. 根据刘老的情况，他现在的生活中存在的突出问题有哪些？

2. 如果你是负责刘老的社工，请简要介绍什么是人生回顾及其介入的具体步骤。

【参考答案】

1. 刘老生活中存在的突出问题表现如下：

(1)心理失衡。刘老年近九十，孑然一身，每逢病痛都会想起自己年轻时的“丰功伟绩”，并和现在的自己相比，会产生一定的失落感。

(2)社会地位下降。由于长期的和平环境，人们的国防意识、拥军观念有所淡化，刘老入住光荣院也已年近九十，感到自己的社会地位有所下降。

(3)社会隔离。对孤老优抚对象多实行相对封闭的院舍式照顾，导致其与外界接触较少。

(4)老年慢性病增加与生活质量受损。服务对象尤其是高龄服务对象往往受到多种慢性疾病的折磨。刘老本身就患有多种老年慢性疾病。

(5)老化问题。在变老的过程中每个人的身心系统都会有某些改变，诸如嗅觉或味觉的变化是慢慢发生的，个人几乎注意不到。而另外一些类似记忆力严重衰退的变化，则会给服务对象的日常功能带来重大挑战。

2. 人生回顾及其介入步骤：

人生回顾是一种通过回顾、评价及重整一生的经历，使人生历程中一些未解决的矛盾得以剖析、重整，帮助个体发现新的生命意义的心理、精神干预措施。人生回顾疗法以完整的个体为中心，强调在关注积极回忆的同时感受消极的经历，重新整合整个人生，以一种平衡的心态评估整个生命的过程，促进其解决过去的矛盾与冲突，从而接纳自己、接纳当下、重建生活的期望。

人生回顾的具体步骤如下：

(1)建立良好的信任关系。本着尊重、接纳、同理、保密的理念，耐心倾听刘老现在的感受、面临的困惑和问题，鼓励他充分表达自己的想法和情绪。

(2)回顾人生经历。采用逆序回顾干预方式进行人生整合，具体如下：①引导刘老珍惜现在的生活，使其真实地活在当下，“学习享受活着”；②引导刘老找寻往事的意义，重温旧时欢乐时光，肯定人生中的积极经历，以曾经的军旅生涯来建构生命的价值；③引导刘老直面自己的局限，坦然放下、接纳生活中好的一面和不好的一面，接受自己独特的人生；④引导刘老重新激活疏离的人际关系，寻求与自己、与他人的和解；⑤引导刘老“拓展个人爱好的圈子”，力所能及地关怀他人、服务社会。

(3)制作人生回顾手册。社会工作者可将谈话记录整理成册，并通过设置老照片、精彩片段回顾、心灵空间、祝福传递等板块，协助梳理曾经的军旅生涯(立功)、记录过往人生感悟(立言)、肯定个人良好品质(立德)，协助服务对象留下个人精神遗产，帮助传承生命的价值。

案例六

陆小霞，22岁，已经退伍复员回家两年。刚复员回家时，民政部门为她联系了一份售票员工作，但她拒绝了这份工作。此后她一直没有找到一份自己满意的工作，处于失业状态。一次在网上聊天时，陆小霞偶然遇到了自己的高中同学董梅，知道近期要举办同学聚会，同时从董梅口中得知班上同学们的基本情况以后，随便找了些理由说自己近期不能出席同学聚会。然而她的心情却很难平复，与同学们的近况相比，自己连一份像样的工作都没有，整日无所事事，感到毫无成就，因此不想参加同学会。

问题：

1. 你在对陆小霞的基本情况进行了解和评估以后，决定以社会支持理论为指导，为她提供服务，请你简要介绍社会支持理论的内容。

2. 具体的介入过程，你将会怎么做？

【参考答案】

1. 社会支持理论认为，人的生存需要与他人合作，以及依赖他人的协助，一个人所拥有的社会支持网络越强大，就越能应对各种来自环境的挑战。社会支持网络是个人生命过程的组成部分，每个人都拥有一定的正式和非正式的社会支持网络，前者是指社会正式组织给予的支持，后者是指来自亲友、邻里等人际互助网络的支持。社会支持理论强调通过干预个人的社会网络来改变其在个人生活中的作用。在复员退伍军人安置工作中，牵涉的部门和领域极其广泛，尤其必须借助外部资源来实现助人和自助。

2. 复员退伍军人从部队到地方会面临职业、生活的转变与适应，涉及生理、心理和社会3个层面，经历告别军旅生涯、选择新职业、从业准备直至稳定就业四个阶段，是一个不断调整的过程。小霞处于这样一个适应阶段。社会工作者扮演的主要角色是社会支持网络的“编织者”，介入的重点是编织家庭、社区、社会(组织)和国家支持等多位一体的支持网络格局，帮助复员退伍军人获取情感、认同、经济、政策等方面的支持，协助实现职业转向，恢复社会功能，推进社会再适应。介入过程包括：

(1)正式网络的建构。建构正式网络的具体过程如下：①政策倡导，为小霞争取暂时的失业救济和生活补贴；②资源连接和部门联动，为小霞争取国家对退伍复员军人的就业安置资源。同时联系社区资源，对小霞进行职业技能培训，提高其就业资本及就业机会，并积极挖掘就业资源，为小霞找到合适的岗位。

(2)非正式网络的建构。建构非正式网络的具体过程如下：①开展小组辅导，集中社区内与小霞有类似问题的退伍军人开展互助小组，互帮互助；②开展个案辅导，对小霞展开个案辅导，调整其个人认知，增强就业能力，激发生活热情。

案例七

某县民政部门的安置科中，有几个新近安置的退伍士兵，他们经常出现情绪问题。经过了解，他们的问题主要是：无法适应目前的生活；还没有找到合适的工作，担心被街坊邻居看不起，情绪非常低落。个别人甚至两三个星期不愿走出家门，还有人因为此事影响到家庭其他成员的正常生活。该安置科的社会工作者小王被安排负责此事。

问题：

1. 什么是优抚安置社会工作？

2. 小王可以采取哪些社会工作方法来解决问题？

3. 上述案例中，要组织情绪有问题的退伍军人开展小组活动，应该采取哪些介入策略？

【参考答案】

1. 优抚安置社会工作是军队社会工作的重要组成部分，它是在优抚安置领域，综合运用社会工作的专业知识、技能和方法，以优抚安置社会工作服务对象及其相关人员和系统为工作对象，协助有需要的优抚安置社会工作服务对象，整合社会资源、协调社会关系、预防和解决问题、恢复和改善社会功能，使优抚安置社会工作服务对象有更好的社会适应和福利的活动。

2. 案例中新近安置的退伍士兵具有不适应新生活、情绪低落、找不到合适的工作等问题。针对这些问题，社会工作者小王可以采取个案工作法、小组工作法和社区工作法来解决问题，具体内容如下：

(1)个案工作法

在安置社会工作中，个案介入旨在增强退伍军人等安置对象的自我能力，提高其社会再适应能力，以应对新工作和新生活的压力。对于案例中几位退伍士兵的问题，社会工作者可以通过安慰、鼓励以及对成绩的承认等方法，在现实的基础上表达出对他们的肯定和赞许，疏导其情绪，使其放松心情，消除焦虑，增强自信，潜心工作，积极生活，重建失去的自尊，获得心理满足和心理寄托。

(2)小组工作法

社会工作者可以将这些退伍士兵组织起来开展小组工作，通过小组活动和小组互动，帮助这几位退伍士兵处理情绪问题，分享经历和感受，相互支持和理解，构建一个非正式的社会支持网络。也可以通过小组活动协助其充分利用正式的社会支持网络来获得就业机会，比如了解更多的相关政策、认识安置机构的功能和运作方式等。

(3)社区工作法

社会工作者可以整合社区资源，协调安置部门进行工作，多渠道、多元化地协助这几位退伍士兵解决工作问题。

3. 社会工作者在为退伍士兵开展小组活动时，可采取的介入策略如下：

(1)鼓励退伍士兵以积极的心态面对社会现实；

(2)使退伍士兵肯定自己的长处，认识自己的优点，树立自信心；

(3)协助退伍士兵利用周围的社会资源，丰富自己，增长自己的求职技巧、文化知识和生活阅历；

(4)增强退伍士兵的人际交往技巧，改善人际关系，使周围的人能接受自己，增强自信；

(5)帮助退伍士兵全面评估自己，认识自己的优点和不足，坦然地接受它们，对自己的未来状态抱认可、肯定的态度，树立正确、积极的人生观、价值观和世界观。

二、方案设计题(根据题目的要求，设计出环节完整、严密、可行性强的服务方案)

案例一

某军休所的革命老前辈想发挥余热，为社区的青少年讲讲他们的军旅生涯，一方面可以让青少年了解爱国主义思想和革命传统，另一方面也算是他们对社会的一份贡献。

要求：

假如你是该社区的一名社会工作者，请根据这一情况，拟订一份服务方案。

【参考答案】

(1)问题的陈述与分析

军休所的革命老前辈想发挥余热，为社区青少年讲述其军旅生涯的想法，是受其心理、生活经历、思想观念等多方面因素的影响而萌生的。

(2)方案设计

根据军休所的革命老前辈的心愿，社会工作者拟订的服务方案如下：

①方案目标

帮助军休所的革命老前辈实现他们老有所为、发挥余热的心愿，体现自我价值。

②方案实施策略

a. 赞赏军休所革命老前辈积极乐观的生活态度和回报社会的精神，鼓励他们为实现这种想法做些准备工作，比如写演讲大纲等；

b. 联系社区内的学校，将革命前辈的想法告知学校，争取在学校和革命老前辈之间搭建一个能进行自由沟通的平台；

c. 建议学校开展与革命传统教育相关的课外活动，邀请军休所的革命老前辈前来讲述他们的战斗经历；

d. 发动学校组织志愿者队伍，定期前往军休所与革命老前辈交流沟通，并为他们做一些志愿服务；

e. 建议学校与军休所建立长期共建的关系，组织多元化的活动，不断丰富革命老前辈的精神生活，帮助他们发掘潜能、发挥余热。

③方案执行

主要包括整合社区资源、提供服务、监督执行进度、处理危机等。

④方案评估

包括对方案执行情况、对服务效果满意度、军休所的革命老前辈的感受、社区青少年学生的反应情况及效果的评估等。

案例二

刘华，男，33岁，伤残转业军人。刘华转业后被安排在一家自动纺织厂工作，成为一名普通工人。两年前，刘华所在的纺织厂倒闭了，他变成了失业人员。尽管一直努力找工作，但半年过去了，刘华还是没有找到合适的工作。而他上有老下有小，加上妻子又没有工作，家庭生活异常困难。刘华的不少亲朋好友劝他去找相关部门求助，但他一直不乐意。妻子为此事经常和他吵架。刘华现在不知道该怎么办。

要求：

假如你是刘华所在社区的一名社会工作者，请针对刘华一家的情况，拟订一份服务方案。

【参考答案】

(1)问题的陈述与分析

上述案例中，案主刘华面临着诸多困境，具体如下：

①就业问题

刘华在部队伤残后转业，被安置在一家自动纺织厂工作。但是，随着纺织厂的倒闭，刘华下岗，而身体残疾的刘华找了半年工作，却仍没有找到合适的岗位。

②家庭生活问题

刘华下岗后，找了半年工作都没眉目，而妻子也没有工作，还要养老人和小孩，其家庭生活出现了困难。

③家庭矛盾问题

刘华作为伤残转业军人，可以通过政府获得抚恤金和重新安置就业，而他却一直不肯寻求政府的救助。面对这种情况，妻子与刘华产生了矛盾。

④对国家优抚的认知问题

刘华自尊心很强，对国家的优抚政策，在认知上存在误区，不肯寻求政府帮助。

(2)方案设计

根据上述分析，社会工作者设计的服务方案如下：

①方案目标

帮助刘华认识国家优抚政策和获得国家抚恤金，解决就业问题，缓解家庭矛盾。

②方案实施策略

a. 帮助刘华正确认识国家优抚政策，获得国家补助金

以刘华的妻子为介入点，进行家访，慰问刘华，对其讲解国家优抚政策，纠正其错误认识，让其接受残疾和下岗的现实，在心理上接受自身角色的转变，协助其向有关部门求助，获得国家补助金。

b. 在对刘华讲解政策的基础上，调解家庭矛盾纠纷

鼓励刘华与其妻子沟通，说出心中的想法，获得妻子的理解和支持，重建亲密夫妻关系。

c. 提供就业培训和就业岗位

联系就业培训机构和就业单位，为刘华争取合适的就业培训和就业岗位，从根本上解决家庭经济困难的问题。

d. 整合其他社区资源

联系社区残联、社区残疾人协会等，通过这些资源建立支持网络，帮助刘华在就业、心理、社会适应等方面获得经验。

③方案执行

主要包括提供服务、调动社会资源、监督服务执行进度、处理危机等。

④方案评估

包括刘华及其家人对服务的满意度、方案执行情况和服务效果的评估等。

案例三

王志存老人是参加过1940年百团大战的负伤老战士。在日常生活中行动不便，他唯一的女儿在他30岁时因病去世，而老伴也于两年前病逝，王志存老人独自生活在军休所。近来，王志存老人的行动能力严重衰退。据邻居反映，他已摔倒过多次，由于行动不便，经常每天只吃一顿饭。一次，他自己挪着去洗澡，但在洗澡过程中不慎摔倒，动弹不得，导致整个房间都被水淹了，楼道里也开始淌水，幸亏邻居发现了。之后，军休所的领导多次上门劝他入住光荣院，以便得到更好的照料和护理，但老人坚决不去。

要求：

假如你是该军休所的一名社会工作者，请针对王志存老人的情况，拟订一份服务方案。

【参考答案】

(1)问题的陈述与分析

上述案例中，王志存老人面临的问题和需求主要有：

①由于独居，加上行动不便、多次摔倒、做饭困难等，王志存老人需要基本生活照顾和医疗服务；

②王志存老人的女儿和妻子都已去世，缺乏家人照顾，身心孤独；

③王志存老人对光荣院存在认知问题，不愿意入住光荣院。

(2)方案设计

根据王志存老人存在的问题及需求，社会工作者设计出的服务方案如下：

①方案目标

协助老人改善生活质量、调整健康状态，使其健康快乐地度过晚年生活。

②方案实施策略

a. 帮助王志存老人正确认识光荣院

给老人讲解光荣院的情况，帮助他正确认识光荣院，带他到光荣院去参观和考察。通过亲身经历，消除其对光荣院的负面认识，对光荣院做出客观的评价，从而接受光荣院。

b. 提供医疗服务

陪同王志存老人去医院做健康检查，根据检查情况进行治疗，同时安排军休所的军护人员定期给老人做健康检查。

c. 整改居住环境，方便生活

由于王志存老人拒绝去光荣院，坚持独自生活，社会工作者可以根据其病情好转的情况，同意老人的要求，并对其居住环境进行整改，以方便老人的生活起居。

d. 提供生活服务

第一，成立邻居志愿小组，轮流探视王志存老人，帮助老人解决生活上的难题；

第二，利用军休所的饮食资源为老人提供送餐服务。

e. 建立针对王志存老人的社区帮助网络

王志存希望在军休所里安度晚年，是可以理解的，不能强迫其到光荣院。但是，如果老人接受了光荣院，可以告知他，社区居委会会建立针对他的社区帮助网络，组织社区居民经常去探望他。最后，让王志存老人自己做出更有利于自己生活的选择。

f. 帮助老人进行居家养老

如果在对光荣院进行了充分的了解后，王志存老人还是不能接受去光荣院养老，那就要遵从他的意见，对其进行居家养老。社会工作者可以建议他从社区志愿者中挑选志愿者照顾他的平时起居。

g. 开展哀伤辅导

有针对性地对老人开展丧亲的哀伤辅导，让老人走出丧亲之痛，自信乐观地生活。

③方案执行

主要包括提供服务、整合社区资源、监督执行进度、处理危机等。

④方案评估

包括王志存老人对服务的满意度、方案的执行情况和方案效果的评估等。

案例四

退伍义务兵张某回乡后，被安置在县上一个纺织厂工作。但刚过半年，张某因纺织厂经济效益不好而下岗。张某坚持自食其力，通过摆水果摊维持生计。但后来，因为水果摊摊位被拆，卖水果的生意不得不终止。张某再次失去了工作，生活又变得动荡，内心极为不满。于是，他天天到居委会吵架，要求解决工作问题。

要求：

如果你是一名专业社会工作者，请根据案例中的情况，拟订一份个案服务方案。

【参考答案】

(1)问题的陈述与分析

本案例中，案主张某是位退伍义务兵，虽然因所在纺织厂经济效益不好而下岗，但张某仍坚持自食其力，通过摆水果摊维持生计。可是由于水果摊摊位被拆，又不得不终止了卖水果的生意，使其刚安定下来的生活又变得动荡，并直接导致其情绪变得偏激。具体说来，张某遇到的问题包括：

①缺乏社会适应能力；

②就业困难，找不到稳定、合适的工作；

③虽然坚持自食其力，但最后还是失去了工作，导致其内心不满，对未来缺乏信心，并影响到居委会的正常工作。

张某现在最迫切的问题是没有固定的经济收入以维持生活。

(2)方案设计

针对张某面临的问题，社会工作者拟订的个案服务方案内容如下：

①接案阶段

社会工作者与张某初次见面，主要目标是通过沟通了解相关信息，与张某建立良好的专业关系，并收集与张某相关的资料。社会工作者在收集资料时，应注意多了解对方的心理状态、动机、问题产生的主要原因及其对问题的看法，也应注意了解其生活状况、家庭背景及个人特质，以便之后的预估工作。

②预估阶段

在现有资料下，进一步全面搜集资料，与张某一起确定问题和需要。资料收集可以从问题、人、环境三个维度进行考虑，同时关注张某的优势与长处，深入了解张某的经济、家庭及互动关系、成长历程、军队生活的重要事件、社会适应力、可用资源等客观、全面、深入的资料。然后整合各类资料，发现张某的具体问题和需要，把握其核心问题和根本需要。根据现有的资料，可以初步判断张某的问题主要在于失业和情绪两方面，并且从某种程度上讲，情绪问题的根源在于失业。

③计划阶段

社会工作者根据对张某问题和需要的综合把握，确立工作目标，发现候选方案和决定实施方案，并与张某达成工作协议。

本次个案服务的总目标：稳定张某的情绪，并协助其寻找一份合适的工作。

为了达成这个目标，社会工作者应帮助张某舒缓情绪，重拾寻找工作的信心，之后再与张某协商找工作的具体方案，帮助张某转变就业观念与拓宽就业渠道。

④实施阶段

运用专业知识、技巧和方法，推进工作计划并适时地修正工作方向，从而达成工作目标。具体来说，主要是对计划方案的实施情况进行分析、总结与调整，可分为四个环节：

a. 分析上次计划方案的实施情况，着力肯定张某的努力与进步；

b. 总结上次计划方案中不甚周详的地方，着力寻求问题根源所在，与张某共同寻求方法并提高方案可行性，不归责于张某；

c. 根据上面两个环节的结论，相应调整原计划方案，此时着力鼓励张某再做尝试，并适时运用技巧提高张某自身的能力；

d. 争取政府对退役军人的就业安置资源，为张某提供更多的就业可能。

⑤评估阶段

社会工作者对个案辅导的评估主要包括三个层面，即成效评估、过程评估和满意度评估。此时可以通过量表，也可以直接访谈张某，对本次个案服务从成效、过程以及满意度三个层面进行评估。本次服务中，还需提前告知张某个案辅导即将结束，请他做好相应准备。

⑥结案阶段

社会工作者与张某一起回顾个案辅导的整个过程，巩固辅导效果。这个过程中，社会工作者可以指导张某回顾个案历程，工作双方彼此回馈，并适时给予张某肯定和鼓励，强化张某的良好转变。在张某表现出离别依恋时，社会工作者要恰当地处理其离别情绪，增强其独立面对、解决问题的能力与信念。

⑦后续服务

个案辅导结束之后，可对个案进行跟进，必要时每隔一段时间进行回访，了解其进展情况及服务需要，以评价服务的真正效果。

案例五

某军休所最近新入几名退休老干部，假设你是在这个军休所工作的一名社会工作者。经过观察发现退休老干部由于刚到一个陌生环境，对军休所的新生活都有不同程度的适应困难和障碍，因此你决定用小组工作的方法为他们开展服务，提供帮助，帮助他们适应军休所的新生活，安享一个快乐的晚年。

要求：

1. 你认为新入所的退休老干部面临的问题主要有哪些？

2. 选取某一节小组活动，呈现此次的小组活动计划书。

【参考答案】

1. 新入所的退休老干部面临的问题主要有：

(1)角色失调。军休干部移交政府安置是使其重新回归社会，实际上是一个由在职到离职、由军队到地方、由军人到老百姓的社会角色转变过程和“再社会化”过程。对于戎马一生的军休干部来说，军转民的手续可以在短时间里办结，但根深蒂固的军队情结深深地影响着他们的休养生活，他们有意无意地“抗拒”、“延缓”着这种“再社会化”，呈现出一定的角色失调。

(2)心理失衡。随着社会地位发生的相对变动，尽管军休干部基本生活无忧，但他们将自己的利益得失与军队和地方管理的离退休干部等同辈群体进行对比时，依然会有强烈的相对剥夺感。

(3)行为失范。随着社会转型、体制转轨的加速，以往重视国家利益、强调服从的意识逐步改变，一些军休干部越来越看重自身因为从军而遭受的各种损失和超过一般民众的特殊贡献，自我实现、经济利益日益代替“国家”赋予的价值观，要求“补偿”的呼声越来越高。

2. 小组计划书的设计应主题突出、目标明确，并且符合小组整体进程，具体设计如表9-1 所示。

表 9-1

第三次小组活动					
主题：激情燃烧的岁月					
本节目标：社会工作者除了通过带领小组成员回顾过去生活，帮助成员回忆过去的辉煌外，还要借此鼓励成员发挥余热、向前看，不要只沉浸在过去的生活中。					
时间：201×年×年×月　地点：×××军休所活动室					
时间	活动内容	活动目的	所需物资	预计困难	应对策略
5 分钟	对上次小组活动进行回顾	在回顾中，强调和巩固活动效果	无	小组成员不愿意发言	采取依次发言的方式或者利用游戏随机发言
5 分钟	热身游戏：手指操	烘托现场气氛，使组员活跃起来，积极参加后续活动	无	小组成员认为游戏无聊，不愿意参加	加大游戏难度，增加趣味性
20 分钟	人生回顾：制作人生回顾手册	通过对人生重要事件的回顾和整理制作人生回顾手册，帮助小组成员梳理人生事迹，肯定其生命价值	白纸若干、笔若干	小组成员认为自身无优点，或者不愿与大家分享	善于发现小组过程中成员的态度、行为表现，及时发现后根据情况启发引导

续表

时间	活动内容	活动目的	所需物资	预计困难	应对策略
40 分钟	分享与总结	成员互相分享自己的人生回顾手册，社会工作者要引导成员互相认真倾听和肯定，分享重点在于鼓励成员珍藏过去，发挥余热，面向新生活	无	成员不愿意发言，或成员发言过于积极，时间控制不好	采取依次发言的方式或者利用游戏随机发言，事先规定好发言时间，保证公平，并控制在规定时间范围内
5 分钟	作业	根据下次活动主题，给小组成员预留简单作业，增加其对小组的重视，也能保证下次活动的顺利开展	无	小组成员不重视“家庭作业”	设置奖惩机制，督促小组成员完成家庭作业

第十章　社会救助社会工作

一、案例分析题（应试人员需对提供的案例背景材料进行全面深入的分析，并按要求作答）

案例一

某日，王奶奶到镇社工站向社会工作者倾诉：儿子儿媳两年前外出务工，平时很少回家，对家里的事不管不问，把10岁的孙女丢给自己和老伴照看，她对此感到非常无奈，但又不知道如何与儿子儿媳沟通。社会工作者了解到最近王奶奶的老伴因意外摔倒卧床不起，她既要照顾老伴又要照看孙女，经常感到力不从心；王奶奶经常将孙女锁在家里写作业，节假日也不准她外出，生怕发生意外，孙女为此经常与她发生争执；年龄的增长、身体变差、老伴受伤后医疗费支出的增加，让她更加烦躁不安，经常因为琐事与邻居争吵；现在她也没有时间参加社区活动，与原来的老姐妹逐渐疏远。王奶奶对现在的生活状况很不满意，觉得自己晚年生活没有意思，却不知道该怎么办。社会工作者在征得王奶奶同意后，计划为她开展服务。［2023年真题］

问题：

1. 列出本案例中王奶奶面临的问题。

2. 依据家庭生命周期理论，分析王奶奶所处的家庭阶段以及面临的主要任务。

【参考答案】

1. 本案例中王奶奶面临的问题主要包括：

（1）家庭照顾压力巨大。

城市化、家庭小型化、女性职业化、离婚率上升和年轻人口的高流动性等，都使得家庭照顾老年人的功能严重受损，特别是空巢、独居和失独老人缺乏家庭照顾的问题尤为严重。案例中，王奶奶既要照顾老伴又要照看孙女，经常感到力不从心，表明王奶奶面临缺乏家庭照顾的问题。

（2）代际隔阂问题。

在全球化、信息化和知识爆炸的时代，知识的更新和增加的速度前所未有，老年人积累的知识和经验可能已经过时，而学习机会和资源的下降使其难以掌握现代的知识和信息，因此与年轻人的沟通常会出现信息不对称的情况，容易造成代际隔阂。案例中，王奶奶不知道如何与儿子儿媳沟通，经常将孙女锁在家里写作业导致孙女经常与她发生争执，表明王奶奶面临代际隔阂问题。

（3）人际关系紧张问题。

案例中，王奶奶经常将孙女锁在家里写作业，节假日也不准她外出，生怕发生意外，孙女为此经常与她发生争执。同时经常因为琐事与邻居争吵。表明王奶奶面临人际关系紧张问题。

（4）社会隔离问题。

老年人退出工作岗位或失去劳动能力后，社会交往的圈子常常会大大缩小，同时疾病、失能、配偶和有亲密关系的人去世也有可能造成老年人的社会接触非常有限，甚至由于缺乏接触会导致社会隔离严重。案例中，王奶奶现在没有时间参加社区活动，与原来的老姐妹逐渐疏远，表明王奶奶正面临老年人社会隔离的问题。

（5）晚年生活意义的缺失。

案例中，王奶奶对晚年生活的价值和意义产生怀疑，在社会交往方面显得消极，也不愿意参加公共活动。

2. 家庭生命周期理论的核心观点是：家庭像人一样有一个成长、发展的自然变化过程。家庭生命周期理论强调家庭成员的互动交流关系以及需要会随着家庭的发展在不同阶段呈现出不同的特征，每一家庭发展阶段都有不同的任务和要求需要家庭成员去面对，使家庭成员感受到一定的压力。

（1）根据家庭成员之间的互动关系和面临的任务，可以把家庭生命周期分为 8 个阶段：家庭组成阶段、学龄前子女家庭阶段、学龄子女家庭阶段、青少年家庭阶段、子女独立家庭阶段、家庭调整阶段、中年夫妇家庭阶段以及老年人家庭阶段。根据案例中王奶奶家庭成员的互动交流关系，可知该家庭正处于老年人家庭阶段。

（2）王奶奶家庭面临的主要任务

案例中，王奶奶不知道如何与儿子儿媳沟通、孙女经常与她发生争执，年龄的增长、身体变差、觉得自己晚年生活没有意思，其面临的老年人家庭阶段的主要任务有：

①学习与成年子女沟通。案例中，王奶奶的儿子儿媳已经成家立业，他们应该承担其应有的家庭责任。面对其在家庭责任方面的不积极作为，王奶奶需要沟通，找到解决的办法。

②学习与孙女交流。王奶奶需要了解孙女一辈的观念和生活方式，学会用新方法教育，用平等、包容的方式进行沟通。

③学习应对衰老带来的困难。案例中，王奶奶因年老体衰导致部分问题，她需要在认清现实的基础上不断学习，找到应对困难的方法。

④维持晚年生活的尊严、意义和独立。案例中王奶奶需要通过人生回顾等方法，重构晚年生活的价值和意义，保持对美好生活的信心。

案例二

某社会工作服务机构承接的“城市低保家庭就业促进”项目结束后，该社会工作服务机构安排评估人员运用程序逻辑模式对项目进行成效评估。

评估人员通过查阅服务档案了解到，社会工作者为了让服务对象更积极地面对就业，举办了 4 次政策宣传活动，开展了 2 个“自力更生”就业促进小组；为协助屡次求职失败的服务对象认识就业形势和自身的优势与不足，完成了 5 个个案辅导；为提高服务对象就业能力，组织 60 名就业竞争力较弱的服务对象参加了技能培训；为增加服务对象就业机会，联系了一些企业提供就业岗位。

评估人员还对该项目采用的理论框架、处境分析的结果、影响项目推进的外在环境因素进行了评估。［2019 年真题］

问题：

1. 该社会工作服务机构在本项目中为低保家庭提供了哪些方面的就业救助服务？

2. 该社会工作服务机构的评估人员运用程序逻辑模式对本项目开展成效评估时，还需要评估哪些要素？

【参考答案】

1.（1）就业救助中的服务内容主要包括：

①转变就业观念。为了促进救助对象积极就业，社会工作者要帮助他们转变就业观念，

积极参与就业培训，获取就业信息，通过就业改变生活状态。

②自我认知调整。社会工作者要协助救助对象认真分析就业形势和自身优势不足，调整自己的认知和心态，以更加务实和乐观的心态积极就业。

③职业技能培训。社会工作者要帮助就业救助的申请者按照当地公共服务机构免费提供的就业岗位、职业介绍、职业指导等信息积极参与就业培训。

④连接就业资源。社会工作者应积极为社区困难群体寻找就业信息，协调就业资源，争取培训机会，向社会用人单位积极推荐，维护困难群众的就业权益。

(2)社会工作服务机构在本项目中为低保家庭提供的就业救助服务包括：

①转变就业观念。为了让服务对象更加积极地面对就业，帮助服务对象获取就业信息，以及通过就业改变目前的生活状态，社会工作者举办了4次政策宣传活动和开展了2个“自力更生”就业促进小组。

②自我认知调整。为协助屡次求职失败的服务对象认识就业形势和自身的优势与不足，调整认知和心态，以更加务实和乐观的心态积极就业，社会工作者完成了5个个案辅导。

③职业技能培训。为提高服务对象就业能力，帮助他们掌握一定的就业知识和礼仪，以及提高自己的素质和就业竞争力，社会工作者组织了60名就业竞争力较弱的服务对象参加了职业技能培训。

④连接就业资源。为增加服务对象的就业机会，协助其了解市场劳动力的现状以及就业形势，社会工作者联系了一些企业提供就业岗位，这样既能增加困难群体的收入，也可以提升他们的自信力。

2. (1)社会工作服务成效评估的程序逻辑模式主要包含七个环节：资源投入、活动/服务、服务成效、处境分析、假设/理论基础、外在环境、逻辑联系。

(2)该社会工作服务机构的评估人员运用程序逻辑模式对本项目开展成效评估时，对项目采用的理论框架、处境分析的结果以及影响项目推进的外在环境因素进行了评估，还需要评估的要素包括：资源投入、活动/服务、服务成效和逻辑联系。

①资源投入。在服务或活动中所投入的资源，包括时间、人力、财力、活动物资和设备等，这些将有助于服务或活动的开展。

②活动/服务。向服务对象提供的活动和服务，而这些活动和服务数量的多少关乎最终想达到的成效。

③服务成效。活动和服务为个人、家庭、组群、社区、机构带来的益处和转变，甚至是一些较长远的影响。其中所产生的转变可分为长、中、短期的成效，而这些成效所带来的转变可以是增长或减少的。

④各部分的逻辑联系。要求整个服务项目必须“成效为本，逻辑为导向”“有根有据，环环紧扣”。

案例三

某社会工作机构计划为街道辖区内的低保家庭提供社会救助服务，社会工作者在调查中发现，有的家庭在遭受意外后没有得到及时有效的救助，因而陷入困境；有的长期病患者家庭缺乏健康保障，引发很多情绪问题；有的家庭怕被人看不起，不敢与邻里交往，不愿参加社区活动；有的家庭能力不足，对未来没有信心；有的家庭想为社区做点贡献，实现自我价值。

针对低保家庭问题复杂多样的特点，社会工作者决定开展个案管理服务，在重点分析了服务对象的个人能力和支持网络状况后，社会工作者协助低保家庭了解本街道及周边地区各类服务资源分布情况，并将这些资源与他们有机对接；为陷入情绪危机的服务对象提供临床干预；为失能的服务对象持续开展身心健康和长期照顾等综合性服务；为有多重问题的家庭开展转介和跨领域的服务，同时，注重维护服务对象的尊严，协助服务对象提升参与服务和运用资源的能力。[2015年真题]

问题：

1．列出本案例中低保家庭的主要需求。

2．本案例中的社会工作服务体现了个案管理的哪些特点?

【参考答案】

1．马斯洛的需求理论认为，人类的需求从低到高分成生理需求、安全需求、社交需求、尊重需求和自我实现需求五个层面。在本案例中，低保家庭的需求在以下五个层面上均有体现。

(1)生理需求。这是救助对象最基本、最迫切的需求。低保家庭遭受意外后，其衣食住行等部分生理需求需要靠政府或社会给予帮助，如果没有得到及时有效的救助，生活将陷入困境。

(2)安全需求。主要包括救助对象的人身安全、健康保障、财产安全等方面的需求。长期病患者家庭缺乏健康保障，存在情绪问题，需要医疗救助确保服务对象的健康。

(3)社交需求。这是救助对象爱和归属感的情感需求。低保家庭不愿参加社区活动，缺乏与邻里的交往，会使处于困境的个人和家庭更加孤独和无助。满足其社交需求，能支持处于困窘中的个人和家庭获得自信和力量。

(4)尊重需求。尊重需求的满足可以让人充满自信，信任他人和社会。低保家庭因为能力不足，对未来没有信心，需要给予外部社会环境的尊重和认可，来体现出自身的价值和意义。

(5)自我实现需求。自我实现需求是指要进一步的发挥潜能，追求更高的人生境界的高层次需求。有的低保家庭想为社区做贡献，实现自我价值，因为客观条件的限制，处于弱势地位的低保家庭的自我实现，需要社会充分的重视、理解和支持。

2．个案管理作为一种社会服务传输方式应用日益广泛。个案管理是一种提供服务的方法，它是由专业社会工作者评估服务对象及其家庭的需求，并安排、协调、监督、评估和倡导一套包含多种项目的服务，以满足特定服务对象的复杂需求。本案例体现的个案管理的特点有以下几个方面：

(1)个案管理是一个过程，建立在服务对象和社会工作者信任的关系基础之上。本案例中，社会工作者对低保家庭的协助与服务都是建立在双方信任基础上。

(2)运用社会工作"人在情境中"的知识，协助陷于困难之中的低保家庭。社会工作者重点分析了低保家庭所处的"情境"，即家庭中的个人能力和支持网络状况，这体现个案管理中对"情境"的重视与利用。

(3)个案管理的服务对象遭遇多重问题，因而其主要目标在于确保对复杂、具有多重问题以及失能的服务对象提供持续性的照顾。本案例中社会工作者为面临多重困境的服务对象持续开展身心健康和长期照顾等综合性服务。

(4)通过临床上的干预来减缓因为疾病和失能带来的情绪问题。本案例中，社会工作者为陷入情绪危机的服务对象提供了临床干预。

(5)注重运用社会工作的转介和倡导技巧，是一种跨领域的服务传输方法。本案例中，社会工作者为有多重问题的家庭开展转介和跨领域的服务。

(6)所服务的目标人群需要各种社区服务或长期照顾服务，如经济、健康、医疗、社会和个人照顾等需求。本案例中，作为目标人群的低保家庭问题复杂多样，需要各种社区服务。

(7)需要对服务对象的功能性能力和支持网络加以评估，作为提供服务的依据。本案例中社会工作者协助低保家庭了解本街道及周边地区各类服务资源分布情况，并将这些资源与他们有机对接。

(8)肯定服务对象自决、个人价值和尊严，以及参与决策的社会工作价值观。本案例中，社会工作者注重维护服务对象的尊严，协助服务对象提升参与服务和运用资源的能力。

案例四

某地区经济社会发展相对滞后，领取城市最低生活保障金的家庭较多。最近社会工作者发现“等、靠、要”的思想在该地区开始蔓延，申请享受低保待遇的家庭有所增长，甚至出现有的家庭两代都申请的现象，社会工作者在该地区了解到，有人觉得自己学历低、没技术，找不到工作；有人反映周边虽有一些工作岗位，但不理想；还有人认为，如果外出工作，路远、待遇低，还不如待在家。[2014 年真题]

问题：

1. 分析该地区申请享受低保待遇家庭数量较多的原因。

2. 从提升服务对象能力的角度，社会工作者可以开展哪些方面的服务？

【参考答案】

1. 经分析认为，该地区申请享受低保待遇家庭数量较多的原因主要有以下几点：

(1)个人因素。贫困的产生是与社会成员个人的素质相关的。社会工作者在该地区了解到，有人觉得自己学历低、没技术，找不到工作，说明社区中一些人的贫困可能是因为文化素质和工作能力比较低造成的。有人认为，如果外出工作，路远、待遇低，还不如待在家。同时，社会工作者发现“等、靠、要”的思想在该地区开始蔓延。这说明个人的不当认知也可能造成贫困。

(2)社会因素。社会结构和社会制度的不合理也可能造成居民的贫困。案例中提到该地区经济社会发展相对滞后，造成了地区整体经济水平不高的局面，同时，有人反映周边虽有一些工作岗位，但不理想。这说明该地区能为居民提供的岗位较少，也可能造成居民的贫困。

(3)文化因素。案例中提到最近社会工作者发现“等、靠、要”的思想在该地区开始蔓延，说明该地区出现了贫困文化。贫困文化在贫困群体之间通过交往而得到加强，形成贫困文化的代际传递，这也可能是出现有的家庭两代都申请低保的原因。

(4)环境因素。“等、靠、要”这种不良的思想观念在该地区蔓延，形成交叉影响，这也有可能是领取城市最低生活保障金的家庭增多的原因。

2. 从提升服务对象能力的角度来看，社会工作者要运用增能理论和优势视角理论。这意味着社会工作者所做的一切都要立足于发现、寻求、探索和利用服务对象的优势及资源，协助其达到目标，实现梦想，并勇敢地面对其生活中的挫折和不幸。社会救助的服务对象大多是社会的弱势群体，没有权力，缺少资源，充满无力感。社会工作者需要创造机会，提升服务对象的能力，赋予其自我改变贫困状况的权力。因此，针对该地区居民存在的问题与需要，从提升服务对象能力的角度入手，社会工作者可以开展以下服务：

(1)改变当地居民的错误认知。社会工作者要协助救助对象了解市场劳动力的现状以及就业形势，避免他们产生不恰当的就业期望，鼓励申请者积极接受新岗位，勇于面对新挑战，促使他们树立正确的择业观和劳动致富价值观。

(2)增强当地居民的就业信心。社会工作者要协助救助对象认真分析就业形势和居民自身的优势与不足，调整居民的认知和心态，以更务实和乐观的心态积极就业。可选取一些成功案例来树立榜样，使他们体会到就业的可行性以及好处。

(3)提升当地居民的职业技能。社会工作者要帮助就业救助的申请者按照当地公共服务机构提供的就业岗位、职业介绍、职业指导等信息积极参与就业培训，使其掌握一定的就业知识和礼仪，提高劳动素质和就业竞争力。

(4)改善当地居民的求职环境。联结地区内外企业资源，为他们提供更多的就业机会和良好的就业环境。同时，针对困难群众工作技能和知识水平较低的现实情况，社会工作者应当在当地劳动就业管理部门的帮助下，在社区努力开发保洁、保安、绿化、家政服务、日常维修等公益岗位，促进社区就业。

案例五

城市居民张某的前妻病故，留有一子，现在的妻子李某是来自外地某村的“外来媳”，没有当地城市户籍。半年前，张某失业，被查出患有癌症，几轮治疗已花光家中积蓄，全家人为筹措治疗费用犯愁。张某的儿子刚考上初中。

目前，家庭重担全落在了李某一人肩上，她不仅要照顾卧床的丈夫，还要赚钱养家，由于缺乏相应的工作技能，李某一直找不到正式的工作，只能打零工，收入不高且不稳定，全家人均收入低于当地最低生活保障线。李某感到压力很大，一直渴望有人帮忙，但是她在当地没有亲戚，如今刚嫁过来，不会讲当地方言，也没有朋友可以倾诉，有的邻居认为她是外地人，不愿与她多交往，李某感到很难受，因此也较少参加社区活动。

社会工作者在调查时发现，张某所在的社区比较贫困，“外来媳”占很大的比例，其中很多人都有不同程度的困难，需要帮助。[2010年真题]

问题：

1. 根据社会救助政策，张某一家可以申请哪些救助?

2. 除物质救助外，社会工作者针对李某的现状应着重提供哪些服务?

3. 在社区工作层面，社会工作者应组织哪些活动以促进“外来媳”群体与邻里，社区的互动融合?

【参考答案】

1. 根据我国社会救助政策，张某一家可以申请的救助有：

(1)最低生活保障。因为张某的身份是“城市居民”，并且张某全家人均收入低于当地最低生活保障线，张某一家可以申请城市最低生活保障。

(2)医疗救助。因为张某是癌症患者，负担不起医疗费用，所以张某可以申请医疗救助。

(3)教育救助。张某的儿子刚考上初中，由于家庭贫困，所以张某一家可以申请教育救助。

2. 除物质救助外，针对李某的现状，社会工作者应着重提供以下服务：

(1)为李某提供心理辅导和支持，做李某倾诉的对象，缓解其心理压力，并教授其相应的舒缓压力的方法，鼓励李某树立积极的生活态度。

(2)由于李某找不到正式的工作，家庭收入不高且不稳定，所以社会工作者应该尽快帮助其解决就业问题。积极的为她寻找就业信息，向社会用人单位积极推荐李某。

(3)由于李某缺乏相应的工作技能，所以社会工作者应该为其提供培训机会，在社区开发一些专业技能要求较低的工作，比如保洁、家政服务等。帮助李某在社区实习，不仅有利于社区服务，还能增加李某的收入，并且有助于增强她与社区居民、邻里的沟通。

(4)李某是“外来媳”，不会当地方言，造成她与别人交流、沟通不便。所以，社会工作者还应该整合社会资源，发挥社区优势，建立邻里支持的网络。扩大李某的社会交往范围，修复她的社会关系。

3. 在社区层面，社会工作的救助活动主要有两个方面的内容：

(1)物质救助与能力发展并重。社区是社会救助的主要平台，是困难群体主要生活和赖以生存的场所。

①社区应该组织社区群众向困难群体提供物质帮助，给予李某一定的资金和物质帮助以及一些服务支援；

②在社区内为李某寻找合适的工作机会，这样既能增加李某的经济收入，又能增加她跟社区邻里的交流机会，促进她与社区的互动融合。

(2)整合社会资源，动员社会力量。

①建立邻里支持的网络。类似李某这样的“外来媳”，大多社会交往范围较小，人际圈子同质性高。因此，社会工作者在实施社会救助时，要积极地将她们组织起来，自助与互助相结合。同时，可以使她们与其他邻里一对一地结对为互助小组，为她们修复社会关系，帮助其建立社会支持网络。

②整合社区单位的资源。在社区层面，共驻共建、资源共享。社会工作者要善于联系各个单位，注重发掘资源。为这些“外来媳”挖掘就业信息，号召单位对她们进行资金投入或物质支持等。充分调动社区单位和企业的社会责任感，为李某她们的生活改善创造条件，并促使她们积极地与社区其他群众交流、沟通。

③联合社会组织的力量。现在，社区层面的组织越来越多，有居民自治组织、非政府组织等。如果社会工作者能够充分利用这些组织资源，就能够为社区困难群体争取到更多的救助机会，也能大大增加李某这样的“外来媳”的归属感。

案例六

一个月前，某村庄的赵某夫妻俩开着三轮车一同去贩卖大米。在回家途中，由于路面崎岖狭窄，而车灯又意外地出了故障，赵某不小心将三轮车开入路旁的沟中，导致夫妻俩当场身亡。赵某的女儿赵慧萍才10岁，她没想到一夜之间便失去了父母，成了无依无靠的孤儿。赵慧萍无法接受父母意外去世的巨大不幸，整日以泪洗面，天天一个人呆着，学也不上了，不和任何人说话。邻居们看她可怜，帮她解决吃穿问题，但不知道该怎么安慰她才好。后来，邻居向民政局的社会工作者求助。

问题：

1. 赵慧萍是否可以享受“特困人员”供养待遇？其依据是什么？

2. “特困人员”供养的内容有哪些？

3. 社会工作者应如何帮助赵慧萍走出困境？

【参考答案】

1. 赵慧萍可以享受“特困人员”供养待遇。国家对无劳动能力、无生活来源且无法定赡养、抚养、扶养义务人，或者其法定赡养、抚养、扶养义务人无赡养、抚养、扶养能力的老年人、残疾人以及未满16周岁的未成年人，给予特困人员供养。各地依据《农村五保供养工作条例》开展的农村五保供养工作属于特困人员供养范畴。赵慧萍今年10岁，她失去了父母、无劳动能力、无生活来源、又没有法定抚养义务人，符合上述规定的条件，有权享受农村“特困人员”供养待遇。

2. 特困人员供养的主要内容包括：

(1)提供基本生活条件；

(2)提供日常生活照料；

(3)提供疾病治疗；

(4)办理丧葬事宜。

此外，国家对在义务教育阶段就学的最低生活保障家庭成员、特困供养人员，给予教育救助；对在高中教育(含中等职业教育)、普通高等教育阶段就学的最低生活保障家庭成员、特困供养人员，以及不能入学接受义务教育的残疾儿童，根据实际情况给予适当教育救助。

3. 为帮助赵慧萍走出困境，社会工作者可以为其提供以下服务：

(1)对赵慧萍进行心理辅导，帮助其释放悲伤情绪，了解其内心的真实想法；

(2)对赵慧萍进行个案辅导，帮助其树立自强的信念，努力接受父母已去世的现实，勇敢地生活下去；

(3)为赵慧萍解决生活问题与学业问题，协助其申请“特困人员”供养，并为其办理相关事宜；

(4)为赵慧萍建立社会支持网络，号召赵慧萍所在学校的老师、同学以及赵慧萍所在村庄的村委会及街坊邻里多关心赵慧萍，使赵慧萍能感受到温暖；

(5)定期对赵慧萍进行随访，及时解决日后出现的各种困难，帮助其顺利成长。

案例七

小楠，某沿海城市人，今年10岁，生活在一个幸福的家庭。但是去年一场突如其来的车祸夺去了小楠父母的生命，小楠从此成了孤儿，只能跟着奶奶一起生活。奶奶每月领取一定的养老金，经济条件也不好，而且奶奶年纪已大，平时还要看病、吃药。现在，小楠的生活、学习都成了问题。

问题：

1. 上述案例中，小楠面临的困境主要有哪些？

2. 针对小楠目前的困境，社会工作者应采取哪些介入策略？

【参考答案】

1. 上述案例中，小楠面临的困境主要如下：

(1)生活问题

小楠年龄尚小，因父母去世而跟奶奶一起生活。但是，奶奶年纪已大，平时还要看病、吃药，自己尚需要人照料，更谈不上细心照顾小楠了。因此，小楠的家庭教育、生活照料以及学业等方面都存在问题。

(2)经济问题

父母的去世使家庭的经济来源中断，小楠与奶奶两个人仅靠一点养老金生活，再加上奶奶的医疗费，家庭经济非常拮据。

(3)教育问题

因为家庭经济拮据，小楠可能无法支付自己受教育的相关费用，能否继续学习成为一个非常大的问题。

(4)心理问题

双亲的去世给小楠带来了巨大的心理创伤，奶奶又照顾不好小楠，小楠感受不到关爱和家庭的温暖，心里很悲伤。

2. 针对小楠目前的困境，社区工作者可采取以下介入策略：

(1)联系社会救助机构对小楠一家进行救助

小楠的家庭经济状况非常困难，社会工作者首先需要联系相关救助机构对小楠一家进行救助，申请最低生活保障金，以维持基本的生存需要。

(2)联系小楠所在的学校，帮助小楠申请减免有关学杂费用

小楠家困难的经济状况对他继续学习造成了很大的障碍，社会工作者应联系小楠所在的学校，帮助小楠申请减免学杂费用或申请学校补助。

(3)对小楠进行心理疏导，增强小楠对生活的信心

小楠因父母意外身亡，心灵受到重创，需要社会工作者给予心理疏导，帮助他宣泄感情。同时，小楠的生活、教育、成长等诸多方面都失去了最主要的依靠，情绪低落，未来的生活困难重重，需要社会工作者帮助其增强对生活的信心。

(4)联系社会其他机构团体对小楠家庭给予支持

社会工作者可以联系其他机构团体，比如慈善基金会、相关民间组织等，争取帮助小楠一家获得经济援助和教育支持。

(5)联系志愿者或者社会服务机构对小楠的奶奶进行照顾

小楠的奶奶年事已高，且多病，需要人照顾。而小楠才10岁，缺少照顾他人的能力，同时还需要接受教育，无法照顾奶奶。社会工作者可以联系志愿者或者相关社会服务机构对小楠的奶奶进行照顾。

(6)为小楠和奶奶构建社会支持网络

联系小楠所在学校的老师、同学以及小楠所在社区的居委会和街坊邻里，请他们多关心小楠，帮助小楠和奶奶，使小楠和奶奶感受到温暖。

案例八

刘奶奶一家是村里的困难户，家里有三口人：刘奶奶、已离婚的女儿和6岁的外孙女。刘奶奶平常可以做些家务活，而家里的两亩地则主要靠女儿李梅操持，家庭收入主要靠农业。农忙时，好心的邻居会帮帮李梅。由于婚姻失败的阴影，李梅拒绝再谈婚论嫁，一个人咬牙挑起了养家糊口的重任。为了增加收入，李梅还搞起了一亩大棚蔬菜。哪知一场暴风雪，把大棚都压坏了，另外一亩麦子还冻死了一大半，所有的劳动和投入都付诸东流，李梅开始灰心丧气，再想想自己婚姻的不幸，觉得自己命苦。就在这时，乡里的社会工作者了解到她家的情况，决定为她家提供服务。

问题：

1. 上述案例中，案主李梅面临的困境主要有哪些？

2. 针对案主李梅的困境，社会工作者可以采取哪些介入策略？

【参考答案】

1. 上述案例中，案主李梅面临的困境主要有：

(1)因婚姻及创业失败而产生的心理情绪问题

李梅把暴风雪压坏大棚、冻死麦子的自然灾害以及婚姻的不幸都归因于自己的命苦，没有客观看待自然灾害和现实生活。

(2)家庭生活困难

李梅一家是村里的困难户，刘奶奶和6岁的女儿都需要照顾，农活也需要人帮忙，李梅一人挑起家庭重担，生活困难，压力很大。

2. 针对案主李梅的困境，社会工作者可采取以下介入策略：

(1)为李梅提供认知辅导，帮助李梅客观看待自然灾害和婚姻的失败，鼓励李梅端正生活的态度，重新审视婚姻经历，树立正确的婚姻观。

(2)为李梅提供心理辅导和疏导，帮助其舒缓情绪，学会放松压力和进行自我调节。

(3)为李梅一家提供生活帮助，保障其基本的生活。

(4)为李梅家提供种子、化肥、农药、大棚材料等物资；邀请大棚专家到村里指导村民包括李梅种植大棚蔬菜；组织村中的群众，帮助李梅家恢复生产，渡过难关。

二、方案设计题(根据题目的要求，设计出环节完整、严密、可行性强的服务方案)

案例一

王福田，男，72岁，合肥市某社区人，没有退休工资，其老伴已去世五六年，儿子王俊修，50岁，与媳妇靠开书店为生，一家人生活还不错。不料，一天晚上，儿子在书店守夜，几个歹徒闯进来，抢走了儿子半年卖书的收入，还捅了儿子几刀，导致儿子手臂、胸部、腿部多处受伤。经过医生的竭力抢救，总算保住了儿子的性命，但是，由于伤到了神经，儿子的大腿不听使唤，成了残疾人。为了给儿子治伤，王福田把书店卖了，付完医药费，家中的积蓄所剩无几。更糟的是，其儿媳不愿和一个残疾人一起生活，丢下3岁的女儿远走他乡。王俊修感到生活没意义，甚至产生了自杀的念头。

要求：

假如你是一名社会工作者，请你针对王福田一家的状况，拟订一份服务方案。

【参考答案】

(1)问题的陈述与分析

案例中，因歹徒抢劫，使得原本幸福、安稳的王福田一家发生巨大变故：儿子王俊修成为残疾人；儿媳远走他乡；年幼的孙女没人照顾；家庭生活贫困；儿子产生自杀念头。由此可以看出，王福田一家面临的困境主要有以下三个方面：

①一家人的生活保障问题，因为歹徒的抢劫，其半年多的收入被抢走，为了给儿子治伤卖了书店，并且付完医药费后家中的积蓄所剩无几，一家人生活陷入了困境；

②儿子王俊修的康复、自立和接受现实问题，因为歹徒的抢劫导致其儿子重伤，需要进行康复治疗，由于儿子重伤且儿媳丢下他们远走他乡，儿子觉得生活没意义，所以儿子存在接受现实的问题；

③孙女的抚养和照顾问题，歹徒抢走半年的卖书的收入，将儿子捅伤，给儿子治完伤后，家中积蓄所剩无几，生活陷入了困境，而且儿子也成为残疾人，儿媳丢下3岁的女儿远走他乡，因此孙女的抚养和照顾成了问题。

(2)方案设计

根据上述分析，社会工作者设计的服务方案如下：

①方案目标

a. 帮助王俊修面对现实，重新树立起生活的信心；

b. 提供最低生活保障救助；

c. 为王俊修提供职业技能培训和就业机会，帮助其寻找到合适的工作。

②方案实施策略

a. 为王俊修提供心理辅导，帮助王俊修面对自己残疾、失去工作、妻子远走他乡的巨大打击，宣泄其内心情绪，学着接受现实，在心理上渡过难关，防止其自暴自弃和轻生；

b. 依据相关政策，协助王俊修申请最低生活保障，以暂时保障王俊修一家的日常生活；

c. 帮助王俊修建立社会支持网络，联系残联、残疾人互助小组、残疾人康复机构等，为王俊修提供康复治疗和训练；

d. 为王俊修提供残疾人就业政策咨询和职业技能培训的机会，帮助其联系就业单位，顺利就业；

e. 帮助王俊修的女儿寻找幼儿园，建议王俊修学习照顾和教育孩子的知识和技巧；

f. 联系社区照顾机构，为王俊修的父亲王福田提供日间照料。

③方案执行

主要包括提供救助服务、调动社区资源、监督服务执行进度、危机处理等。

④方案评估

包括王福田和王俊修对服务的满意度、方案执行情况和服务效果的评估等。

案例二

随着高校毕业生的增加，新增就业岗位的限制，再加上经济危机的影响，一些大学生在毕业时很难找到合适的工作。而贫困大学生在就业方面更不占优势，不仅要考虑找工作的成本，还缺乏信心以及相关就业信息，于是出现了很多毕业即失业的情况。

要求：

假设你是一名学校社会工作者，请针对贫困大学生的情况，拟订一份社区服务方案。

【参考答案】

(1)问题的陈述与分析

上述案例中，贫困大学生在毕业求职时面对的困境主要有：

①贫困大学生在就业市场中会面临资金不足的问题，其就业及创业的选择会受到很大的限制，只能就近选择；

②贫困大学生由于缺少资金，相关网络资源、报纸信息、招聘会信息等无法充分利用，导致就业信息不灵通；

③贫困大学生通常缺乏自信心和相关职业技能，找不到合适的工作岗位。

(2)方案设计

根据上述情况，社会工作者拟订的社区服务方案的内容如下：

①方案目标

帮助贫困大学生减少就业成本，增强就业信心，提高职业技能。

②方案实施策略

a. 与学校及有关部门沟通协商，争取校内资源和社会资源，帮助贫困大学生减少就业成本。

b. 提供免费网络资源、设立就业信息专栏，及时更新，为贫困大学生提供全方位的就业信息。

c. 通过整合资源，联系相关用人单位及政府部门等，为贫困大学生提供就业专场；或者可以采用推荐等形式，让用人单位在同等条件下优先录用贫困大学生。

d. 邀请专家开设就业相关讲座，通过小组和个案的形式，对贫困大学生开展心理疏导，寻求朋辈支持，共同分享经验，增强他们求职的自信心以及面对挫折不屈不挠的决心和勇气。

e. 结合贫困大学生的实际情况和市场需要，为贫困大学生开展有针对性的就业辅导和职业培训，提高他们的职业技能，增强他们的就业竞争力。

③方案执行

主要包括提供咨询及救助服务、整合社区资源、联系服务机构、监督执行进度等。

④方案评估

包括学校及贫困大学生对服务的满意度、方案执行情况及效果的评估等。

案例三

某城市遭受了百年不遇的大风冰雹，致使很多社区停水、停电、停气，外出购买生活必需品也很困难，居民正常的生活需要得不到保障，大家都非常恐慌、焦虑。

要求：

假如你是一位社会工作者，请针对这一情况，拟订一份社区服务方案。

【参考答案】

(1)问题的陈述及分析

上述案例中，受灾居民面临的问题主要有：

①居民的生活问题。百年不遇的大风冰雹导致某城市很多社区的居民不能用水、用电、用气，外出购买生活必需品也很困难，基本生活失去了保障。

②居民的心理问题。因大风冰雹带来的恐慌和焦虑等使得受灾居民有沉重的心理压力。

(2)方案设计

根据上述情况，社会工作者拟订的社区服务方案的内容如下：

①方案目标

保障居民基本生活需要，缓解居民的心理和情绪问题。

②方案实施策略

a. 组织受灾严重地区的居民转移至安全地带；

b. 协助政府部门，筹集应急生活物资，组织开展生活物资发放，保障灾民的基本生活；

c. 采取措施，维修水、电、气管道，清除大风冰雹所造成的故障，使灾民保持情绪稳定，维持正常的社会秩序；

d. 对灾民进行心理疏导，安定其焦躁情绪，充分发挥受灾群众的主动性，发挥他们自救的意识和能力。

③方案执行

主要包括提供服务、整合社区资源、联系服务机构、监督执行进度等。

④方案评估

包括居民对服务的满意度、方案执行情况及效果评估等。

案例四

近年来，城市火车站周围出现了很多乞讨者。在这些乞讨者中，一些是为生活所迫而成为乞讨者的，另一些则是“职业”乞讨者，靠骗钱为生，整天在火车站周围晃悠，他们有的还组成团体，集体骗钱。这些乞讨者聚集在火车站周围，对整个城市的形象造成了非常恶劣的影响。

要求：

假如你是一位社会工作者，请针对这一情况，拟订一份服务方案。

【参考答案】

(1)问题的陈述与分析

上述案例中，城市火车站附近的乞讨者面临的困境主要有：

①部分乞讨者由于为生活所迫，其基本生活需求得不到满足，而成为单纯的乞讨者；

②部分乞讨者认知偏差，有一定的工作能力，但好吃懒做走上乞讨这条道路，靠“骗钱”为生。

(2)方案设计

根据上述情况，社会工作者拟订的服务方案内容包括：

①方案目标

对乞讨者进行社会救助，并进行思想和行为上的矫正。

②方案实施策略

a. 联系救助站等相关机构开展服务

因为某些流浪乞讨者不了解或不愿意主动到服务机构寻求帮助。所以，社会工作者应当主动走出机构，去接触他们，然后联系救助站等相关机构派专车到火车站，将乞讨者安排到救助站进行救助。

b. 对乞讨者提供心理咨询服务，矫正其思想和行为

流浪乞讨人员由于长期在比较恶劣的自然和社会环境中生活，接触的是社会上形形色色的人，常常要面对人们的蔑视和冷遇，过的是颠沛流离、有上顿没下顿的生活，不免会出现一些与主流社会价值相冲突，以及与主流社会生活方式不协调的思想和行为。他们的思想和行为对其回归社会过正常生活会产生阻碍，必须予以矫正。社会工作者在流浪乞讨人员救助领域的主要工作职责之一，就是对他们提供心理咨询服务，运用专业方法促使其改变偏差思想和行为。

c. 开展相关的教育和职业技能培训

开展教育和职业技能培训是通过对受救助的流浪乞讨人员的思想教育和正面引导，消除不良社会影响，提高其适应社会的能力，增强其依靠自身技能、通过正常途径谋生的能力。

d. 规劝乞讨者回归原居住地

社会工作者可以联系乞讨者原居住地的社会救助部门及其家属，规劝乞讨者回归原居住地，协助其获得家庭的支持和帮助。

③方案执行

主要包括提供救助服务、整合社区资源、联系服务机构、监督执行进度等。

④方案评估

包括案主对服务的满意度、方案执行情况及效果评估等。

第十一章　家庭社会工作

一、案例分析题（应试人员需对提供的案例背景材料进行全面深入的分析，并按要求作答）

案例一

督导老张对助理社会工作师小李开展个别督导，以下对话节选自督导过程记录：

老张："小李，上次督导时我们谈了计划对王女士夫妇开展家庭社会工作服务，目前进展得怎么样？"

小李："我给他们打电话约定了第一次会谈的时间和地点，做好了会谈准备，初次会谈时，我首先介绍了自己和咱们社会工作站的基本情况，接着初步评估了他们的问题，感觉他们挺信任我的，我在介入前还需要做哪些工作呢？"

老张："听起来你已经完成了不少任务，在介入前确实还有一些工作需要开展，具体包括……除此之外，你觉得还有什么地方需要改进呢？"

小李："噢，怪不得我总觉得少做了点什么，我在评估时主要听了王女士的讲述，这样是不是不够呢？"

老张："确实不够，我们也要聆听其他家庭成员的讲述，还要观察王女士夫妇之间的交流，以及他们与周围环境的互动等，这样才能够更准确地把握他们的真实问题和需要，我们要认识到每个家庭都是独特的，应从服务对象的现实处境出发。此外，我们既要关注服务对象当前的需要，又要关注长远的要求……"

小李："好的，我会注意这些原则。我请教了很多同事，准备制定服务计划，对于服务，您还有什么提醒吗？"

老张："你做了这些功课很好，不过要注意鼓励王女士夫妇参与到解决问题的过程中来。"［2022 年真题］

问题：

1. 按照家庭社会工作的实施步骤，小李在介入阶段前已完成哪些任务？还应完成哪些任务？

2. 分析说明老张的建议体现了家庭社会工作的哪些基本原则？

【参考答案】

1.（1）家庭社会工作服务活动开展的进程通常经历 4 个阶段：接触阶段、开始阶段、介入阶段和结束阶段。

①接触阶段。接触阶段是社会工作者与受助家庭成员初次见面，评估受助家庭成员需要，并且与受助家庭成员建立初步的信任合作关系的阶段。其主要任务包括：与受助家庭约定初次会谈的时间和安排、为初次会谈做准备以及安排第一次会谈等。根据案例，小李给他们打电话约定了第一次会谈的时间和地点，做好了会谈准备。可见小李完成了接触阶段的任务。

②开始阶段。开始阶段是社会工作者正式开始与受助家庭开展服务介入活动的阶段，除了与受助家庭建立稳定、信任的合作关系之外，同时还需要与受助家庭成员一起制定服务介入的目标和基本安排。在开始阶段，社会工作者的主要任务包括：与受助家庭成员建立稳定的合作关系；全面评估受助家庭成员的问题；明确服务介入的目标和基本要求。初

次会谈时，小李首先介绍了自己和社会工作站的基本情况，接着初步评估了他们的问题。可知小李在介入阶段前完成了与受助家庭约定初次会谈的时间和安排、为初次会谈做准备以及安排第一次会谈等，即完成了开始阶段的部分任务：与受助家庭成员建立稳定的合作关系（感觉他们挺信任我的）；初步评估了他们的问题。

（2）小李还需完成的任务有：全面评估受助家庭成员的问题，明确服务介入的目标和基本要求，运用专业的方法和技巧影响受助家庭成员，协助家庭成员解决面临的问题。

2. 家庭社会工作的基本原则主要包括：家庭处境化原则、帮助家庭成员增能原则、家庭个别化原则、满足家庭成员需要原则。这些基本原则为家庭社会工作的设计和执行提供基本的指导框架，保证社会工作者准确评估家庭成员的需要，发掘家庭成员的能力，实现家庭服务活动的目标。老张的建议体现了家庭社会工作的以下基本原则：

（1）家庭处境化原则

只有建立在家庭自然生活场景中的观察和评估，才能准确把握家庭成员的真实需要，并且提供能够符合实际家庭处境的解决方案。它要求社会工作者在观察和评估家庭成员的需要时，把家庭成员放在家庭的日常生活环境中，观察和了解家庭成员之间以及家庭成员与周围环境之间的互动交流状况，关注家庭成员的日常生活。在案例中，老张建议要聆听其他家庭成员的讲述，还要观察王女士夫妇之间的交流，以及他们与周围环境的互动等，体现了家庭社会工作中的家庭处境化原则假设。

（2）帮助家庭成员增能原则

帮助家庭成员增能原则假设，每个家庭成员都有自己解决困难的能力，有效帮助家庭成员克服困难的方式是增强他们自己克服困难的能力。指出家庭成员的问题并且提供直接的解决方法，这样的解决方式虽然能够克服家庭成员的困难，但并不能增强家庭成员的能力以应对未来生活中的挑战。因此，该原则要求社会工作者在帮助家庭成员解决问题过程中，鼓励家庭成员积极参与问题的解决过程，增强家庭成员自身的能力，提高他们的自信和独立。案例中，老张建议小李应注意鼓励王女士夫妇参与到解决问题的过程中来，体现了家庭社会工作中的帮助家庭成员增能原则。

（3）家庭个别化原则

家庭个别化原则认为，每个家庭都是独特的，都有自己的生活环境和沟通交流的方式，社会工作者只有从受助家庭所处的特殊处境和方式着手，才有可能把握受助家庭成员的真实需要，提供符合受助家庭成员要求的服务。该原则要求社会工作者避免通过裁减受助家庭成员的需要以适合预先安排的服务模式，而要求直接从受助家庭的日常生活处境出发，准确评估受助家庭成员的要求，并且根据受助家庭的实际需要设计服务介入的计划。案例中，老张建议要认识到每个家庭都是独特的，应从服务对象的现实处境出发，体现了家庭社会工作中的家庭个别化原则。

（4）满足家庭成员需要原则

满足家庭成员需要原则是指社会工作者既要关注受助家庭成员的目前需要，也要关注受助家庭成员的长远要求，并且跟随受助家庭成员需要的变化将问题的解决和预防以及发展结合起来。只有将受助家庭成员的问题解决的需要与长远的预防和发展的需要结合起来，才能保证社会工作的服务活动真正满足家庭成员的要求。案例中，老张建议既要关注服务对象当前的需要，又要关注长远的要求，体现了家庭社会工作中的满足家庭成员需要原则。

案例二

某社区一些家庭亲子关系紧张，冲突频发，家长十分焦虑。为此，社会工作者采用“父母效能训练模式”为这些家长开展亲职教育小组，小组共分为六节。以下对话节选自第一节和第六节的小组过程记录。

第一节

社会工作者：“感谢家长A的分享，我们来听其他家长在亲子关系中的问题，请大家畅所欲言。”

家长B：“我跟A一样，我这天天苦口婆心，好言相劝，希望孩子能好好学习，可是她居然说我像唐僧一样，唠唠叨叨。”

家长C：“我儿子更过分，我只数落了他几句，他居然把门一摔，好几天不跟我说话。越这样，我越说！”

家长D：“这是典型的青春期叛逆，讲道理有什么用？我家孩子也是一样，就得打！”

第六节

社会工作者：“咱们的小组快接近尾声了，请各位家长分享一下在小组中的收获吧。”

家长E：“我收获很大，以前与儿子沟通的时候总是缺乏耐心，控制不住自己的情绪，其实与孩子的关系中，我们家长的态度很重要。”

家长C：“是啊，咱们做家长的谁不为孩子好，但也得注意方式方法。要学会向孩子表达自己的感受，别一味指责孩子，也要听听孩子的心声。”

家长D：“而且不能随便给孩子贴上‘叛逆’的标签，这个阶段的孩子渴望独立，咱们做家长的应该给予更多的支持和理解。”

家长A：“我们做家长的要给孩子树立榜样，平时注意交流方式，夫妻之间不能一言不合就吵架。”

家长B：“一句话总结，我觉得我更会做家长了。”［2020年真题］

问题：

1. 运用家庭系统理论，分析案例中亲子关系问题产生的原因。

2. 结合案例说明该亲职教育小组实现了哪些具体目标？

【参考答案】

1. 案例中亲子关系问题产生的原因主要体现为：

（1）家庭成员的问题是整个家庭不良的沟通交流方式导致的。不应把家庭的问题归结为某个或者某些家庭成员导致的，而应把家庭成员的问题放在整个家庭的处境中，理解家庭成员之间的互动交流方式，以及这样的方式如何产生和维持问题的具体过程。

（2）家庭所面临的危机既是机会，也是挑战。一旦某个家庭成员出现“问题”时，不仅这个家庭成员需要调整自己的行为和沟通交流方式，对“问题”作出回应；同时也会影响家庭中的其他成员，要求其他家庭成员作出相应的调整。如果家庭成员能够运用“问题”提供的机会调整相互之间的沟通交流方式，就能为“问题”的解决提供新的机会。

（3）因“问题”而导致的家庭功能失调能够得到有效解决。如果家庭出现了“问题”，通常这些“问题”会被理解成某个或者某些家庭成员导致的，其他家庭成员就会花费很多时间和精力责备那些有“问题”的家庭成员。这样，整个家庭的沟通交流方式就会转向相互指责、相互抱怨的不良循环中。如果社会工作者能够让整个家庭成员看到“问题”与家庭成员沟通交流方式之间的关联，并且设法打断这样的沟通交流方式，让家庭成员从相互责备的互动循环方式中摆脱出来，就能有效解决家庭功能的失调。

2. 该亲职教育小组主要实现了以下具体目标：

（1）协助父母如何有效地扮演好做父母的角色；

（2）协助父母了解孩子成长过程中，身心发展的特征以及发展中的阶段任务与危机。

（3）强化父母与子女之间的沟通技巧与沟通渠道。

（4）改善父母对子女的管教态度。

（5）了解家庭气氛对子女成长的影响。

（6）如何及早发现与辅导子女的异常行为表现。

案例三

社会工作者在社区走访中发现许多中小学生的父母平时因工作繁忙，无暇顾及孩子。但是当孩子出现问题时，父母往往不分青红皂白责骂孩子，孩子觉得很委屈，不再愿意与父母沟通。针对这一情况，社会工作者在社区组织了以“有效沟通”为主题的儿童小组活动。活动进行几节之后，社会工作者发现成效甚微，决定将原来仅为儿童开展的小组工作调整为父母与子女双方都需要参与的亲子沟通平行小组，小组目标更改为增强父母的聆听能力、情绪管理能力；增强子女表达能力、提升自我价值；增进双方理解，改善亲子关系等。［2014 年真题］

问题：

1. 与原小组计划相比，调整后的亲子沟通平行小组有哪些优点？

2. 结合案例完成亲子沟通平行小组主题内容的设计（直接用表 11-1 中字母序号作答即可）。

表 11-1

家长组	子女组
互相认识、订立目标	互相认识、订立目标
A：	学会积极表达
我眼中的孩子	B：
跨组训练：知己知彼	C：
D：	应对批评
E：	自我肯定
反思与分享	反思与分享

【参考答案】

1. 与原小组计划相比，调整后的亲子沟通平行小组有父母的参与，优点颇多，具体如下：

（1）父母的参与对子女学习各种技巧会有很大的帮助。参与活动的父母清楚了解小组活动的内容，也可以成为培训者。在子女学习上，他们可以发挥提醒和鼓励作用，并且协助子女在家完成实践练习。

（2）父母与子女同步进行小组活动，相互配合，共同进步，有利于彼此之间的交流和小组活动目标的达成。

（3）由于父母也参与到小组活动中，子女会感受到父母努力改善关系的意愿。同时，孩子的自信心和人际沟通技巧能够得到很大改善。

（4）父母和子女一起参加亲子平行小组活动，不仅能增进彼此的沟通和交流，也能增强双方处理冲突和解决问题的信心。同时，彼此在服务活动过程中的改变和进步，都会成为对方的鼓励，这有利于改善亲子关系。

2. 结合案例设计亲子沟通平行小组主题内容，具体如下：

A：学会积极聆听。

B：我眼中的父母。

C：跨组训练，知己知彼。

D：管理不良情绪，学习正确的批评方式。

E：发现和肯定(孩子的)闪光点。

案例四

小明：16 岁，高中一年级学生

小明父亲：50 岁，公务员

小明母亲：49 岁，中学教师

小明父母因儿子的问题前来求助。

小明严重厌学，网络游戏成瘾，在学校与同学关系不好，没有什么朋友，和老师之间有严重冲突。

小明的父亲是建设局的副局长，常年在外奔忙。小明从小由母亲带大，母亲将全部心力都用在儿子身上。小明到了初中还和母亲睡一张床，洗澡从不关浴室门。从小到大，母亲什么事也不让小明做，早上甚至给他挤好牙膏才喊他起床。但小明母亲对他的学习要求特别严，从小送他上各种补习班，要求每次考试不得低于 95 分，小明一直做得很好，小学时曾在省奥林匹克数学竞赛中获过奖，但进入初二后成绩却一落千丈。

在社会工作者与家庭的第一次面谈中，小明母亲提到她有几个不明白：一是儿子很聪明。所有教过他的老师都认为他聪明，但他的成绩现在却是全班最差的；二是她把所有心血都用在儿子身上，但儿子对她却越来越恶语相加，有时干脆一连几天不理她，她真不知道自己做错了什么。

小明的父亲则与小明母亲有同样的困惑。看到儿子对母亲那样，他很想管，但儿子根本不听他的，常常回嘴说："小时候你都没管过我，现在凭什么管我？"有时实在看不过，想打儿子，但身高一米七的儿子却和他对打。更糟糕的是他每次一管儿子，妻子就护着，反过来责怪他，关于儿子的问题最后总是演变成一场夫妻间的冲突。

第二次面谈中，小明提到他觉得除了玩游戏，做什么都没意义。从小到大什么事都是母亲帮他决定，上补习班无论怎么不喜欢都得上；学习成绩一旦下降，母亲就给脸色；升初中时非要他考母亲希望他上的那个学校，他一点儿也不喜欢。长这么大他好像从没给自己做过主。他认为学习就是为父母学的，而父母让他学习好其实是为了他们的面子。他说现在不想这样了，他要过自己的生活。

在上述两次面谈中，社会工作者发现这个家庭成员之间的沟通方式很奇怪。每个人说话都不看着对方，各说各的。母亲不停地诉苦，每当母亲这样，小明就找个最舒服的姿势坐好，进入半睡眠状态；小明父亲则缩起身子，好像根本没有听见。小明母亲一看到这样就会越说越伤心，诉苦最终变成哭诉。

社会工作者决定用结构式家庭治疗模式为小明家庭提供服务。[2008 年真题]

问题：

1. 请根据上述案例提供的资料，对小明一家目前存在的问题进行预估。

2. 简述“结构式家庭治疗模式”的定义。

3. 根据预估，运用结构式家庭治疗模式确定治疗的目的和目标。

【参考答案】

1. 小明一家目前存在的问题主要包括：

(1)小明严重厌学，网络游戏成瘾，在学校与同学关系不好，没有什么朋友，和老师之间有严重冲突。

(2)小明从小由母亲带大，父亲常年在外，与母亲关系很亲密，母子之间形成了纠缠的病态家庭关系，父子之间形成疏离的病态家庭关系；父亲教育小明时，母亲又会护着小明，这又形成了联合对抗的病态家庭关系。

(3)小明与父母沟通存在很大问题，认为父母让他学习好其实是为了他们的面子，对父母的用心存在很大误解。

(4)家庭常态的沟通模式存在问题，小明一家每个人说话都不看着对方，各说各的。母亲不停地诉苦，每当母亲这样，小明就找个最舒服的姿势坐好，进入半睡眠状态；小明父亲则缩起身子，好像根本没有听见。

2. 结构式家庭治疗模式是由米纽秦根据自己多年的实际工作经验总结提出的，是指以家庭作为基本的治疗单位，假设家庭的动力和组织方式与个人的问题密切相关，通过家庭动力和组织方式的改变来解决个人和家庭的问题。它的基本概念涉及家庭系统、家庭结构、病态家庭结构以及家庭生命周期。

3. 结构式家庭治疗模式，是以家庭为焦点的工作，它关注家庭功能失调的评估，强调家庭功能的恢复。结构式家庭治疗模式的目的是为了恢复家庭功能的正常发挥。具体的目标包括以下几个方面：

(1)改变家庭成员的看法。当家庭成员遇到问题，通常会将问题的原因归结为某个家庭成员或者外部环境，忽视家庭成员交往方式与问题之间的联系。针对本案例，社会工作者要注重改变小明对自己父母的误会。

(2)改善家庭结构。家庭问题通常表现为家庭边界的不清晰，家庭成员之间或者过分疏远或者过分亲密。针对本案例，应该尽快改善小明家的家庭关系，其中包括：父子关系、母子关系、孩子与父母之间的关系、夫妻关系。

(3)改变家庭错误观念。每个家庭都有自己的期望、要求和价值观。针对本案例，社会工作者需要对小明的父母进行疏导，让他们试着去接受自己儿子的想法，从不同的角度观察和理解儿子的想法。

案例五

雅琴，50多岁，机关干部，丈夫在一家公司工作，收入较高，夫妇俩平时就感情不和，现在丈夫早出晚归，常在外“拈花惹草”，对家中的事不管不问，只把工资交给妻子，家里大小事情都由雅琴料理。

雅琴夫妇有两个孩子，儿子30岁，他从小在奶奶身边长大，与奶奶关系亲密，至今没有固定工作，常闲待在家，雅琴看他不顺眼，两人口角不断。女儿在雅琴身边长大，母女关系十分亲密，可女儿只谈朋友不结婚，也给雅琴增添了许多烦恼。

雅琴的丈夫在其父亲去世后，将没有收入、身体有病的母亲接到家中一起生活，这给雅琴增加了负担，雅琴内心十分不满，婆媳之间摩擦不断，婆婆和儿子站在一起抗衡雅琴，女儿则站在雅琴一边。雅琴的丈夫为了避免与雅琴冲突，逃离家庭矛盾，始终保持“中立”

角色，两个孩子与父亲的感情也十分冷淡。

这个家庭每天都生活在紧张的气氛中，雅琴觉得家里有人在躲避她，也担心丈夫有一天抛弃她，脾气越来越暴躁。雅琴感到很孤独无助，也无法向亲友诉说苦恼，所以来到社区家庭服务中心求助。[2010 年真题]

问题：

1．用结构式家庭治疗模式，说明本案例中导致家庭问题的家庭结构状况（次系统、系统之间的边界、角色和责任分工，权力结构）。

2．依据导致家庭问题的家庭结构状况，指出该家庭中的哪些关系需要改善？

【参考答案】

1．结构式家庭治疗模式是由米纽秦根据自己多年的实际工作经验总结提出的。该模式认为每个家庭都具有一定的结构，这些结构涉及家庭系统中的次系统、系统之间的边界、角色和责任分工以及权力结构等。

（1）本案例中，雅琴的家庭中，儿子和奶奶关系亲密，母亲和女儿关系亲密，形成了两个次系统。

（2）在雅琴的家庭中，儿子与奶奶之间的边界模糊，因而关系十分亲密，遇到问题常联合对抗雅琴。

（3）每个家庭成员在家庭中占据一定的位置，扮演一定的角色，承担一定的责任。本案例中，雅琴扮演妻子、母亲和儿媳的三重角色，承担管理家务、照顾丈夫和孩子以及照料老人的责任；父亲应当扮演丈夫、儿子及父亲的角色，但本案例中，雅琴的丈夫与雅琴关系较为疏远，很少管理家中事务，照顾母亲的责任也全落在雅琴肩上，雅琴的丈夫在这三个角色的扮演上都是有空缺的；两个孩子都到了青年期，应是履行子女、丈夫或妻子角色的阶段，应该有一个固定的社会职业角色，但儿子 30 岁却闲散在家，女儿也仍没结婚。

（4）在雅琴的家庭中，丈夫常年在外，家里大小事情都由雅琴料理，雅琴占据权力结构顶端位置；但婆婆进入家庭一起生活之后，婆媳之间摩擦不断，奶奶和孙子站在一起抗衡雅琴，说明奶奶或其所属的次系统试图挑战以雅琴为主的家庭权力运作方式。

2．米纽秦认为病态家庭结构的基本方式主要包括纠缠与疏离、联合对抗、三角缠和倒三角等。

（1）纠缠与疏离是指家庭系统中各子系统之间的边界不清晰就会出现纠缠与疏离。

①在雅琴的家庭中，儿子与奶奶关系密切，女儿与母亲关系亲密，形成两组纠缠的关系；

②两个孩子与父亲之间，雅琴夫妻之间，婆媳之间，儿子与母亲之间都表现得关系疏远、冷淡甚至冲突，形成数组疏离的关系。

（2）联合对抗，是指当家庭成员之间出现相互冲突的现象时，有些成员就会形成同盟，与其他成员对抗。在雅琴家庭中，奶奶和孙子站在一起抗衡雅琴，女儿则站在妈妈一边，家庭成员之间出现冲突时形成同盟并与其他成员或同盟对立，形成联合对抗的关系。

（3）三角缠，是指家庭成员之间通过第三方实现相互沟通交流，把第三方带入两人的互动关系中的现象。在雅琴的家庭中，由于婆媳关系的摩擦，把雅琴儿子、女儿也带入了双方的摩擦中，这就形成了三角缠的关系。

纠缠与疏离、联合对抗、三角缠这几种不良关系，导致了雅琴的家庭结构的病态，严重妨碍家庭功能的正常发挥，需要社会工作者采取结构式家庭治疗模式协助雅琴，对家庭亲子关系、婆媳关系和夫妻关系进行改善。

案例六

小芬，女，16岁，初中三年级学生。小芬有两个哥哥，都是初中没毕业就外出打工，现在都已经成家。小芬家在农村，父母都是农民，但由于这两年天气干旱，庄稼收成不好，父亲便出去打工，做起了农民工。小芬的父母一直对小芬寄予很大希望，希望小芬能考进重点高中，所以对小芬要求严格，要她努力学习，一定不能辜负父母的期望。小芬家庭虽不富裕，可是在小芬的教育投资方面，父母却很舍得。从小芬小时候起，小芬的每一天都排满了学习课程，小芬父母还为小芬买了各种各样的辅导书。小芬外出玩耍的时间很少，出去玩一会都要向父母请示，得到父母同意，买文具、衣服等，妈妈都会全程监督。小芬看到很多同学都可以去外面自由玩耍，可以随意买自己喜欢的东西，心里很羡慕也很难受。小芬如果和同学出去玩，回来也不敢跟家里人说，害怕挨父母批评。马上就要中考了，小芬很担心，如果考不上重点高中，父母会责备她。有时小芬不敢回家，故意在外磨蹭，还学会了对父母撒谎。小芬的父母觉察到小芬经常说谎，而且最近一次月考的成绩也没有以前考的好。

问题：

1. 小芬面对的主要困境有哪些？

2. 针对小芬的困境，社会工作者在介入时可以用到哪些相关理论？

【参考答案】

1. 上述案例中，小芬面临的主要困境有：

(1)父母管教严厉，缺乏自由。父母对小芬寄予厚望，在学习上要求严格，平时对小芬有太多的约束，限制了小芬正常活动的自由。

(2)升学压力大。小芬马上就要进行中考，升学压力较大，月考成绩不理想，不敢回家，害怕遭受责骂。

(3)与父母没有正确的沟通。小芬向往自由，却不敢和父母说，害怕遭受责骂。小芬和父母之间缺乏沟通，甚至还学会了撒谎。

2. 针对小芬的困境，社会工作者在介入策略中可能会用到的家庭社会工作的理论有：

(1)家庭系统理论

家庭系统理论有三个基本观点：

①家庭成员的基本问题是整个家庭不良的沟通交流方式导致的；

②家庭所面临的危机既是机会，也是挑战；

③因“问题”而导致的家庭功能失调能够得到有效解决。

如果社会工作者能够让小芬的家庭成员认识到家庭问题的产生与家庭成员的沟通交流方式之间的关联，及时改变这样的交流方式，建构新的交流方式，则既能解决家庭功能的失调，又能使家庭功能得到充分的发挥。

(2)家庭生命周期理论

家庭也像人一样有一个成长、发展的自然变化过程，这是家庭生命周期理论的核心观点。家庭生命周期理论强调，家庭成员之间的互动交流关系以及他们的需要会随着家庭的发展在不同阶段呈现不同的特征，每一家庭发展阶段都有不同的任务和要求需要家庭成员去面对，使家庭成员感受到一定的压力。

小芬的家庭现在处于青少年家庭阶段，这一阶段家庭的主要任务是：

①调整家庭界限以满足青少年的独立要求；

②适应家庭成员对个人自主性的要求。

在案例中，小芬没有自由，受到管束太多，阻碍了其发展独立自主性的要求。

（3）家庭抗逆力

任何家庭在“问题”面前都有应对困难的能力，并且通过克服逆境中的困难可以寻求到新的发展机会。家庭抗逆力理论认为，健康家庭并不是说没有“问题”，而是拥有能力应对“问题”。这要求社会工作者既要从不利因素又要从有利因素两个方面考察小芬的家庭应对逆境的过程。因此社会工作者在介入时要提升小芬及父母解决“问题”的能力。

（4）生态系统理论

生态系统理论把家庭放在关系复杂的多重系统中来考察。生态系统理论假设，影响个人发展的环境可分为四个系统，分别为：微观系统、中观系统、外部系统及宏观系统。这就要求社会工作者在对小芬家庭展开社会工作服务的时候，要全面考虑四个系统的重要性及作用。

案例七

秦先生，36岁，性格较为木讷，初中文化水平，工作能力一般。秦先生与妻子结婚已有十年，育有一子一女，妻子没有工作，而秦先生是某工厂工人，工资收入较低。前年，秦先生贷款35万元买了一套房子，为了还房贷，秦先生晚上还做了一份兼职，日子还算过得去。可是，由于经济不景气，秦先生在三个月前被工厂解雇。这使得秦先生一家的生活陷入困境，家庭的经济来源仅靠秦先生的兼职维持，房贷靠借款来还。妻子经常催促秦先生马上找工作，导致夫妻俩经常吵架。秦先生想申请社会救济，但由于他和妻子有家产和工作能力，而未被批准，秦先生感到非常无助，内心压力很大，脾气也开始变得暴躁。他对孩子的学习一向要求比较严格，希望孩子们以后能考上好大学，找份好工作。最近，上小学四年级的儿子数学考试不及格，被秦先生狠狠地打了一顿，儿子连续七天不去上课。秦先生找到家庭社会工作者，表达了自己内心的痛苦和无力感。

问题：

1. 上述案例中，秦先生面临的问题主要有哪些？

2. 针对秦先生面临的问题，家庭社会工作者应该采取哪些介入策略？

3. 家庭社会工作者在为秦先生提供服务的时候，应注意哪些事项？

【参考答案】

1. 上述案例中，秦先生面临的问题主要包括以下三个方面：

（1）个人方面

①秦先生性格较为木讷，文化水平较低且能力一般，存在非理性信念，并有低自尊表现；

②三个月前被解雇，正在寻找新的工作，同时晚上还要从事兼职工作；

③一人承担抚养家庭的重担，压力很大，脾气开始变得暴躁。

（2）家庭方面

①和妻子经常吵架，夫妻感情有摩擦；

②缺乏正确教养孩子的方法和技巧，有在孩子身上发泄压力的倾向，亲子关系紧张。

（3）社会方面

①社会经济不景气，被原来的公司辞退，暂时找不到合适的工作；

②社会因政策没有给予秦先生足够的帮助，秦先生缺乏社会支持，感到无助。

2. 针对秦先生面临的问题，家庭社会工作者的介入策略如下：

(1)对秦先生进行心理辅导，帮助其释放心理压力，同时与秦先生一同分析和寻找问题的根源，制定处理个人心理问题方面的辅导策略；

(2)对秦先生及其妻子进行婚姻辅导，协调夫妻关系，促进家庭和谐；

(3)建议秦先生参加教育孩子方面的讲座或辅导，或与孩子的老师联系，了解孩子的学习情况，学习科学教养孩子的方式和方法，与孩子进行良好沟通，适时表达关爱，避免再使用暴力手段；

(4)鼓励秦先生及其妻子挖掘个人潜力，参加职业技能培训，以增强个人的就业能力，寻找稳定的工作，保障家庭生活的经济来源；

(5)帮助秦先生寻求经济援助，以缓解其家庭经济压力。

3. 家庭社会工作者在为秦先生提供服务时，应注意的事项有：

(1)处理好秦先生和家庭成员之间的关系，以开放的态度，尊重秦先生自己的选择；

(2)要具有成熟的婚姻家庭观，掌握家庭问题解决的方法和技巧，以便能够更好的为秦先生的家庭提供服务；

(3)要以开放的态度倾听秦先生儿子的想法，同时保持尊重和非批判的态度，以便更好的了解其内心的想法并进行辅导，促进亲子关系的改善。

案例八

李阿姨和张先生是再婚家庭。去年年底，李阿姨的儿子小文出了一场车祸，虽然没有生命危险，但却落下了终身残疾，需进行长期的药物治疗和器械恢复。这一沉重打击使李阿姨濒临崩溃，她开始失去理智和判断，对家人产生怀疑，认为丈夫对继子的病情漠不关心；同时，也担心张先生的女儿反对张先生把家里的积蓄用在小文的治疗和康复上。李阿姨将自己完全孤立，开始神情恍惚，并经常因为一些琐事和张先生发生争吵。这个原本和谐美好的家庭陷入危机，张先生不知道怎么办，来到社工机构向社会工作者求助。

问题：

1. 上述案例中李阿姨面临的主要困境有哪些？

2. 针对李阿姨的情况，家庭社会工作者可以采取哪些技巧进行家庭干预？

【参考答案】

1. 在案例中，李阿姨面临的主要困境有：

(1)经济压力。儿子车祸后，需要长期的药物和康复治疗。

(2)心理压力。由于儿子车祸导致残疾，李阿姨的心情非常悲痛，一时难以接受；另外担心儿子以后的生活，内心也非常的焦虑。

(3)家庭关系紧张。对丈夫和继女产生怀疑，夫妻关系、亲子关系都需改善。

2. 针对李阿姨的情况，家庭社会工作者可以采取的干预技巧有：

(1)运用聚焦技巧，将家庭成员的注意力集中在家庭交往方式和问题的关联上。该家庭的主要问题源于其中一个成员突患疾病，引发了其他一系列矛盾，解决矛盾的最好方法就是将家庭成员的关注点重新集中在问题的根源上，并齐心协力解决问题。

(2)运用问题外化技巧，将李阿姨的家庭问题转化为整个家庭需要共同解决的难题，让家庭成员一起共同努力解决面临的困难，从而促使家庭成员之间建立积极的沟通方式。

(3)运用再标签的技巧，帮助李阿姨的家庭从更积极的角度界定问题，从积极的角度看待小文的残疾问题。李阿姨认为张先生关键时候不尽心尽力，与女儿的关系也出现紧张，需要引导家庭成员重新关注对方的优点，消除紧张关系。

(4)运用例子使用的技巧，列举一些相似家庭如何顺利渡过难关的例子，舒缓李阿姨家庭的压力，增强家庭的信心。

(5)整合社会资源，帮助李阿姨的家庭建立社会支持网络，例如亲属网络、社区支持网络、残疾人互助网络，尽可能减轻家庭成员的心理压力和经济压力。

案例九

曹某和林某是一对夫妻，感情一直不错。曹某因为能力突出，工作业绩一流，薪酬越来越丰厚。有了孩子后，夫妻二人经过协商，决定让林某辞去工作，在家专心做家庭主妇。随着时间的推移，林某逐渐与社会脱节，随丈夫参加社交活动时常常会出现一些不合时宜的举动。这使得曹某很没面子，忍不住在公众场合指责林某。之后，林某在公共场合都比较注意自己的言行举止，但总觉得丈夫对她的指责越来越多，所以感到特别委屈。由此引发的家庭矛盾逐渐增多。

问题：

1. 上述案例中，林某面临的困境主要有哪些？

2. 针对林某面临的困境，社会工作者应采取哪些辅导策略？

【参考答案】

1. 上述案例中，林某面临的困境主要表现为以下三个方面：

(1)个人问题

①个人情绪问题，觉得自己默默做出了很多牺牲，但丈夫却指责越来越多，心里特别委屈；

②辞职在家，造成与社会脱节问题。

(2)家庭问题

与丈夫产生矛盾，夫妻关系紧张，需要改善婚姻关系，获得丈夫的尊重。

(3)社会交往问题

如何应对家庭之外的社会关系，适应已经相对陌生的社会交往活动。

2. 针对林某目前的困境，社会工作者可采取的辅导策略如下：

(1)与曹某进行单独沟通，使其能与林某进行一段时间的角色互换，让他能体会到林某的辛苦，进一步改善夫妻关系。

(2)协助林某增强社会交往能力。通过组织一些社会交往模拟活动，教导林某学习一些社交礼仪及技巧，在指出其不足的同时对其进步多加赞扬，增强其参加社会交往活动的信心；同时鼓励林某多参加社会活动，志愿活动，多与朋友联络交往，增强社会交往能力。

(3)对曹某、林某传授夫妻沟通技巧，使两人都能在意识到自己问题的同时，增进对彼此的理解。

(4)如果林某有意愿，可协助林某参加就业辅导班学习，提高工作技能，重新走上工作岗位，充实自我。

案例十

彭某夫妇有一儿一女，老两口一直跟随儿子儿媳生活。但时间长了，婆媳之间的摩擦也接踵而至。为解决矛盾，老两口狠狠心用养老的钱在外边又买了一套小房子搬出去住。但谁知，当儿媳得知老两口的新房子的房产证上只有老两口的名字时，对老人产生了很大不满，坚持认为老人是想把房子留给女儿，并声称以后不会负责老人的养老照顾。老人最近为此很是烦心，经常失眠。

问题：

1. 上述案例中，彭某夫妇面临的困境主要有哪些？

2. 针对彭某夫妇目前的困境，社会工作者应采取哪些介入策略？

【参考答案】

1. 上述案例中，彭某夫妇面临的困境主要有以下三个方面：

(1)家庭关系问题

与儿媳之间产生矛盾，既包括在一起居住时的摩擦，也包括因新房子的房产证而产生的冲突。

(2)情绪问题

因与儿媳产生矛盾而引发的情绪问题，老两口为此很是烦心，经常失眠，由此可能还会带来身体健康问题。

(3)养老问题

老两口搬出去单独居住，年老体衰，不能很好地照顾自己，而儿媳又扬言以后不会负责老人的养老照顾的问题。

2. 针对彭某夫妇目前的困境，社会工作者可采取的介入策略如下：

(1)帮助彭某夫妇缓和与其儿媳之间的关系。

①分别与彭某夫妇及其儿媳进行沟通，了解各自的真正想法，并协助双方了解对方的想法，以消除误会；

②让彭某夫妇尽可能化解与儿媳共同生活时因小事而产生的矛盾；

③对房屋产权的遗留问题，请彭某夫妇说明房产证上虽然没有儿子和儿媳的名字，并不是说就要把房子留给女儿，这只是希望儿子、儿媳能够更好地照顾老两口的一种方式，征得儿子、儿媳的理解；

④指导彭某夫妇与儿媳双方学习沟通的技巧，增进彼此间的交流，可以充分发挥儿子作为消除双方矛盾的桥梁作用。

(2)对彭某夫妇进行心理辅导，让他们与其女儿联系，让女儿多来看望他们，缓解其情绪压力。

(3)与儿子和儿媳进行沟通。

向彭某夫妇的儿子、儿媳讲解相关法律规定，使他们明白老两口对房屋产权具有决定权，而照料老人是每个子女应尽的责任和义务，不赡养老人将承担相应的法律后果。

(4)与彭某夫妇所在社区工作人员联系，请他们帮忙照顾老两口。

案例十一

小薛，男，13岁，正读小学六年级，学习成绩一直较好。其父亲是一家大型企业的业务经理，母亲是位公务员，一家人生活一直比较幸福。但最近，父母三天两头吵架，原因在于父亲由于工作关系经常出差，一年前与一位漂亮的女客户产生了感情。母亲非常生气，坚持离婚，还到父亲所在的企业去闹。现在，父母已经协议离婚，但对财产的分割问题一直无法达成共识，经常争吵，有时小薛父母双方的兄弟姐妹也来家中吵闹，甚至动武。小薛为此非常苦恼，他不希望父母离婚，但父母现在只是一味地指责对方，而且都经常不回家，只剩小薛一个人在家，没人照顾。小薛感到很害怕，担心原本幸福的家庭会破碎，也无心学习，经常发呆，成绩急剧下滑，做事心不在焉。小薛清楚现在正是快升初中的重要时段，不能再这样下去了，但自己又不知道该怎么做。他只好找到社会工作者，寻求帮助。

问题：

1. 上述案例中，案主小薛面临的困境主要有哪些？

2. 针对案主小薛的困境，如果你是社会工作者，应该如何介入？

【参考答案】

1. 上述案例中，案主小薛面临的困境主要有以下几个方面：

(1)小薛的日常照料问题

小薛父母经常不回家，只剩小薛一个人在家，没人照顾，日常生活难以维持。

(2)学习和心理健康问题

由于父母闹离婚，小薛无人照顾，其心情和学业受到很大影响，无心学习，产生孤独、无助、担忧心理，经常发呆，学习成绩急剧下滑。

(3)小薛父母的婚姻和感情问题

小薛父亲与其他女性产生感情，小薛母亲去父亲企业闹的处理方式，使双方都受到了很大伤害。

(4)小薛的家庭关系问题

因为财产分割的问题没有达成一致意见，小薛父母双方的亲人反目成仇，使原本已破裂的家庭关系雪上加霜。

(5)父母离婚对小薛的影响问题

父母离婚，小薛原本幸福的家庭破碎，小薛自己也不知会判给父亲还是母亲，更不知将来自己应该如何面对生活，这一切都困扰着小薛。

2. 针对小薛的困境，社会工作者可采取的介入策略如下：

(1)对小薛的父母进行访谈

①了解小薛父母的真实想法，请他们共同分析现存家庭问题，注意用对方能接受的方式表达自己的愿望，希望他们在婚姻问题上能够达成共识；

②让小薛父母意识到由于他们对婚姻感情问题处理不当，导致小薛无人照顾，心理压力很大，学习成绩急剧下滑，有可能因此导致小薛在升初中过程中失败，要求他们注意沟通方式，尽量避免在小薛的面前暴露矛盾，减少对小薛的消极影响；

③建议小薛父母理智考虑离婚问题，因为小薛不希望父母离婚，必要时可以介绍小薛父母给其他社会工作者，来对他们的婚姻问题进行辅导。

(2)组织家庭面谈

让小薛说出对父母婚姻问题的真实想法，使父母以小薛的想法作为如何处理婚姻危机问题的参考。

(3)关心小薛的学习及身体、心理健康问题

①帮助小薛制定学习计划，尽量减少父母感情问题对其带来的负面影响；

②与学校的老师取得联系，请他们对小薛多加关注，多给予鼓励；

③对小薛进行心理疏导，给予他温暖与关怀；

④联系小薛所在社区工作人员，请他们帮忙照顾小薛。

(4)组织小薛父母双方的亲人进行小组会谈

让小薛父母双方的亲人了解家庭的不和谐对小薛产生的消极影响，要求他们改变沟通方式，达成一致。

案例十二

小勇，10岁，现在读小学三年级，父母在他6岁时离婚，小勇一直随父亲生活，由于父亲的阻拦，小勇很少与母亲见面。但是，由于其父工作繁忙，常常回家较晚，小勇一般由宠爱他的奶奶照料。近来，奶奶发现小勇回到家时总是大汗淋漓，身上红一道白一道的，衣服上也是皱巴巴的，就怀疑小勇在学校和同学打架，但小勇不承认。后来，小勇的父亲从班主任那里听说了儿子在学校打架的事情，回到家不问青红皂白就把小勇打了一顿，直到奶奶过来阻止才罢休。小勇悄悄打电话把父亲打自己的事情告诉了母亲。母亲第二天就来找父亲理论，但被警告说不要掺和他们父子之间的事情。接下来的很多天，小勇和父亲一直不说话。小勇的奶奶为此非常着急，向家庭社会工作者寻求帮助。

问题：

1. 在上述案例中，小勇一家面临的困境主要有哪些？

2. 针对小勇家庭目前的困境，社会工作者应该采取哪些介入策略？

【参考答案】

1. 上述案例中，小勇一家面临的困境主要有以下几个方面：

(1) 小勇和父亲之间的关系处在僵持状态

小勇因为在学校打架，父亲不问青红皂白就把他打了一顿，此后小勇不再和父亲说话，父子关系很僵。

(2) 小勇母亲关心儿子的正当权利被大部分剥夺

小勇的父母已经离婚，因为父亲的阻拦，小勇和母亲见面的机会不多。挨了父亲的打之后，小勇只能悄悄告诉母亲。当母亲要与父亲争论时，却被父亲警告说那是他们父子之间的事情。

(3) 小勇的奶奶不知该如何调解小勇父子之间的僵持关系

小勇身边最亲近的人就是奶奶，但奶奶由于比较宠爱孙子，不知道该如何管教他，也不知道该如何调解小勇父子之间的冲突。

(4) 小勇在学校的行为问题

小勇在学校和别人打架，而且对奶奶撒了谎，不承认打架的事情，存在行为偏差。

2. 针对小勇一家的困境，社会工作者可采取的介入策略如下：

(1) 与小勇的奶奶、老师、同学沟通

社会工作者首先需要和小勇的奶奶及其老师和同学沟通，了解小勇家庭的基本情况以及小勇在校表现情况、打架的前因后果，为接下来有针对性地开展工作做准备。

(2) 与小勇谈心

通过与小勇面对面的谈心，引导其说出自己内心的真实想法，使其反思自己的打架行为和撒谎行为，鼓励其修正不良行为，并及时与他的父母进行沟通。

(3) 与小勇的父亲沟通

①让小勇的父亲多关注孩子的成长和优势；

②建议小勇的父亲学习必要的亲子沟通技巧，不要一切用巴掌说话；

③使小勇的父亲理解小勇的健康成长需要母亲的关爱，让其明白小勇母亲是有权利看望小勇、参与小勇的成长的。

(4) 联系小勇的母亲，鼓励其履行母亲的职责

虽然小勇的母亲和其父亲已经离婚，但她还有养育和探望小勇的权利和义务，社会工

作者需鼓励其履行相关的职责。

(5)召集小勇一家进行面谈，开展家庭治疗服务

调解父子关系，使小勇的父亲和母亲相互理解，达成一致，共同抚养小勇，使其健康成长。

同时要通过全家人的监督，使小勇改正不良行为。

二、方案设计题(根据题目的要求，设计出环节完整、严密、可行性强的服务方案)

案例一

赵先生初中学历，在一家纺织厂工作，工资较低。其妻子没有工作，儿子12岁了。为了生活，赵先生还做了一份兼职，几乎天天早出晚归，和儿子很少接触。赵先生夫妻俩都不善沟通，遇到经济问题及教育子女的问题时，常常发生争吵。由于儿子非常贪玩，学习成绩又不好，所以，赵先生经常打骂他。前几天，赵先生又打骂了儿子，结果儿子半夜离家出走了。夫妻俩费尽周折，终于找到了儿子。现在，赵先生感到内心压力很大，有种无助感。

要求：

假如你是一位社会工作者，请你运用"人在情境中"的视角，对赵先生一家的情况加以分析，并拟订一份服务计划。

【参考答案】

(1)"人在情境中"的理论视角代表了解释问题的个人原因论和社会处境论两种观点的结合，强调个人与环境之间的相互影响：①个人的行为和心理产生于具体的环境；②个人又是具有认知能力的能动个体，可以自主选择自己的生活环境。

(2)根据"人在情境中"的理论，对赵先生一家的情况分析如下：

①赵先生个人的情况

a. 承担着家庭经济重担。赵先生个人文化程度较低，在一家纺织厂工作，工资不高。其妻子没有工作，赵先生一人独自承担抚养家庭的重担，压力较大。

b. 不善于排解负面情绪。由于不善言谈，赵先生面对现实中诸多不如意，只能积压在心，因而感到无助。

②赵先生的家庭小环境

a. 家庭经济条件比较窘迫，夫妻俩不善于沟通，时有摩擦；

b. 赵先生缺乏正确教养孩子的能力与技巧，对儿子非打即骂，导致父子之间存在较大冲突，儿子甚至离家出走。

③赵先生所处的社会生活大环境

赵先生夫妻俩都不太善于沟通，与外界交流较少，缺乏相应的社会支持系统，容易陷入孤立无助的境地。

(3)针对赵先生一家的情况，社会工作者可以提供的服务计划如下：

①舒缓赵先生夫妻俩的情绪。对赵先生夫妻俩予以接纳与关怀，舒缓其焦虑的情绪，建立良好的专业关系。

②改善亲子关系：

a. 帮助赵先生安抚儿子，学习与儿子沟通的技巧，以改善父子关系；

b. 建议赵先生夫妻俩联系儿子的老师，了解儿子的学习情况，学习教育儿子的方法，帮助儿子增进对学业的兴趣，提高学习成绩。

③对赵先生夫妻俩进行婚姻辅导。建议赵先生夫妻俩学习夫妻沟通交流技巧，改善夫妻关系，在教育孩子的问题上保持观点一致。

④帮助赵先生的妻子就业。寻找相关资源，帮助赵先生的妻子参加职业技能培训，增强其就业能力，为其提供就业信息，协助其寻找合适的工作。

⑤寻求社会资源援助。帮助赵先生寻求相关经济救助资源，以缓解赵先生的家庭经济压力；帮助赵先生寻找相应的志愿者对赵先生的儿子进行学习上的辅导。

案例二

石佳欣，女，45岁，商场营业员，初中文化，有一个17岁的儿子正读高中一年级。丈夫是某公司高管，天天早出晚归，把儿子的教育任务都推给石佳欣。石佳欣望子成龙，希望儿子万放将来能考上好大学，每天逼着儿子读书。可儿子万放却爱好绘画，学习成绩一般，在石佳欣的逼迫下，厌学情绪越来越强烈，由于压力大，在学校经常与其他同学为小事发生争斗，回到家也是大呼小叫，还经常摔东西，对待母亲像是仇人一样。石佳欣很想改变他们母子之间的关系，到处咨询，但收效甚微。为此，石佳欣非常苦恼，晚上无法入睡，工作时经常走神，健康状况也越来越差。

要求：

假如你是一位社会工作者，请针对案主石佳欣面临的问题，拟订一份服务方案。

【参考答案】

（1）问题的陈述与分析

上述案例中，石佳欣一家面临的问题可从三个方面进行分析，具体为：

①石佳欣儿子的问题

a. 万放在母亲的逼迫下不能发展自己的绘画兴趣，对学业更加排斥，厌学情绪加重；

b. 万放在学校经常与同学发生争斗，回到家也是大呼小叫，还经常摔东西，对待母亲像仇人一样，情绪波动很大。

②石佳欣的问题

a. 石佳欣学历低，缺乏教育孩子的正确方法，因为不尊重儿子的兴趣和特长，天天逼着儿子学习，导致儿子产生了行为问题，思想叛逆，不听管束。为此，石佳欣非常担忧，心理负担很重。

b. 石佳欣由于心理压力的增大，导致身体健康状况每况愈下，影响了正常的工作和生活。

c. 和儿子的亲子关系不良。在石佳欣的逼迫下，儿子厌学情绪越来越强烈，由于压力大，在学校经常与其他同学为小事发生争斗，回到家也是大呼小叫，还经常摔东西，对待母亲像是仇人一样。

③石佳欣丈夫的问题

石佳欣的丈夫是某公司高管，天天早出晚归，把儿子的教育任务都推给石佳欣，未尽到教育孩子的义务，并且对石佳欣也不关心，使得石佳欣无处倾诉心中委屈。

（2）方案设计

针对石佳欣家庭面临的问题，社会工作者设计的服务方案如下：

①方案目标

a. 改善石佳欣及其丈夫教育孩子的方式以及和儿子万放的沟通方式；

b. 帮助万放增强学习的积极性，消除厌学情绪，减少对妈妈石佳欣的仇恨，协调其与同学的关系；

c. 帮助石佳欣减少焦虑感，恢复身体健康。

②方案实施策略

a. 联系石佳欣及其丈夫，进行个案辅导

第一，对石佳欣进行心理辅导，舒缓其心理压力，改善身心状况；

第二，联系石佳欣的丈夫，找出其对家庭冷漠的原因，针对性地提出策略；

第三，请石佳欣夫妇共同分析现存家庭问题，学会接纳儿子，在教育儿子问题上能达成共识；

第四，建议石佳欣夫妇参加关于“如何教育子女”等类似的研讨会或讲座，学习教育子女的方法，并反思自己的教育方式。

b. 对万放的个案辅导

第一，从改善万放和母亲的敌对状态入手，让万放了解母亲对他的爱及良苦用心；

第二，帮助万放制订学习计划，设定合理的目标，在不耽误正常学业的前提下，从事自己喜欢的绘画活动，同时采取自己检查和家长监督相结合的方式督促万放遵守学习计划；

第三，鼓励万放做出行为改变，改变暴躁脾气和摔东西等不良行为，改善万放在学校的人际关系，与同学和谐相处。

c. 改善万放与父母之间的关系

通过组织家庭面谈，让万放说出对父母的真实想法，让石佳欣夫妇知道儿子的想法，帮助石佳欣夫妇找出在管教儿子方面上存在的偏差。

③方案执行

主要包括提供服务、调动资源、监督服务执行进度、处理危机等。

④方案评估

包括石佳欣夫妇及其儿子对服务的满意度、方案执行情况和服务效果评估等。

案例三

宋某，女，45岁，在某外资企业工作，收入较高但工作比较紧张。丈夫李某在某事业单位上班，工作较轻松但收入不高。宋某对儿子期望较高，尽管她下班后回家很晚，但仍坚持当面检查儿子的学习情况。丈夫李某爱子心切，对儿子要求相对宽松，允许儿子有自己娱乐的时间，周末常常瞒着妻子带儿子出去游玩，因此，儿子和父亲感情较深。儿子小东今年读高二，学习成绩优良，但没有达到母亲的要求。为此，母子之间常常为学习的事争吵。宋某认为丈夫护着儿子，感觉孤立，最近，又常因家务琐事与丈夫争吵。另外，工作上的压力也让她心情烦躁，更年期的不良情绪表现使得家庭关系更加紧张。

要求：

请根据宋某的情况为她设计一份服务方案。

【参考答案】

(1)问题的陈述与分析

上述案例中，宋某面临的问题主要有以下几个方面：

①因教育孩子问题与丈夫产生分歧，又常因家务琐事与丈夫争吵，引起夫妻矛盾；

②对儿子要求过于严格，造成儿子反感，母子间时有冲突；

③丈夫与儿子关系密切，自己与丈夫、儿子关系均出现了问题，怀疑儿子与丈夫形成了联合对抗自己的情形，感觉很孤立；

④进入更年期，出现情绪烦躁等一系列生理和心理问题；

⑤工作压力较大，妻子、母亲等家庭角色与职业角色之间存在冲突。

(2)方案设计

根据上述分析，社会工作者设计的服务方案如下：

①帮助宋某处理好家庭与职业之间的关系，调解亲子关系和夫妻关系，帮助其顺利渡过更年期。具体而言，包括：

a. 对宋某进行心理疏导，帮助其进行减压训练，改善情绪困扰，寻找合适的情绪发泄渠道；

b. 减少夫妻争吵次数，增进夫妻感情；

c. 增加母子沟通次数，建立良好的亲子关系；

d. 妥善处理好工作与家务的矛盾，使宋某与丈夫之间互相体谅，分工明确；

e. 帮助宋某摆正心态，舒缓生活及情绪压力，正确认识更年期问题；

f. 与宋某的丈夫李某进行面谈，建议其与妻子共同学习教育青春期孩子的技巧，对孩子的教育方式达成一致。

②方案实施策略

a. 运用同理心、尊重、真诚等技巧以及接纳、非评判等原则和宋某建立良好的专业关系，走访了解其家人和单位；

b. 在两个月内每周会谈一次，帮助宋某进行减压训练，帮助其发泄情绪，学会控制情绪的合适方法；

c. 与宋某的丈夫和儿子沟通，实行家庭联合治疗，在明确各自角色和责任的基础上，进行换位思考等，增进彼此的理解；

d. 运用时间管理等方法帮助宋某协调工作与家庭间的矛盾；

e. 协助宋某进行自我对话，以利于自我认知的重建等；

f. 教授宋某更年期的有关知识，使其能够正确面对这一时期，照顾好自己，顺利渡过更年期；

g. 与宋某的同事、朋友以及宋某所在社区工作人员联系，请他们多关心宋某，给予其温暖与生活的信心。

③方案执行

主要包括提供服务、调动资源、监督服务执行进度、处理危机等。

④方案评估

包括宋某及其丈夫、儿子对服务的满意度，方案执行情况及服务效果评估。

案例四

某社区的青少年学生都比较自立，但也非常自我。很多孩子整天想的都是自己的需求，并不懂得如何理解父母，如何表达自己的意愿，如何与家人沟通。对于父母对他们的管教与关心，不但不感激，反而觉得烦得很。

要求：

假如你是一位社会工作者，你决定开展一项针对该社区青少年的小组活动，旨在教导青少年家庭沟通技巧。请针对这一情况，拟订一份小组服务方案。

【参考答案】

(1)问题的陈述与分析

上述案例中，该社区青少年的问题和需求分别如下：

①该社区青少年在家庭沟通技巧方面面临的问题有：

a. 青少年对自由与独立自主的空间要求比较强烈，处于叛逆期，对父母的依顺减少，不理解父母的关爱；

b. 父母与青少年的沟通模式是单向的，均是父母主动；

c. 青少年缺乏自我表达和与家人沟通的能力。

②该社区青少年在家庭沟通技巧方面可能存在的需求有：a. 进行沟通技巧的培训；b. 提高解决问题的能力；c. 培养表达能力；d. 学会理解父母，收敛叛逆情绪。

(2)方案设计

社会工作者以小组工作的形式为有相同问题和需求的社区青少年提供服务，工作服务方案应包括如下内容：

①小组名称。让爸妈明白我的心——家庭关系探索团体。

②小组性质。教育小组与成长小组。

③小组成员。青少年 15 名。

④小组目标：

a. 总目标。协助小组成员发展与家人进行良好沟通的能力。

b. 具体目标。通过小组工作的形式，帮助小组成员表达自己的情感需求；协助小组成员与家人多接触，多沟通，注意观察、了解家庭成员的沟通模式；协助成员解决与家人相处过程中遇到的困难。

⑤小组成员招募方式。如在社区内张贴海报，将自愿报名和家长推荐的方式相结合。

⑥小组计划纲要设计如表 11-2 所示。

表 11-2

项目 节数	目标	内容
第一节 缘来有你	1. 建立专业关系，成员互相认识 2. 了解小组目标，确定成员希望在小组中的收获 3. 订立小组规范，签订小组契约，建立初步的团体信任	1. 热身游戏：小蜜蜂 2. 相互认识游戏：你画我说 3. 社会工作者介绍团队的目标，并让成员讨论 4. 社会工作者说明规范的意义，并且要求成员共同制定小组契约内容 5. 签订小组契约
第二节 家的联想	1. 增进团体成员的凝聚力 2. 协助成员了解家的概念，能清楚每个人在家中的角色	1. 热身游戏：大风吹 2. 绘制家庭树，了解家庭结构与角色 3. 成员分享：家的自由联想 4. 家庭作业
第三节 我家沟通	1. 协助成员了解家庭沟通模式 2. 学会观察分析和父母相处的模式	1. 回顾家庭特点 2. 讲解家庭沟通模式 3. 角色扮演，体验家庭沟通模式
第四节 我想说	1. 掌握家庭沟通障碍所在 2. 学习家庭沟通技巧	1. 热身游戏 2. 短讲，并讨论家庭沟通障碍的原因及表现 3. 情景模拟：我想说，学习家庭沟通技巧 4. 布置回家作业
第五节 我爱我家	1. 学习理解父母 2. 协助成员能表达对父母的关怀	1. 回顾家庭作业 2. 游戏：记者会，以问答方式学习对父母的理解 3. 游戏：谢谢你，学习对父母表达爱意及关怀

续表

项目 节数	目标	内容
第六节 珍重再见	回顾小组历程，彼此互相鼓励，结束小组任务	1. 回顾小组历程 2. 分享在团体中的收获 3. 彼此给予正向、肯定的道别 4. 互相交换小礼物 5. 总结道别

⑦方案执行。涉及整合社区资源、提供服务、监督服务执行进度、处理危机等。

⑧方案评估：

a. 小组的过程评估，由小组成员填写评估表，在小组执行过程中进行评估；

b. 小组成员满意度评估，由小组成员对小组进行成效评估；

c. 社会工作者的小组报告以及社会工作者的反思。

第十二章　学校社会工作

一、案例分析题（应试人员需对提供的案例背景材料进行全面深入的分析，并按要求作答）

案例一

某中学恢复线下教学后，学校社会工作者发现，部分学生沉迷于网络，出现了情绪低落、疲乏无力、食欲不振等状况，学习成绩和身心健康受到了严重影响。社会工作者通过预估发现：这些学生平均每天上网超过 4 个小时；虽然大部分学生对长时间上网的危害有一定认识，但总是控制不住自己；与现实世界相比，网络世界对他们更有吸引力；他们性格较为内向，在学校很少参加集体活动；与同学、老师及家人的关系都比较疏离；新冠肺炎疫情期间，由于教学活动以线上形式为主，家长对孩子使用电子产品及网络疏于监督和引导，学校也没有就此与家长进行有效沟通。基于上述情况，社会工作者按照行为契约法的五个工作步骤开展服务：第一步，与学生共同确定目标行为，即控制上网时间；第二步，商定奖惩清单，即成功控制上网时间将获得的奖励，没有控制上网时间将受到的惩罚。［2023 年真题］

问题：

1. 本案例中，社会工作者在预估阶段完成了哪些任务？

2. 按照行为契约法的五个工作步骤，列出本案例中后续需完成的三个工作步骤。

【参考答案】

1. 本案例中，社会工作者在预估阶段主要完成了下列任务：

（1）了解服务对象存在的问题，问题的性质、成因、程度及其对服务对象的影响。案例中，社会工作者通过预估发现这些学生平均每天上网超过 4 个小时，新冠肺炎疫情期间，由于教学活动以线上形式为主，家长对孩子使用电子产品及网络疏于监督和引导，学校也没有就此与家长进行有效沟通。部分学生沉迷于网络，出现了情绪低落、疲乏无力、食欲不振等状况，学习成绩和身心健康受到了严重影响。

（2）了解服务对象个人的生活经历及行为特征，包括服务对象的人格特征、能力、优势和弱点。案例中，社会工作者发现服务对象性格较为内向，在学校很少参加集体活动，与同学、老师及家人的关系都比较疏离。

（3）了解服务对象与环境的互动状况，以及其对自身问题的认识和改变的动力与能力。案例中，社会工作者发现服务对象在学校很少参加集体活动，与同学，老师及家人的关系都比较疏离，大部分学生对长时间上网的危害有一定认识，但总是控制不住自己。

（4）了解服务对象所处的环境系统的状况，包括家庭、朋友、工作单位、邻里及社区的情况。案例中，社会工作者发现服务对象与同学、老师及家人的关系都比较疏离，家长对孩子使用电子产品及网络疏于监督和引导，学校也没有就此与家长进行有效沟通。

2. 行为契约法的五个工作步骤是：确定目标行为、商定奖惩清单、书写行为契约、签字承诺和填写“执行记录表”。在本案例中，社会工作者后续需要完成的三个工作步骤如下：

（1）书写行为契约。鼓励双方都参与书写行为契约，可以各自书写对自己行为约束的部分，完成后，建立行为契约执行记录表。

（2）签字承诺。引导双方回顾并认真阅读行为契约，确认无误后郑重签字。

（3）填写“执行记录表”。按照行为契约书的具体要求，每天根据控制上网时间的任务完成情况进行打卡记录。

案例二

某中职学校为解决新生迟到、旷课和逃学问题，委托社会工作服务机构开展服务，社会工作者调研发现，有的学生认为读职校“低人一等”；有的对所学专业了解不多，更谈不上认同，学习积极性不高；有的还觉得前途渺茫，不知道如何规范未来。

社会工作者为这些学生开展“自我规划”成长小组服务。在每节小组活动中，社会工作者设置“优点—箩筐”环节，鼓励组员发现并分享自己和他人的优点。组员们在相互肯定中更加自信了，也越来越愿意参与讨论。在每节小组活动后，社会工作者布置“勇敢者挑战”作业，要求组员每天微信群打卡，鼓励大家按时上课，相互督促。社会工作者发现组员打卡越来越积极，还会在群内分享趣闻乐事，他们的自制力在潜移默化中得到了增强。此外，社会工作者专门邀请优秀校友分享就业创业的成功经历，组员们逐渐养成了良好的学习习惯，开始认真规划自己的学习生活，对未来也越来越有信心。［2022 年真题］

问题：

1. 依据班杜拉的社会学习理论，分析社会工作者在该成长小组中采用了哪些治疗技术。

2. 综合案例，分析小组工作在促进学生改变中发挥的作用。

【参考答案】

1. 班杜拉认为青少年辅导与治疗的最终目标是自我规划，要使青少年实现自我规划需要三个阶段，分别是诱发改变、类化、维持。为了使青少年能达到自我规划的目的，班杜拉提出了以下几种治疗技术：

（1）实例楷模法。经观察学习，被观察者，也即示范者的行为就成为观察者的“楷模”，引导青少年观看实例，如电影、电视、录音带的示范，使当事人学习适当的行为。案例中，社会工作者专门邀请优秀校友分享就业创业的成功经历，组员们逐渐养成了良好的学习习惯，开始认真规划自己的学习生活，对未来也越来越有信心。可见这是采用的实例楷模法的治疗技术，让组员通过对实际生活中楷模的学习从而获得成长。

（2）认知楷模法。认知楷模法从改变当事人认知入手，提升自信，让他们相信自己是能够实现改变的。由增加青少年的认知结构或自我效能着手，如提高青少年的信心，使他相信自己有改变的可能。案例中，在每节小组活动中，社会工作者设置“优点—箩筐”环节，鼓励组员发现并分享自己和他人的优点。通过认知楷模法，引导组员“认识自己”，提升组员的自尊和自我效能，对改变自己不利的境况产生信心，而且认为自己有能力做得更好。

（3）激发自制力。通过激发自制力来使组员真正相信自己可以，要求青少年表现先前觉得自己无能的行为，或经治疗者的示范，使青少年发现事实并没有想象的可怕，再逐步增加自我控制力与对事情的掌控或驾驭能力，经过试验而能面对困难，消除恐惧，进而消除不良行为。案例中，社会工作者通过布置“勇敢者挑战”作业，组员打卡越来越积极，还会在群内分享趣闻乐事，组员的自制力在潜移默化中得到了增强。可见这是采用的激发自制力的治疗技术。

2. 小组工作是在社会工作者的协助下，通过小组成员之间有目的的互动互助，使参加小组的个人获得行为的改变、社会功能的恢复和发展的工作方法。小组工作在促进学生改变中发挥的作用有：

（1）影响个人发生转变。小组过程可以影响个人的价值观念、态度及行为发生转变，成为家庭和社会中负责任的积极角色；在小组中通过不同经验分享，可以丰富和扩大经验和见识，改善人际关系；小组工作可以使其成员发展面对问题与解决问题的能力，学习适应危机情景，促进个人成长。案例中，通过小组工作方法，提升组员的自信，增强了组员的自制力，养成了良好的学习习惯。

（2）社会控制。小组规则会对规范青少年的行为起到很好的制约作用，通过小组过程使某成员学习遵从适应社会需要的行为规范，培养起社会责任心。

（3）再社会化。小组工作通过帮助其成员建立适应社会需要的新价值观、新知识、新技巧，来改变小组成员的行为，使他们成为更适应社会生活的积极角色。

（4）用集体的力量解决问题。在小组中，小组成员必须学习共同思考、团结协作、共同面对环境。这个过程既会增进小组成员与他人配合解决问题的能力，也可以用团队的力量来共同解决问题。

案例三

在开展学校社会工作服务过程中，社会工作者经常遇到以下困惑：有些学生有求助解决个人问题的意愿，但由于学校学习任务重，作息制度严，无法接受较长时间的个案面谈辅导；有些学生有青春期困扰、异性交往、亲子关系等私密问题需要咨询辅导，但羞于与他人进行面对面的交流。社会工作者在进行疑难复杂的个案面谈辅导时，也会出现思考不周、应对欠妥的情况。

社会工作者结合以上实际情况，将传统的个案工作服务形式进行了延伸，在面对面辅导的同时，增加了“社工信箱”的服务形式，通过设置信箱和广泛宣传，邀请学生将自己的困扰和需求写在纸上投递到信箱，社会工作者阅读信件并组织回信，给予来信求助的学生以及时辅导。［2020 年真题］

问题：

1. 本案例中的“社工信箱”与传统的个案工作服务形式相比，有哪些创新点？

2. 社会工作者收到学生来信后，应采取哪些具体措施以保证服务质量？

【参考答案】

1. 作为个案工作服务形式的延伸和演化，“社工信箱”较为适合当今社会情境下的学校社会工作服务。具体创新体现在以下几个方面：

（1）可较好解决学生学习压力较重、时间较紧张而导致无法长时间开展个案会谈的难题；

（2）可较好解决学生在个案会谈中存在诸多当面无法表达的语言的难题，“社工信箱”的高度匿名性亦能够让学生感受到安全感，而愿意自由表达；

（3）可较好避免个案会谈过程中学生反应及时性的障碍及社会工作者回应欠考虑的风险。

2. 社会工作者收到学生来信后，应采取以下具体措施以保证服务质量：

（1）运用同感、共情、尊重、真诚等专业服务原则，充分扮演倾听、陪伴者的角色。

（2）阅读信件并及时回应特殊需求。对收到的信件社会工作者应认真阅读，并进行分类整理，根据信件的轻重缓急决定回信顺序。为严格遵循社会工作理念和价值观，应至少由两名以上的社会工作者阅读信件，并相互监督。如遇到严重问题社会工作者要及时与督导沟通，由督导组织讨论决定回信内容。如遇危机介入需求，社会工作者应请求督导支持，及时介入。

(3)组织回信。回信一般需要按照固定的格式要求，大致模式为：感谢信任，澄清来信中提到的问题和需要，深入分析问题根源，提出没有风险的建议，提出相关的期望，表达祝福和信任。如果学生来信过多，学校社会工作者应接不暇时，可以链接志愿者资源。

(4)保证学生获取回信。回信放置处的选择很重要，学生取信时可能会有心理压力而不想被同学看到。

(5)保存信件。将学生投递的信件和社会工作者及志愿者的回信，通过拍照等方式分门别类归档封存。

案例四

晓东是某市重点中学初中三年级学生。为了能升入重点高中，晓东的父母花了很多钱，才将他从原来就读的普通中学转入该重点中学。在原学校一直名列前茅的晓东，现在学习压力很大，尽管他仍然勤奋学习，但成绩却徘徊在中等偏下的水平，一遇到考试就十分紧张，经常吃不好、睡不好，考试时唯恐出现失误，对不起家长和老师。最近他又表现出一些厌学情绪。另外，因为觉得自己家境不如其他同学，晓东总感觉自卑，不愿意跟同学交往，开始不时地旷课、逃学。晓东的班主任老师请学校的社会工作者对晓东给予帮助。

问题：

1. 假如你是该学校的社会工作者，请运用社会工作的相关知识对晓东同学面临的困境进行分析。

2. 针对晓东目前的困境，社会工作者可以采取什么样的介入策略？

【参考答案】

1. 社会工作实务中，“人在情境中”的理论视角代表了解释问题的个人原因论和社会处境论两种观点的结合，强调个人与环境之间的相互影响。根据此理论进行分析，可以了解到案例中晓东目前面临的困境包括以下几个方面：

(1)从“人”的方面看

①晓东目前最主要的心理压力在于学习方面，在转入新学校后，原有的优越感丧失，通过短期的努力也未见起色，其自信心受到打击，产生厌学的情绪；

②因学习压力大产生焦虑情绪，一遇到考试就十分紧张，经常吃不好、睡不好，考试时唯恐出现失误，对不起家长和老师；

③因为家境状况不好，晓东产生自卑心理，不愿意跟同学交往，在新环境下人际交往出现障碍。

(2)从“情境”的方面看

①父母对晓东的高期望导致晓东把学业成绩看的很重，超过了其个人的心理承受能力；

②父母因忙于工作而无暇顾及晓东的心理状况，使他不能从家庭层面获得支持，缺乏亲子间沟通；

③晓东刚刚进入一个新的学习环境，面临诸多新的情况，一时难以适应，较易产生落寞、无助、孤立无援的不良感受；学习方面同学之间的激烈竞争，也使他有很大的压力；

④因家庭条件一般，晓东在与同学交往中存在自卑感，不能和其他同学进行良性的互动，因此很难从朋辈层面获得心理支持；

⑤老师和学校方面缺乏对晓东学习及生活、心理方面的相关帮助。

2. 针对晓东的困境，社会工作者可以采取的介入策略主要包括：

(1)对晓东开展个案工作。利用个案辅导，探究问题行为的真正原因。针对具体原因，制定介入计划，实施辅导。具体包括：

①与晓东建立专业的工作关系，给予他情感支持，通过心理辅导疏导晓东的不良情绪，协助其掌握恰当的情绪管理技巧，并协助晓东调整好自己的心态，勇敢面对问题；

②通过认知辅导协助晓东树立正确的金钱观和价值观，消除其自卑心理，鼓励其多与同学沟通交流；

③协助晓东对目前的学习状况建立正确的认知，与晓东共同探讨正确的学习方法和态度。

(2)建立团体，形成正向影响。利用社会工作的小组工作方法，将学习中存在困难或者是新近转学来的学生组织起来，开展互助成长小组。通过加强与朋辈群体的沟通，让学生们在小组中发泄情绪与压力，获得彼此的支持，交流成长体会，学习成长经验，增强正向动机，帮助晓东获得成就，提高自信。

(3)为晓东提供必要的学习辅导，提高其学习的主动性和积极性。

(4)加强与任课老师及学校方面的沟通，获得老师和学校对晓东的学习、生活及心理方面必要的支持和帮助。

(5)关注家庭，凝聚力量。通过家访了解晓东家长的管教方式、亲子关系及家庭状况，同时，利用家长会宣传亲子教育方案，促使家长改善家庭环境，改变教育理念，提高教育技巧，并帮助家长识别和改变晓东的问题行为。

案例五

莹莹，女，13岁，初一学生，在一所重点中学就读。读小学时，她的学习成绩很好，一直名列前茅。上了初中，性格开始变得内向，不爱说话，平时不喜欢和班上的同学交流沟通。中学新增了物理、化学两门课，莹莹对这两门课掌握不好，每次考试分数都很低，在物理和化学课上也常常挨老师的批评，被同学们嘲笑。然而跟她要好的朋友娜娜却一直是名列前茅，父亲常常拿娜娜和自己作比较，有时候甚至会打骂莹莹。一次，莹莹化学考试没及格，回家被父亲一顿打骂，莹莹再也控制不住自己的情绪，跟父亲大吵了一架。第二天莹莹就再也不去上学了，这种情况已经持续了一个星期，父亲只好带着莹莹求助学校社会工作者小谢。

问题：

1. 学校社会工作有哪些特点？

2. 结合学校社会工作的相关知识，分析上述案例中莹莹厌学的原因。

3. 针对莹莹的情况，学校社会工作者可以采取什么样的介入策略？

【参考答案】

1. 学校社会工作的特点有：

(1)专业性。学校社会工作以各种社会科学知识(包括教育学、社会学、心理学的基本理论、研究范式、学术标准、研究方法等)为基础，探究学生的社会和心理需要、心理特征、心理困惑，化解冲突，协调人际关系，促进生活幸福。

(2)科学性。在学校社会工作实务中，经常使用的工作方法有个案工作方法、小组工作方法、社区工作方法和项目化运作等，所有这些工作方法的程序和步骤都是在科学理念的指导下设计完成的。

(3)艺术性。学校社会工作既是一门科学，又是一门塑造学生心灵的艺术。在服务中坚持接纳、尊重、真诚、同理心、个别化等以人为本的价值追求和职业伦理，时刻把学生放在第一位，把学生的尊严、情感、需要放在重要地位，同时本着尊重学生、关心学生、爱护学生、发展学生的原则，既讲究方法，又做到灵活处理。

(4)实践性。学校社会工作是做出来的，深入实际，联系现实，为学生的现实需要服务，为学生和社会公众的利益而投入是每一个学校社会工作者义不容辞的责任。

2. 厌学症是学生消极对待学习的心理和行为反应，其表现为对学习的认识存在偏见，情绪消极，行为上远离学习活动，属于学业困境的一项表现。莹莹厌学情绪产生的原因有：

(1)学生自身原因。常见的原因包括：①存在生理缺陷和心理障碍；②学习的心理动力不足，缺乏学习动机，自我认知悲观消极，情绪不稳定等；③学习能力低，学习方法错误和学习习惯不良；④偏科或者学习基础差。对莹莹来说，偏科、学习方法不当等是主要原因。

(2)学校因素。具体包括：①有的教师的教学方法不利于学生掌握知识；②教师的教学态度因素；③学生之间恶性的竞争氛围，同学关系紧张有可能使学生无心学业，甚至对学习产生抵触心理。莹莹受到物理、化学老师的批评，不利于学习，同学嘲笑会造成同学关系紧张，加剧莹莹的厌学情绪。

(3)家庭因素。家庭的学习环境和父母的管教方式都会影响学生的学习成绩。家庭环境不和谐，或者家人经常发生矛盾，会使学生回家后无法安心学习，在学校时也会牵挂分心。如果父母管教过于严厉，要求苛刻，或者过分溺爱纵容，都会造成学生适应困难，难以安心于学业。莹莹父亲对莹莹学习要求较高，教育方法又伴有严厉惩罚，也会加剧莹莹学习的不良情绪。

(4)社区因素。社区的环境和学生的社交关系网络对学生的影响巨大。如果学生生活在一个缺少学习气氛的社区环境中，其心境容易被浮躁、功利、短视的价值观念影响，造成学生不愿勤奋读书、回避学习生活、厌倦校园氛围。这些直接导致学生在学习习惯、学业状况、学校表现等方面的不良发展。

学生遭遇学业困境往往是多因素交错影响的结果。因此，学校社会工作者对学业困境学生展开工作时，不仅要了解学生本身的情况，还要和老师、家长以及社区人员进行积极沟通和接触。必须通过多方面的调查和了解，寻找困扰学生学业的最深层原因，这样才能对症下药，帮助学生走出困境。

3. 针对莹莹的情况，学校社会工作者可以采取的介入策略主要包括：

(1)开展个案工作，利用个案辅导，探究问题行为的真正原因。针对具体原因，制订介入计划，实施辅导。处理学生的不良情绪，建立专业的工作关系，给予情感支持。协助莹莹对目前学习状况建立正确的认知，并协助她掌握恰当的情绪管理技巧。

(2)建立互助成长小组，形成正向影响。利用小组工作的方法，将学习中有困难的学生组织起来，开展互助成长小组，加强与同辈群体的沟通，学习成长经验，帮助莹莹获得成就感，提高自信；也可以建立一帮一互助小组，让学习较好的同学为莹莹补课，尽可能改善其学习方法，提高学习成绩。

(3)为莹莹提供学习方法辅导。加强与任课老师的沟通，改变其对待差生的观念，公平对待学生，并给莹莹提供学习上的帮助。

(4)改善亲子关系，凝聚力量。学校社会工作者通过家访了解家长的管教方式、亲子关系及家庭状况，同时，利用家长会宣传亲子教育方案，促使家长改善家庭环境，改变教育理念，提高教育技巧，并帮助家长识别和改变孩子的问题行为。

二、方案设计题（根据题目的要求，设计出环节完整、严密、可行性强的服务方案）

案例一

某市工读学校甲班中，学生都是曾有过打群架、抢夺钱物、小偷小摸等不良行为的“问题”青少年。工读学校的社会工作者对甲班情况进行分析后，发现绝大多数学生都是独生子女，自我管理能力差，在原来学校都被看作是“差生”，成为老师和同学眼中讨厌的对象。这些学生有江湖习气，在自己的圈内很讲哥们义气。工读学校专业管理人员配备不足，规章制度繁多，有些管理制度相互矛盾，学校一再强调要树立老师的“权威”，经常惩罚学生，学生抵触情绪很大。现在，大多数学生都有自暴自弃的想法，有人经常自嘲：“我们就是社会的垃圾”，也有人认为：“我们是社会的弃儿”。

社会工作者在评估了甲班学生的问题后，决定运用抗逆力理论开展服务以改变学生的现状。[2010 年真题]

要求：

依据学校培养学生抗逆力的基本步骤，结合案例，设计相应的策略。

【参考答案】

抗逆力是指个人面对生活逆境时，能够理性地做出正向的、建设性的选择方法和应对策略的能力。从构成要素上看，抗逆力由外部支持因素、内在优势因素以及效能因素三部分组成。以下六个步骤是学校培养学生抗逆力的操作性环节（见表 12-1）。

表 12-1

序号	基本步骤	培养抗逆力的策略
1	增加亲社会联结	①积极组织学生活动，使学生之间多接触、多交流，相互学习，彼此鼓励，建立健康的同辈关系； ②创造机会吸引父母参与学校工作，使孩子与父母在共同工作中加强联结； ③在教育、教学环节中促进师生沟通，增进信任，加强关系形成和谐民主的师生关系
2	建立清楚一致的界限	①学校制定以关怀为主的校园规范，淡化惩罚； ②让学生积极参与学校奖惩措施的制定； ③将学生自己制定的纪律规范送至家长手中； ④保持家庭教育和学校教育的一致； ⑤使学生明确是非界限、保持头脑清醒
3	教授生活技能	①循序渐进地，充分地教授学生自律、合作、沟通、抵制、解决问题、合理发泄等技能；引导学生真正领会、掌握和使用这些技能； ②鼓励学生提出希望具备的技能，使之掌握这些技能，成为自动化行动
4	提供关怀与支持	①老师对每位学生提供关注和关怀； ②倾听他的苦恼和想法； ③鼓励学生的积极行动，肯定他们的积极力量； ④及时介入学生所处的困境
5	建立和表达高期望	①强调合作，淡化竞争； ②决不放弃任何一位学生，使学生放弃“弃儿”的想法； ③鼓励学生做课堂的主人； ④决不给学生贴标签，接纳每位学生的独特性； ⑤使班级和校园成为多元智能、多元方式、多种学生和谐共处的乐园

续表

序号	基本步骤	培养抗逆力的策略
6	提供机会，促进参与	①提供资源和机会，鼓励学生完成高标准的任务； ②给学生开设自信心、创新力、领导力等课程； ③针对学校管理人员不足的问题，可适当鼓励学生自我管理，提供学生管理岗位

案例二

许峰，男，14 岁，某中学初二年级学生，性格外向，聪明，但学习成绩平平。许峰家庭经济条件较为优越，父母都从事建材生意，但是父母平时工作较忙，均无暇管教许峰，许峰只好由爷爷、奶奶全权照顾，但爷爷、奶奶对许峰较为宠爱。许峰在校外结交了几位“铁哥们”，在“铁哥们”的引导下，许峰开始上网，放学后第一件事就去学校或社区附近的网吧，有时甚至彻夜不归，爷爷、奶奶拿他没办法，父母为此经常打骂他，造成其逆反心理不断加剧，多次和父母发生冲突，在校期间情绪也不稳定，学习态度更加消极。

要求：

假如你是许峰所在学校的一名社会工作者，请分析造成许峰沉溺网络的主要原因，并拟订一份服务方案。

【参考答案】

(1) 上述案例中，许峰沉溺网络问题的原因主要有以下几个方面：

①个人原因

许峰正处于青春期，自我独立意识增强，但自我控制力较差，对网络上瘾之后难以自拔。

②家庭原因

a. 许峰的爷爷、奶奶对许峰十分宠爱，但不知如何管教。

b. 许峰的父母对许峰缺乏正确的引导和教育，疏于管教且教育方式不当，只知打骂，导致其逆反心理不断加剧，情绪不稳，学习态度更加消极。

③社会原因

a. 许峰性格外向，在校外结交了几位不良少年，在他们的引导下，许峰开始上网，并沉溺于网络。

b. 学校和社区附近环境不佳，网吧较多，是青少年迷恋网络的客观原因。

(2) 方案设计

针对以上分析，学校社会工作者制定的服务方案内容如下：

①方案目标

帮助许峰戒除网瘾，稳定情绪，建立良好的朋友圈，提高学习成绩。

②方案实施策略

a. 提供心理辅导。可以策划一些情景模拟演练活动，帮助许峰释放负面情绪。

b. 提供学习辅导。协助许峰树立正确的学习动机，掌握正确的学习方法。

c. 提供人际交往辅导。联系许峰所在的学校，尝试运用团体工作的方法，鼓励许峰根据自己的兴趣爱好，加入学校的一些社团组织。

d. 提供健康的休闲娱乐方式。建议许峰在课余时间进行爬山、打乒乓球和羽毛球、去书店看书等活动，减少上网时间，降低对网络的依赖性。

e. 建议许峰的家长改变教育方式。与许峰的父母和爷爷、奶奶进行沟通，建议他们学习教育青春期孩子的方法与技巧，改变原来的教育方式，降低孩子的逆反心理。

f. 督促建立良好的学校与社区环境。分别与学校相关部门和社区有关机构取得联系，通过耐心讲解，督促他们为青少年的成长建立一个良好的学校和社区环境，加强对周边网吧的管理和监督，严禁未成年人上网。

③方案执行

主要包括提供服务、整合社区资源、监督服务执行进度等。

④方案评估

可通过许峰、许峰父母、爷爷奶奶对服务的满意度、方案的执行情况和服务效果进行评估。

案例三

小武，男，13 岁，三年前随父母来到某城市。其父母在该城市打工，小武在一家民工子弟学校读书。半年前，该民工子弟学校被撤销，小武被父亲送到市区的一家公立中学就读，随后，他们全家搬到学校附近居住。虽然小武很用功，可是由于基础薄弱，学习成绩始终不理想，这让他感到非常苦恼。而同班同学基本上都是城里的孩子，小武感到十分孤独，没人跟他交朋友，他每天都是独来独往，对学校逐渐产生了愤恨情绪。

要求：

假如你是该校的一名社会工作者，请针对小武的情况，拟订服务方案。

【参考答案】

(1)问题的陈述与分析

根据上述案例，小武面临的问题主要为自我认知的失衡以及社会适应的偏差。这种问题产生的原因有：

①小武学习成绩比较差，导致焦虑情绪的产生和自我评价偏低。

②在学校缺少同伴，每天独来独往，导致小武的学习问题进一步演变为心理问题，甚至恶化为对学校的愤恨。

③家庭移居新环境，小武脱离了原来的小伙伴，很难一下子融入新环境，加剧了小武的问题。

④城里学生的歧视导致了小武的问题很难有根本性的好转。

(2)方案设计

针对小武的情况，学校社会工作者制定的服务方案内容如下：

①方案目标

a. 远期目标：协助小武融入新的社会环境，增强自信，获得成功。

b. 近期目标：帮助小武认清现实，接受现实。

②方案实施策略

a. 对小武进行情绪疏导，帮助其舒缓对学校的怨恨心理，使其勇于面对现实。

b. 联系大学生志愿者，为小武提供学习辅导，帮助其提高学习成绩，掌握科学的学习方法，增加自信。

c. 联系小武的班主任老师，请他多关心小武，对其取得的进步及时给予表扬和鼓励。

d. 组织小武的同学开展小组活动，让他们改变对民工子弟的歧视，主动与小武交朋友，帮助小武尽快熟悉学校环境，并为他提供适当的学习辅导，让其感受到班级大家庭的温暖。

e. 联系小武的父母，请他们帮助小武尽快熟悉居住地周围的环境，减少陌生感，增加归属感。

③方案执行

a. 用尊重、关怀、真诚等专业态度取得小武的信任。

b. 用个案工作的方法疏导小武的心理问题，提升其学习成绩。

c. 用团体工作的方法帮助小武真正融入新同学，适应新的学校环境。

④方案评估

包括方案执行情况评估、小武对各个活动环节的满意度评估以及服务效果评估等。

第十三章　社区社会工作

一、案例分析题（应试人员需对提供的案例背景材料进行全面深入的分析，并按要求作答）

案例一

在某街道召开的多方协商会议中，与会代表普遍反映，目前社区志愿者的参与积极性较高，但志愿服务存在资源碎片化，活动形式单一等问题，难以满足居民的多元需求。街道调研后，决定从构建多方联动机制入手，委托社会工作服务机构实施“共建美好社区”志愿服务项目。

社会工作者走访辖区内的志愿服务组织，了解其专长和运行情况，推动这些志愿服务组织成立志愿服务联盟，建立志愿服务资源库；联动社区居委会，深入调研居民需求，建立志愿服务供需对接机制，促进志愿服务精准化；在项目运行过程中，社会工作者引导志愿服务联盟广泛吸纳社会组织、社区商户和爱心人士等多方力量参与，共同解决居民关心的问题；建立志愿服务积分制度，促进志愿服务的可持续发展。

随着项目的深化，社区共建、共治、共享的氛围日益浓厚，居民开始以主人翁的姿态，更加积极地参与社区事务。［2024 年真题］

问题：

1．本案例中，社会工作者采取了哪些推动社区多方联动的方法？

2．本案例中，体现了社区社会工作的哪些特点？

【参考答案】

1．本案例中，社会工作者采取的推动社区多方联动的方法包括：

（1）了解社区状况，熟悉社区资源，心目中要有一台账。社区社会工作者要了解社区内各类组织、各方力量的运作和互动情况，掌握相关社会组织、驻社区单位、社区社会组织、业主委员会、物业管理公司、社区居民、志愿者等情况，做到心中有数。

案例中，社会工作者走访辖区内的志愿服务组织，了解其专长和运行情况，推动这些志愿服务组织成立志愿服务联盟，建立志愿服务资源库。

（2）与多方力量积极沟通，建立协同合作关系，工作中要有一盘棋，社区社会工作者要在社区党组织活动、社区自治活动、社区服务等领域中与有关各方积极接触、建立联系、夯实合作基础；社区社会工作者要在服务中树立全局意识，为社区内各类组织机构、各方力量创造更多参与的机会，力求实现社区、相关组织机构、社区居民多方参与、互利共赢，使得多方联动具有更高的互惠性、可持续性。

案例中，社会工作者联动社区居委会，深入调研居民需求，建立志愿服务供需对接机制，促进志愿服务精准化，建立志愿服务积分制度，促进志愿服务的可持续发展。

（3）发挥联系纽带、资源整合的作用，服务中要有一条线。社区社会工作者在社区社会工作服务中组织和引导有关多方力量、推动社区居民参与，共同为社区建设和社会治理创新、实现社区共建共享做出贡献。

案例中，在项目运行过程中，社会工作者引导志愿服务联盟广泛吸纳社会组织、社区商户和爱心人士等多方力量参与，共同解决居民关心的问题。

2．本案例中，体现了社区社会工作的特点包括：

(1)以社区为对象。社区社会工作的特点是以社区为对象，即为居住在社区中的个人、家庭提供服务，更重要的是服务整个社区。案例中，街道委托社会工作服务机构实施“共建美好社区”志愿服务项目。

(2)重点解决社区居民所面临的集体性问题。案例中，在某街道召开的多方协商会议中，与会代表普遍反映，目前社区志愿者的参与积极性较高，但志愿服务存在资源碎片化，活动形式单一等问题，难以满足居民的多元需求。

(3)采用宏观结构的视角分析和介入问题。相比个案、小组等专业技术，社区介入的层面更为宏观。案例中，联动社区居委会，深入调研居民需求，建立志愿服务供需对接机制，促进志愿服务精准化。

(4)强调社区参与，关注人的发展。在社区层面开展工作，仍需注意要做到以人为本。案例中，在项目运行过程中，社会工作者引导志愿服务联盟广泛吸纳社会组织、社区商户和爱心人士等多方力量参与，共同解决居民关心的问题。随着项目的深化，社区共建、共治、共享的氛围日益浓厚，居民开始以主人翁的姿态，更加积极地参与社区事务。

(5)重视社区资源的挖掘和运用。社区中充满了丰富的人力、物力、财力、组织、文化等资源。案例中，社会工作者走访辖区内的志愿服务组织，了解其专长和运行情况，推动这些志愿服务组织成立志愿服务联盟，建立志愿服务资源库。

案例二

针对D街道老人和儿童缺乏社区照顾的问题，社会工作服务机构与基金会联合启动了“五社联动”助力“一老一小”项目。社会工作者充分发挥资源经纪人的角色作用，通过问卷调查、入户访谈、绘制社会生态系统图和社区资源图等方式，了解老人和儿童的需求、现存人际关系，识别社区中的服务资源。在此基础上，社会工作者动员与服务对象关系密切的亲友提供支持；将处于困境中的老人和儿童推介给社区志愿服务队，建立长期的陪伴服务关系；培养成立社区互助会，组织有参与意愿的老人和儿童互相认识，互相支持；定期举办社区公益资源集市，促进爱心企业、邻居与有需要的老人及儿童对接；协助老人、儿童掌握联系和使用服务资源的方法、定期回访了解服务对接和资源使用情况。

经过多方努力，针对“一老一小”的社区支持网络在D街道得以建立。[2023年真题]

问题：

1. 社会工作者在扮演资源经纪人角色时，运用了哪些服务技巧？

2. 分析社会工作者在本案例中运用了哪些建立社区支持网络的策略。

【参考答案】

1. 资源经纪人角色的主要任务是在服务对象和其所需资源之间牵线搭桥，案例中使用了如下技巧：

(1)评估服务对象的需要。案例中，社会工作者使用问卷调查、入户访谈等各种方法了解老人和儿童的需求。

(2)识别和找出相关的资源。案例中，社会工作者运用社区资源图等方式，从服务对象现存人际关系和社区中识别服务项目能够利用的资源。

(3)转介。在案例中，社会工作者将处于困境中的老人和儿童推介给社区志愿服务队，建立长期的陪伴服务关系。

(4)确定服务对象得到了资源并能够使用它们。案例中，社会工作者协助老人、儿童掌握联系和使用服务资源的方法、定期回访了解服务对接和资源使用情况。

2. 社会工作者在案例中运用了下列 4 种建立社区支持网络的策略：

(1)建立个人网络。

主要是针对服务对象个人的现存人际关系以及其所置身的环境内具有发展潜力的成员，例如家庭成员、朋友、邻居或者其他服务的提供者（如家政服务员）等，通过建立联系和提升助人能力，让这些成员来协助服务对象。具体做法是：社区社会工作者集中服务对象个人现存的有联系且有支持作用的成员，动员服务对象关系密切的重要人物提供支援，维持和扩大服务对象的社交关系和联系。案例中，社会工作者动员与服务对象关系密切的亲友提供支持，壮大了服务对象的个人网络。

(2)建立志愿者联系网络。

用于社区中拥有极少个人联系的服务对象，将他们与可以提供帮助的志愿者联系起来，建立一对一的帮助关系。具体做法是：社区社会工作者寻找和动员社区内或社区外愿意成为志愿者的大学生、社区党员、辖区单位的职工，通过合理配置，让志愿者和服务对象建立联系，提供帮助和支持。案例中，社会工作者将处于困境中的老人和儿童推介给社区志愿服务队，构建以服务对象为中心的志愿者联系网络。

(3)建立互助网络。

把面对相同问题或具有相似兴趣或能力的人聚合在一起，帮助他们建立联系，促进他们互相帮助和互相支援。具体做法是：社区社会工作者为那些有共同问题、相同背景、相同兴趣的服务对象建立起朋辈支持小组或互助小组，加强同伴之间的支持，促进信息分享和经验交流，增强解决问题的能力。案例中，社会工作者在 D 街道培育成立社区互助会，组织有参与意愿的老人和儿童互相认识，互相支持，建立社区互助网络。

(4)建立邻里协助网络。

社区社会工作者认为，社区中的邻里、社区商店员工、物业公司职工、保洁员、保安员等在为服务对象提供支援上扮演着重要角色，并且可以用最自然、最快捷的方式，为服务对象提供支持。具体做法是：社区社会工作者通过举办各种活动召集和推动邻里了解服务对象，强化邻里和服务对象之间的联系，发展互助性支持，有效降低正规服务的烙印效果。案例中，社会工作者定期举办社区公益资源集市，促进爱心企业、邻居与有需要的老人及儿童对接，构建邻里协助网络。

案例三

D 社区没有物业服务单位，长期存在环境脏乱差的问题。为此，社区居委会委托某社会工作服务机构推动居民成立“物业自我管理委员会”。

社会工作者开展了社区分析：经过深入社区观察发现，D 社区地处市中心，住房和基础设施年久失修，居住的主要是低收入家庭、空巢老人和流动人口，属于典型的老旧小区；借助查阅资料进一步分析了社区的历史、人口结构和社区资源等基本情况。

通过访问居民了解到，D 社区还存在居民的社区参与热情和水平不高，缺少骨干，没有成熟的社区社会组织，社区协商活动一直组织不起来等社区内共同性问题。［2021 年真题］

问题：

1. 本案例中社会工作者还需要开展哪些社区分析工作？

2. 从扩大社区参与的角度，本案例中社会工作者应当从哪些方面开展服务？

【参考答案】

1. 社区分析工作的主要内容包括社区类型分析、社区基本情况分析、社区问题分析、社区需求分析，以及社区优势和劣势分析。案例中，社会工作者发现 D 社区属于典型的老旧小区(社区类型分析)；观察了社区的地理位置，分析了社区的历史、人口结构和社区资源等基本情况(社区基本情况分析)；了解到社区内共同性问题(社区问题分析的一部分)，此外，还需要开展以下社区分析工作：

(1)社区问题分析中的社区内群体性问题分析。包括社区中的老年人、青少年、妇女、残疾人、失业者、贫困者和低收入者等群体，分析的角度有：该人口群体的共同属性是什么；人口的分布和人口的数量如何；群体所存在的问题是什么；政府是否有相关政策扶持，内容如何；民间和社区组织是否提供服务，内容如何。

(2)社区需求分析。包括：

①感觉性需求。指社区居民或服务对象感受到或意识到，并用言语表述出来的需要。

②表达性需求。指社区居民或服务对象把自身的感觉通过行动表达出来的需要，如申请服务、排队等候服务等。

③规范性需求。指由专家学者、专业人士、政府行政官员评估而决定的需求。

④比较性需求。指社区居民或服务对象将所得到的服务与其他类似社区进行比较，而认为有所差别的需求。

(3)社区优势和劣势分析。可以运用 SWOT 分析法分析社区内部的优势和劣势以及外部的机会和风险，对社区的内外部条件等各方面内容进行综合和概括。

2. 从扩大社区参与的角度，本案例中社会工作者应当从以下几个方面开展服务：

(1)参与社区需求调查与社区服务项目；

(2)促进社区协商；

(3)提高社区居民参与水平；

(4)培育社区社会组织和社区骨干；

(5)组织社区志愿服务项目。

案例四

因相邻市场发现了新冠肺炎确诊患者，某社区被划定为疫情高风险地区，紧急实施封闭式管理。

在该社区封闭式管理期间，有的残疾人暂时中断了康复治疗；有的独居老人日常生活受到严重影响，亲友也无法去照顾；有的孩子因对病毒产生恐惧，无法正常学习和生活；部分辖区居民因生活诸多不便而情绪激动，甚至提出一些不合理的要求。

为了解决上述问题，社会工作者在社区党组织的领导下，积极发挥专业优势，推动多方联动，参与抗疫行动。社会工作者利用社区资源图和社区组织名录，动员社区商户为居民调配急需的生活用品；社会工作者认真分析社区各方力量的特点，创造机会，推动驻社区单位代表、社区社会组织代表和社区志愿者等为社区特殊人群提供服务；在此过程中，社会工作者尤其注重动员和培养社区居民骨干积极参与上述各项服务。[2020 年真题]

问题：

1. 社会工作者可以为该社区提供哪些服务？

2. 在本案例中，社会工作者从哪几个方面推动了多方联动？

【参考答案】

1. 社会工作者可以为该社区提供以下服务：

(1)社区残疾人服务。为残疾人提供生计帮扶、家庭支持、社区康复和社会融入等服务。

(2)社区老年人服务。为老年人特别是留守、空巢、失独、病残、失能、高龄老年人提供生活照顾、精神慰藉、情绪疏导、危机干预、关系调适及社会参与等服务。

(3)社区儿童服务。为儿童、青少年，特别是农村留守儿童和其他困境儿童、青少年提供生活照料、救助保护、学业辅导、情感关怀、成长支持等服务。

(4)社区困难居民服务。为遭遇突发事件、意外伤害、丧葬事宜等需要帮助的社区居民提供生活照料、情绪疏导、哀伤辅导、危机干预、资源链接等服务。

2. 本案例中，社会工作者从以下几个方面推动了多方联动：

(1)社区社会工作者手中要有“一台账”。在社区党组织的领导和社区自治组织的指导和支持下，全面梳理社区内各类组织机构、各方力量的基本情况、运行情况、参与社区服务和社区建设情况，做到心中有数、手中有账，这是多方联动的一项基础工作。例如，社区社会工作者可以通过社区资源图、社区组织机构名录、社区服务手册等方式，系统地梳理社区内外的相关组织机构和有关力量。

(2)社区社会工作者在工作中要有“一盘棋”。社区社会工作者要在服务中树立全局意识，为社区内各类组织机构、各方力量创造更多参与的机会，力求实现社区、相关组织机构、社区居民多方参与、互利共赢，使得多方联动具有更高的互惠性、可持续性。例如，社区社会工作者可以以社区居民协商议事活动为平台，动员和吸收社区居民中的热心人、驻社区单位代表、社区社会组织代表、社区商户代表等积极参与社区事务，并以此为契机构建协商协调机制，着力推进社区服务和社区建设。

(3)社区社会工作者在服务时要有“一条线”。社区社会工作者要抓住社区参与这条主线，通过发现培养社区居民骨干、培育社区社会组织等途径，着力提高社区参与意识、促进参与行动，将社区居民的主动参与和社区其他组织机构的协同配合联系起来，构建多方联动的社区社会工作服务机制。

案例五

为提高社区环境治理水平，A社区发挥社会工作者的专业优势，重点解决生活垃圾分类活动中居民参与不足的问题。

社会工作者通过社区调查了解到以下信息：有些居民认为，垃圾分类是很重要的，但其他居民还是把没有分类的垃圾丢进垃圾桶，自己一个人也是白做；有些居民反映，因为宣传不到位，自己不太清楚垃圾分类的意义和价值；有些居民指出，目前垃圾分类设置的物质类奖品没有太大的吸引力，建议把获得便民服务也作为奖励；有些居民表示，平时工作比较忙，没有时间参加垃圾分类的培训；有些居民提到，垃圾分类是新鲜事物，不太清楚究竟要怎么分类。

社会工作者基于社区调查掌握的信息，着手制定服务计划，以推动A社区居民积极参与垃圾分类活动。[2019年真题]

问题：

1. 列出影响A社区居民参与垃圾分类活动的主要因素。

2. 为推动A社区居民积极参与垃圾分类活动，社会工作者可以采取哪些策略？

【参考答案】

1. 影响A社区居民参与垃圾分类活动的主要因素有：

(1)参与价值。社区居民参与社区事务的兴趣，关键在于这些事务与他们的切身利害是否有密切关系，如果社区参与对其生活质量改善不大，他们就不会参与。A社区的情况是“有些居民认为，垃圾分类很重要，但其他居民没有把分类的垃圾丢进垃圾桶，自己一个人也是白做；有些居民反映，不太清楚垃圾分类的意义和价值”。该社区的部分居民并不是很了解垃圾分类活动的参与价值，因此不愿意参与此活动。

(2)参与意愿。即使社区居民肯定参与的价值，也仍要看其是否愿意，或有动机参与其中，并身体力行。A社区的情况是“有些居民指出，目前垃圾分类设置的物质类奖品没有太大吸引力”。该社区的部分居民因奖品没有吸引力，参与垃圾分类活动的意愿并不高。

(3)参与能力。参与能力可能受两个主要因素的影响。第一个是时间和金钱。社区居民参与是要付出代价的。第二个是知识与技巧。如果社区居民没有参与经验，又缺乏有关的组织技巧、决策的相关知识等，就会妨碍其参与社区事务。A社区的情况是“有些居民没有时间参加垃圾分类的培训；有些居民不太清楚垃圾究竟要怎么分类”。所以该社区的部分居民由于缺少参与时间、知识与技巧，影响了参与能力。

2. 为推动A社区居民积极参与垃圾分类活动，社会工作者可以采取的策略有：

(1)促进社区居民对参与价值的肯定。通过社区教育和社区宣传，唤醒居民对社区问题的关注，改变他们对社区的冷漠态度，加强其对参与成效的信心。具体策略包括：

①开展社区研讨会、居民大会等，邀请居民参与进来，对垃圾分类展开讨论，让居民了解到垃圾分类人人有责，每个人做一点点，环境改善就能进一大步。

②开展图片展或观影活动，通过图片或影片的方式，让社区居民看到垃圾分类能为改善生活质量带来的变化与影响，让居民了解垃圾分类的意义和价值，改变居民对垃圾分类的不重视态度。

(2)提升社区居民的参与意愿。一方面充分考虑家人和亲友对参与意愿的正负影响，另一方面社会工作者在选择工作的目标和方向时，最好能与居民的利益挂钩。具体策略包括：

①将与居民生活相关的事物做为奖励，如“便民服务”，以提高居民个人的参与意愿。

②邀请相关人员的家人和朋友来参加活动，进一步感染社区居民。

(3)提高社区居民的参与能力。具体策略包括：

①开展垃圾分类主题培训。可以采用个别培训或小组训练的方式，帮助居民认识垃圾分类，了解如何进行垃圾分类，并现场实践演练日常生活场景垃圾分类的做法，让居民逐渐掌握日常生活中如何进行垃圾分类，同时在过程中给予社区居民鼓励与肯定，使其增强参与垃圾分类活动的信心。

②妥善处理好时间的问题。社会工作者在相关活动策划期间，需要充分考虑到居民的时间，尽量安排在大部分人能参与的时间；同时优化活动流程，尽可能提高活动效率；最后提前做好规划并通知居民，以便他们提前协调安排时间。

案例六

近年来，某小区养宠物狗的家庭越来越多。宠物狗给主人带来快乐的同时，也给小区带来了一些问题；狗的粪便随处可见；大型犬有时会惊吓小孩；夜晚狗的叫声经常会吵扰邻居；狗伤人事件时有发生……部分居民对此非常不满，常与养狗者发生冲突。社区的邻里关系受到了影响，尽管居委会通过调解暂时缓解了一些矛盾，但难以从根本上解决问题。

为此，社会工作者与居民代表讨论后，提出建立“养狗自律会”的设想。他们在居民区张贴拟成立“养狗自律会”的海报，发放宣传单，征求居民的意见；邀请居委会、业主委员会、物业公司、居民代表参加座谈会，讨论解决办法。两周后，“养狗自律会”正式成立，推举了会长、秘书长，明确了监督员、宣传员等分工。“养狗自律会”通过社区调查，形成了“错时遛狗、粪便自清”等自律公约。同时“养狗自律会”配合居委会、物业公司开展社区环境规划，修建狗便处理设施，一段时间后，不仅养狗扰民问题基本得以解决，邻里关系得到改善，而且居民参与解决社区问题的意识和能力也得到提高。[2015 年真题]

问题：

1．在本案例中，社会工作者的做法实现了社区社会工作的哪些目标？

2．结合案例指出社会工作者在推动告知、咨询、协商、共同行动和社区自治等不同层次的社区参与中采取的主要做法，填入表 13-1 中。

表 13-1

社区参与层次	主要做法
告知	A.
咨询	B.
协商	C.
共同行动	D.
社区自治	E.

【参考答案】

1．在本案例中，社会工作者的做法实现了以下社区社会工作的目标：

（1）促进居民参与，解决社区问题。社会工作者认为社区问题的解决主要应依靠社区居民，相信居民有能力处理与他们日常生活密切相关的问题。

①社会工作者与居民代表讨论解决问题的设想，并邀请居委会、业主委员会、物业公司、居民代表参加座谈会，讨论解决办法。这帮助了居民建立参与解决社区问题的信念，传授了解决社区问题的知识和技巧。

②会后成立了“养狗自律会”，推举了会长、秘书长，明确了监督员、宣传员等分工。这培育了居民骨干能力，鼓励居民参与集体行动，群策群力解决社区问题，促进推动社区自决能力的提升。

③“养狗自律会”通过社区调查，形成了自律公约，开展社区环境规划，修建狗便处理设施。这体现出在解决问题的过程中，社会工作者注重发现居民潜能，提升居民自我形象，培养了居民独立自主的精神。

（2）改善社区关系，提升社区意识。社会工作者协助社区居民建立友善的邻里关系，鼓励互相照顾和关怀，满足社区需求，实现社区和谐。

①社区关系一方面是指社区内部各组织之间的关系，社会工作者致力于推动各个组织建立互信互赖的关系，合力解决社区问题，促进社区凝聚力的形成。如社会工作者邀请居委会、业主委员会、物业公司、居民代表参加座谈会，讨论解决办法。之后“养狗自律会”配合居委会、物业公司开展社区环境规划，修建狗便处理设施，最终形成合力解决社区问题的良好局面。

②社区关系另一方面是指居民和居民之间各种关系，包括邻里关系、代际关系等，社会工作者致力于推动社区居民之间的交流、沟通、协商和合作，促进社区居民之间的互惠、

互助，培养相互关怀的社区美德，促进社区归属感的建立。在商量解决问题办法的过程中，社会工作者创造了社区居民相互交流、沟通、协商的环境，明确了社区居民的分工职责，通过共同解决社区问题，改善了邻里关系，培养相互关怀的社区美德，促进社区归属感的建立。

(3)挖掘社区资源，满足社区需求。社会工作者在社区的重要工作是挖掘社区的人力、财力和物力资源，并通过资源的合理配置，来满足社区居民的需求。在前期工作中，社会工作者十分重视发现和挖掘"居民代表"作为社区骨干的人力资源，重视与居民代表的讨论商量；工作开展过程中，通过招募和组织"养狗自律会"挖掘社区居民人力并通过分工来整合人力资源，共同解决养狗问题，满足社区需求。

2. 社会工作者在推动告知、咨询、协商、共同行动和社区自治等不同层次的社区参与中采取的主要做法如表 13-2 所示。

表 13-2

社区参与层次	主要做法
告知	A. 提出建立"养狗自律会"的设想，并且在居民区张贴拟成立"养狗自律会"的海报
咨询	B. 针对"养狗自律会"的成立，社会工作者通过张贴海报，发放宣传单征求居民的意见
协商	C. 针对养狗问题，社会工作者邀请居委会、业主委员会、物业公司、居民代表参加座谈会，讨论解决办法
共同行动	D. "养狗自律会"正式成立后，推举了会长、秘书长，明确了监督员、宣传员等分工，共同完成社区调查、公约制定等任务
社区自治	E. "养狗自律会"通过社区民意调查，形成了"错时遛狗、粪便自清"等自律公约。同时"养狗自律会"配合居委会、物业公司开展社区环境规划，修建狗便处理设施，基本解决了养狗扰民问题

案例七

某社区有历史悠久的民俗文化；社区拥有各类活动场所和服务器材，每年有一定的社会服务经费；社区居民骨干、志愿者人数较多；辖区内有多家社会组织和便民服务商。然而，该社区的服务效率低下、质量较差，社区活动形式单一，难以满足居民日益多元的服务需求。

针对上述状况，社会工作服务机构受街道办事处委托，邀请了社区居委会人员、社区社会组织骨干和志愿者一起分析各自的优势、局限和角色差别，澄清了对社区服务的认识，达成了共同的目标，明确了各自职责，建立了信息收集与共享制度、联席会议制度和服务联办制度，在该社区逐步形成了社区居委会、社会工作服务机构和社区社会组织分工合作的联动机制，社区服务效率和质量有了大幅提升。[2016 年真题]

问题：

1. 列出该社区自身拥有的资源。

2. 本案例中社会工作服务机构协调该社区各类服务资源，把握了哪些原则？

【参考答案】

1. 社区资源是指可以被社区运用为社区居民服务的一切人力、物力、财力、文化和组织等资源。该社区自身拥有的资源包括：

(1)人力资源，是指居民能够提供知识、技能、经验，或奉献自己的时间、体力，为其他社区居民服务，包括社区居委会成员、社区居民骨干、社区志愿者、居住在社区的知名人士等。该社区中有较多的社区居民骨干、志愿者，还有社区居委会人员。

(2)物力资源，是指社区内有助于开展社区服务的、能够促进社区发展的物质资源，包括室内外活动场地、活动设备、器材、工具等。该社区拥有各类活动场所和服务器材。

(3)财力资源，是指可以用于开展社区服务或活动的经费，包括政府财政拨付经费、辖区内的企业事业单位赞助经费、各种社会捐赠以及活动收费等。该社区每年有一定的社会服务经费。

(4)组织资源，是指可以推动社区服务和促进社区发展的各类组织或机构，包括基层政府、辖区内的企业事业单位、社会团体、各类互助性和互益性居民小组等。该社区辖区内有多家社会组织和便民服务商。

(5)文化资源，是指社区中既有的典籍、古迹、文物等文化遗产，以及民俗、艺术等其他有助于促进精神文明建设的文化活动。该社区的历史悠久的民俗文化属于文化资源。

2. 本案例中，社会工作服务机构协调该社区各类资源时把握了以下原则：

(1)以社区发展为主要目标。社区工作以整个社区及社区中的居民为服务对象，必须充分考虑社区的利益主体，即社区居民自身的权利和需要，积极促进社区发展，提高社区福利水平。

(2)根据实际条件制订工作计划。要从实际出发，根据该社区服务效率低下、质量较差、社区活动形式单一、难以满足居民日益多元的服务需求等具体情况来制订工作计划。

(3)强调居民参与。社区工作作为一种有计划的集体行动的方法，必须重视居民参与。案例中的社区有丰富的人力资源，除了充分利用人力资源，还要发挥社区居民的力量。

(4)尊重社区自决。开展社区工作服务时，由社区组织和居民自主选择或确定社区发展方式和行动策略，并由社区自主管理属于自治范围内的事务。

(5)开展广泛合作。社区发展需要广泛的团结合作，协力解决非少数人所能解决的问题，尤其是做重大决策时，除了发挥社区居民骨干的力量，志愿者、居委会人员、社会组织和便民服务商都是社区工作的动力源泉。

案例八

居民李丽在一家超市做保洁员，她的丈夫以修鞋谋生，家庭经济比较困难。他们的儿子华华上高中一年级，懂事、孝顺，很令李丽夫妇欣慰，但儿子的英语和物理成绩一直不好，他们想请家教帮助儿子提高学习成绩，但却负担不起费用。最近，夫妻俩发现儿子有早恋的苗头，对此感到非常担心，于是向社区专业社会工作者小宋求助。

小宋在深入了解了李丽家中的全面情况后，运用心理咨询和个案辅导的方法，帮助华华解决了个人情感方面的困扰；她又联络本校的大学生志愿者，每周两次为华华辅导英语和物理。为了防止类似问题的再次发生，小宋鼓励华华多参与社区团体活动。每个周末，小宋都利用社区活动中心，把社区中有同样困扰的青少年按照 7 ~ 10 人一个小组的标准，制定团体活动方案，并付诸实施。看到儿子在向积极健康的方向发展，李丽脸上又露出了笑容，社区居民也对小宋给予了很高的评价。

问题：

1. 案例中，李丽面临的困境主要是什么？

2. 在解决问题的过程中，小宋主要运用了哪些专业的社区社会工作方法和技巧？

【参考答案】

1. 上述案例中，李丽面临的困境可以概括为以下几个方面：

(1)想帮助儿子提高成绩，但因家庭经济窘迫做不到而产生的无奈情绪；

(2)觉察到儿子出现早恋现象，一向对儿子期望甚高的李丽感到十分焦虑；

(3)面对儿子出现的问题，自己无力解决，感到无助和受挫。

2. 在解决问题的过程中，社会工作者小宋主要运用的社区社会工作方法和技巧为：

(1)资源连接

整合社区内外资源，开展社区服务活动。社会工作者小宋发现、挖掘、调配和利用社区内外的各种资源，例如大学生志愿者等，满足类似华华情况的青少年的服务需求。

(2)建立社会支持网络

利用社区活动中心，把社区中有同样困扰的青少年按照 7 ~ 10 人一个小组的标准，制定团体活动方案，建立互助网络。

二、方案设计题(根据题目的要求，设计出环节完整、严密、可行性强的服务方案)

案例一

某老旧小区居民对社区服务有强烈需求，然而，该社区居委会人手紧张，服务供给有限。为此，社区居委会引进了一家社会工作机构，希望借助专业力量加强社区服务。该社会工作机构在社区走访中发现，社区中已有居民骨干自发组织了一些活动。进一步调查后了解到，有些居民骨干认为，大家组织起来就是为了自娱自乐，不要多管闲事；有的居民骨干虽然想为居民们多做点事，但不知道该怎么做，还有的居民骨干曾经尝试过开展社区服务，但看不到成效，感到很无力，没能坚持下去；同时，这些社区居民骨干开展活动面临缺少服务场地、设备、资金和人员等困难，也不知道该如何去争取资源。

针对该社区的实际情况，社会工作机构计划对社区居民骨干开展能力建设服务。[2014年真题]

要求：

分别从提升居民骨干的认知和思维、情感和价值观、行为和技巧等三个方面能力的角度，设计服务方案(分别列出三个方面的具体目标和主要实施策略)。

【参考答案】

从上述材料可以看出，有的居民骨干认为大家组织起来就是为了自娱自乐，不要多管闲事；有的居民骨干虽然想为居民们做点事，但不知道怎么做；有的居民骨干曾经尝试过开展社区服务，但看不到成效，感到很无力，没能坚持下去；此外，这些人对怎么争取服务场地、设备、资金和人员等资源能力欠缺。针对以上的状况，设计的服务方案如下：

(1)从提升居民骨干的认知和思维的角度：

①具体目标

a. 使居民骨干能够掌握社区生活和共同问题的知识和资料；

b. 使居民骨干能够理解资料的相互关系，批判地分析问题；

c. 使居民骨干能够引申和推理；

d. 使居民骨干能够进行分析和评价，并提出创新的建议。

②主要实施策略

a. 通过反复练习的方法，让居民骨干学习知识和技能，使之逐步成为个人的常识和习惯；

b. 通过思考能力的训练，将个人的感觉经验提升进入概念层面的抽象思维中；

c. 通过鼓励居民骨干不断发现问题并分析，让居民骨干学会总结经验和不断产生新体会；

d. 通过分析实际案例，不断提升居民骨干分析和判断问题的能力。

为了增强居民骨干的学习兴趣，降低居民骨干对学习的抗拒，社区社会工作者可经常利用个案阐释政策，或将资料简化成为容易记忆的、顺口流畅的口号和歌曲，来有效地帮助社区居民骨干掌握知识和资料。

(2)从提升居民骨干的情感和价值观的角度：

①具体目标

a. 社区社会工作者需要从感受、兴趣、态度取向和价值观四个方面下功夫，改变居民骨干对参与、社会正义、居民权益的感观和价值取向；

b. 通过行动反思的方法澄清价值观，分享个人经历和感受，引起居民骨干的共鸣，并巩固“服务社区”的精神。

②主要实施策略

a. 社区社会工作者的工作是要不断给居民骨干灌输公民意识和价值，这些价值包括为他人着想，以公众利益为归依，不损人利己，勇于承担责任等。培育价值观的方法也是多种多样的，如领悟法、辩证法、理性分析法、观念扩展法和模拟游戏法等。社区社会工作者必须灵活运用组织过程，引起讨论，来巩固正面的价值观。

b. 建立“典型”和“模范”，这是塑造理想品德、行为，培养良好公民的有效方式，我国城乡社区普遍开展的“文明街道”、“五好家庭”和“文明村镇”等评比活动，其实质就是要树立典范，宣传良好公民的行为，以提高人民的素质。事实表明，正面的典范比负面的典型在教育上更为直接，应尽量采用这种方式。

c. 通过角色扮演的方式，让居民骨干认识到服务社区、帮助他人的乐趣与重要性，使他们真正发自内心的认同社区服务的价值观念，真心实意的为社区和居民服务。

(3)从提升居民骨干的行为和技巧能力的培养角度：

①具体目标

a. 使居民骨干掌握与基层居民沟通的技巧，善于表达对他人的关怀和爱护；

b. 使居民骨干能理解文件和有关资料，懂得行政和会议技巧；

c. 使居民骨干拥有基层动员的能力，具备谈判、游说、公共关系和与大众传媒合作的能力等；

d. 提升居民骨干资源连接的能力，促使居民骨干能够寻求到足够的场地、资金和设备等资源以便开展活动；

e. 提升居民骨干开展社区活动的能力，这些能力包括需求评估的能力、服务策划的能力、组织动员的能力、后期评估的能力等。

②主要实施策略

a. 肯定模仿学习重要性。社区工作者通常以身作则，积极示范待人处世的行为、态度和技巧，让居民骨干观察社会工作者和其他居民骨干的表现，自觉或不自觉地吸收知识、技巧和掌握工作程序。

b. 社区社会工作者可以采取个别训练和督导的方式，即根据居民骨干个体的水平和兴趣，设计训练内容。

c. 社区社会工作者也可以采用示范、观看、心理预习、自我引导、复习等方法，帮助居民骨干学习公开演讲、协商、游说等复杂技巧。

d. 社会工作者可以开展一次社区活动作为示范，在这次活动中，让社区骨干参与其中，在实践中学习组织活动的技巧。

案例二

某小区是去年由于7个村拆迁安置而形成的近一万人的“农转居”社区，社区内没有幼儿园，并且离小学和高中较远，没有大型的超市、农贸市场，也没有社区活动中心。新的居住方式改变了原来村落的人际关系和支持网络，社区内人际互动减少，缺乏活力。中老年人无事可做，无处可去，学龄儿童放学后无处可玩。社区只有几个零散的文艺兴趣小组，一些原村落的文艺骨干不主动参与社区活动。楼道里乱堆乱放杂物，影响了人们正常行走。大部分社区居民不适应“农转居”后的生活，普遍有一种不满情绪。新建社区居委会由原村委会改组而成，工作人员缺乏城市社区工作经验。

对此，当地政府引进一家社会工作服务机构开展服务。社会工作服务机构经过调查后，制订了以协助居民适应“农转居”生活方式为目标的社区服务计划。[2013 年真题]

要求：

结合本案例，依据“人在情境中”的基本观点，分别从社区居民、环境、社区居民与环境互动三个层面设计具体的社区服务方案（只需列出各层面的服务目标和内容）。

【参考答案】

“人在情境中”是关于人的生理、心理和社会发展的理论，包括人们生活所处的各个社会环境系统的理论，重点放在个人、群体、社会和经济系统之间的交互作用上，人类行为与社会环境的关系反映着社会的基本制度性安排，这方面的理论与知识帮助专业人员将视角放到个人和环境双重因素上，恰当地理解人与其生存的环境之间不断进行着的重要相互作用，协助社会工作者把解释个人成长历程及其在社会、生物、情感和精神方面的发展的理论融入到实践。这种人与社会交互作用的双向作用观帮助社会工作者认识在所有人的生活中发挥着重要作用的社会结构、系统和文化规范。

（1）社区居民层面

①服务目标：协助居民适应“农转居”生活方式，提高居民的参与意识与责任意识。

②服务内容：

a. 开展社区宣传活动，举办城市社区生活讲座，帮助居民了解城市社区的生活方式，培养社区生活的意识，帮助其逐步改变原有生活习惯，适应新的生活。

b. 通过开展兴趣小组和文体活动来丰富居民的日常生活。动员原村落的文艺骨干开展文艺活动，创办兴趣小组，并为其争取活动室，吸引感兴趣的居民前来参加；为学龄儿童开设活动室和阅览室，丰富其课余生活。

c. 培养社区骨干，提高社区居委会成员的工作能力。邀请城市先进社区的负责人为新建社区居委会成员进行培训，或者组织新建社区居委会成员参观学习先进社区，学习他人管理社区的先进经验，提高自身管理社区的能力和水平。通过社区骨干的引领作用，促进社区居民模仿，提升其社区参与的成就感。

d. 发动群众参与到小区建设中来，提高社区居民的“主人翁意识”和道德责任感。可以召开居民代表大会，征求居民对小区建设的意见，了解居民遇到的问题和需求，建立一支由小区居民组成的“突击队”解决问题，不断提升社区居民的参与层次。

（2）社区环境层面

①服务目标：整合社区资源，改善生活条件，满足社区需要。

②服务内容：

a. 作为资源联络者，积极为社区争取资源，促进社区的资源整合。将社区缺乏配套基础设施的情况反映给当地政府，获得建设超市、农贸市场、幼儿园等设施的政策支持，并吸引开发商投资。联系公交公司或者学校为孩子提供校车服务，或者社区居民集资为孩子上下学购置专门的车辆。

b. 作为资源协调者，调动各方力量整治社区杂乱的生活环境。在楼道内张贴“禁止堆放杂物”的标语，社区居委会成员定期抽查巡视，对乱堆杂物者进行批评教育。聘请专门的保洁人员负责社区卫生，组织社区志愿者辅助维持社区卫生。

(3)社区居民与环境互动层面

①服务目标：改善社区关系，提升社区意识。

②服务内容：

a. 运用社区策划和社区发展模式相结合的方式对社区问题进行介入，改善社区居民的生活环境；

b. 开展形式多样的社区活动及小组活动，发掘社区骨干，发展自助小组，提高社区居民解决问题的能力；

c. 社区宣传与社区教育相结合，用展板、宣传栏、观看影片等方法进行宣传，提高居民对社区的归属感和认同感，形成社区特色文化；

d. 针对社区内人际互动减少、缺乏活力的现状，社会工作者在社区内组织开展人际交往小组，增进社区居民间的交往。

案例三

某贫困村被政府纳入异地搬迁扶贫规划，村民们被安置到县城的A社区。A社区有多家社区社会组织和多支志愿者队伍，社区党员也比较活跃。然而，搬迁一年后，有些村民依然不适应新的社区生活。一些老年村民表示，原来的老邻居都被拆散了，感觉身边没有人可以交流。部分年轻村民到企业上班后，孩子放学回家无人照顾，家长们向社区多次反映，希望解决这一问题。与其他安置社区相比，A社区缺少专门为安置村民组织的社区文化活动。某社区工作服务机构在评估服务需求时，也发现这些村民缺乏城市生活适应能力。[2017年真题]

要求：

设计一份社区支持网络建设方案，只需列出搬迁村民的服务需求(感觉性需求、表达性需求、规范性需求和比较性需求)、服务总目标与介入策略。

【参考答案】

从案例中可以看出，在搬迁之后，A社区村民不适应新的社区生活，居民之间缺乏交流；孩子放学无人看管；缺少专门为安置村民组织的社区文化活动；村民缺乏城市生活适应能力。针对以上情况设计的社区支持网络建设方案如下：

(1)社区需求分析

①感觉性需求：加强邻里之间的交流。

感觉性需求是指社区居民或服务对象感受到或意识到，并用言语表述出来的需要。案例中，一些老年村民表示原来的老邻居都被拆散了，感觉身边没有人可以交流，体现的是感觉性需求。

②表达性需求：孩子放学后需要被照顾。

表达性需求是指社区居民或服务对象把自身的感觉通过行动表达出来的需要，如申请服务、排队等候服务等。案例中，部分年轻村民到企业上班后，孩子放学回家无人照顾，家长多次向社区反映这个问题，体现的是表达性需求。

③规范性的需求：城市生活适应能力。

规范性的需求是指由专家学者、专业人士、政府行政官员评估而决定的需求。案例中，某社区工作服务机构在评估服务需求时，发现村民缺乏城市生活适应能力，体现的是规范性需求。

④比较性需求：专门为安置村民组织的社区文化活动。

比较性需求是指社区居民或服务对象将所得到的服务与其他类似社区进行比较，而认为有所差别的需求。案例中，与其他社区相比较，A 社区缺少专门为安置村民组织的社区文化活动，体现的是比较性需求。

(2)社区支持网络建设方案(见表 13-3)

表 13-3　A 社区支持网络建设方案

项目	具体内容
服务需求	①感觉性需求：加强邻里之间的交流。 ②表达性需求：孩子放学后需要被照顾。 ③规范性需求：城市生活适应能力。 ④比较性需求：专门为安置村民组织的社区文化活动
服务总目标	①协助村民适应新的社区生活。 ②改善社区居民的情感诉求、解决实际生活困难。 ③丰富居民的文化娱乐生活。 ④增强居民城市生活适应能力
介入策略	①发动居民骨干，自下而上召开居民议事厅会议，群策群力。 ②组织志愿者“结对子”，加强彼此的情感交流。 ③建立“四点半课堂”，解决孩子放学无人看管的问题。 ④组织丰富的文化娱乐生活。 ⑤建立城市社区适应力小组支持网络

案例四

某市社会工作者发现某打工子弟学校的学生存在不同程度的健康问题，其中很多问题与日常生活习惯有关，如果能够做到早发现、早治疗，便可以预防某些疾病的产生。该市早在 2010 年便颁布了每年为本市中小学生开展体检的政策，但该政策并没有惠及该打工子弟学校的学生。

社会工作者通过进一步社区走访发现，这些学生大多居住在学校附近的城乡结合部，社区环境卫生很差，垃圾遍地，缺少公共卫生设施。社区周边只有一家正规医院，外来人口很少去。一些家庭没有养成良好的卫生习惯，不少家长也存在不同程度的健康问题，还有部分家庭因为疾病陷入困境。

针对上述问题，社会工作者计划在该社区开展社区卫生健康服务项目。

要求：

分别从“直接介入”和“间接介入”的角度为该项目设计服务方案，只需说明介入目标和主要介入策略。

【参考答案】

（1）“直接介入”角度

直接介入是指以个人、家庭和群体为关注对象，针对个人、家庭和群体所采取的行动，重点在于改变家庭或群体内的人际交往，或改变个人、家庭和小群体与其环境中的个人和社会系统的关系和互动方式。

①介入目标

通过深入学校、社区、家庭，从学生和家长自身来改变不健康的生活习惯，鼓励社区居民主动保护环境，共同保持良好的生活卫生习惯，预防疾病的发生，帮助人们摆脱疾病困境。

②主要策略

a. 帮助服务对象运用自己的内在资源，达到改变的目标

社会工作者的任务是帮助服务对象对事物采取正确的分析态度与方法，从而能够有效地解决问题；改进服务对象扮演角色的技巧，发掘他们的潜能，并帮助服务对象建立积极的人生观。本案例中，社会工作者主要扮演倡导者、促进者、提供意见者和教育者的角色。

第一，帮助学生和家长认识到哪些生活方式是不健康的，以及这些不健康的生活方式所带来的潜在危害，让大家从思想上有新的认识；

第二，倡导和传授健康生活理念、具体的健康习惯，逐渐改变原有的不健康的生活习惯。

b. 帮助服务对象运用现有的外部资源

运用外部资源的目的是将服务对象系统与资源系统联结起来以增强服务对象的社会功能。外部资源包括正式的资源系统（各类服务机构）和非正式的资源系统（家庭、邻居、亲戚、朋友）等。这里，社会工作者主要扮演中介人、倡导者和促进者的角色。鼓励大家有病到社区的正规医院就诊，让学校定期组织学生进行体检，并且在课堂上传授健康生活的理念。

c. 运用活动作为介入的策略

开展健康生活方式的比赛活动，一方面宣传健康生活的理念，另一方面激发大家的积极性和主动性。

d. 调解行动

重点是通过服务对象与环境系统的互动，消除冲突，满足共同需要。案例中，社会工作者应该引导服务对象爱护生活的环境，提高生活环境质量，促进自身健康。

e. 运用影响力

社会工作者有意识地运用各种能够影响服务对象改变的力量，包括：诱导——奖励与处罚；劝导——运用有说服力的观点改变服务对象的观念；利用关系——运用人际关系去影响目标系统的行为；利用环境——使外部社会环境有利于服务对象的改变。针对本案例，社会工作者可以综合运用各种力量，促使社区居民爱护环境，保护自身健康。

（2）“间接介入”角度

间接介入是指以个人、家庭、小组、组织和社区以至更大的社会系统为关注对象，由

社会工作者代表服务对象采取行动，通过介入服务对象以外的其他系统以间接帮助服务对象的行动。

①介入目标

通过改变外部的环境，为学生和家长创造有利的外部条件，内外相结合，改变现有的不健康生活方式。联合社区的力量，建立并完善公共卫生设施。另外，社区工作者还要运用社区内外的资源，帮助社区内生病的家庭解决治病困难。

②主要策略

a. 运用和发掘社区人力资源

让社区内有影响力的人物参与，为学生和家长争取资源。运用社区人力资源时的主要技巧包括：

第一，能够识别谁是“有影响力”的人。这要求社会工作者走出办公室，深入社区，了解民情。

第二，具有与“有影响力”的人建立关系、与服务对象一起工作的技巧。

第三，具有说服和游说的、令人信服的陈述和表达技巧。

第四，把握工作目标的技巧。将“有影响力”的人们团结起来为服务对象的利益工作。

b. 协调各种服务资源与系统以达到服务的目标

在一个地区内能够为服务对象提供服务的常常不止一个机构或者组织，但它们都各有自己的助人计划。因此，社会工作者需要将这些服务协调起来。协调服务时，社会工作者要掌握下列原则：

第一，团结不同专业的服务人员以实现共同目标；

第二，了解各方的不同观点，协助实现共同目标；

第三，识别各专业的长处和差别，划分职责；

第四，与各方沟通情况，为有效协调打下基础；

第五，协调前广泛收集资料，提高协调效率，减少协调成本。

c. 制订计划创新资源

当发现社会有新的需要但却缺乏有效服务资源时，社会工作者就要考虑筹划发展新资源。案例中，打工子弟学校的学生有健康的需要，若社区缺乏健康服务的资源，社会工作者可以运用创新资源的策略，如争取其他健康医疗机构支持，促进开展社区卫生健康服务项目等。

d. 改变环境

改变环境的工作又称环境介入、环境改变术，其目的在于改变服务对象周围的环境，以促成服务对象的改变，达到服务的目标。本案例，社会工作者可以倡导居民爱护周围环境，提高周围环境的质量，促进打工子弟学校学生的健康成长。

e. 改变组织与机构的政策、工作程序和工作方式。

第十四章　医务社会工作

一、案例分析题（应试人员需对提供的案例背景材料进行全面深入的分析，并按要求作答）

案例一

小安，男，26 岁，大学三年级时因精神疾病退学。退学后，小安在精神卫生中心接受了 4 周治疗后出院。小安的母亲提前退休后全身心地照顾他，但是，小安的某些社会机能仍在慢慢退化。朋友和同学开始疏远他，有些居民也因偏见而对他指指点点，这让原本就内向的小安备受情绪困扰，更加沉默寡言，越来越没有自信，整天不想出门。小安因为服药有副作用而偷偷藏药和减药，社区也没有相应的康复机构。没多久，小安的精神疾病再次发作。小安在 3 年内多次出入精神卫生中心，无奈之下，父母将其送入精神病院。

1 年后，小安的病情稳定，经诊断可以出院。他想回家，想接触社会、交朋友，想学点技能从事些简单的工作。父母为了让他更好地康复，准备搬到一个环境幽静、能提供康复和职业训练的社区居住。

自从小安患病以来，父母一直觉得压力很大，很焦虑，对照料好小安既没有信心也不懂技巧，非常希望有专业人士提供帮助。医院的社会工作者准备为小安出院回家提供服务，并联络了社区的社会工作者。[2009 年真题]

问题：

1. 从社会支持来源看，小安康复的哪些支持存在不足？

2. 小安的需要及家人的需要分别是什么？

3. 整合小安及家人的需要，基于医务社会工作的思路，写出“出院计划”的内容。

【参考答案】

1. 社会支持网络是个人生命过程的组成部分，每个人都拥有一定的正式和非正式的社会支持网络，前者是指社会正式组织给予的支持，后者是指来自亲友、邻里等人际互助网络的支持。以下从这两方面来分析小安欠缺的支持性资源：

（1）非正式社会支持网络

①家庭。家庭在个人社会支持网络中发挥着重要的作用。小安的母亲虽然提前退休全身心地照顾小安，但是其父母一直觉得压力很大、很焦虑，对照料好小安没有信心，也不懂技巧。

②亲友与邻里。在个人的社会支持网络中，亲朋好友往往可以给予信息和照顾。但是，小安的朋友和同学开始疏远他，社区居民也因偏见而对他指指点点。

（2）正式社会支持网络

①城市社区服务体系的支持。小安家的社区内没有相应的康复机构，不能为其提供治疗，导致了小安的精神病反复发作。

②民间非营利组织。本案例中，并没有显示出民间非营利组织的作用，所以，民间非营利组织的作用在此处是缺失的。

③政府。案例中没有体现政府的救助体系和照顾体系，也没有看到相关可以参考的政策。

④志愿者。社区的志愿服务系统不发达，案例中没有看到志愿服务对小安及其家人的支援。

2. 在此案例中，小安及其家人的需要分别主要有以下几个方面：

(1)小安的需要

①获得包容理解和关爱的需要。应以平等、包容和友爱的态度对待小安，使小安获得更多的理解和帮助及家人、邻里、社会的关爱。

②获得及时治疗康复的需要。由于小安的疾病存在易复发的情况，所以需要及早发现并及时接受治疗。

③康复环境的需要。环境对于精神病患者的康复尤为重要，应该给小安营造一个平静、无歧视、友好的社区氛围。

④职业发展的需要和社会交往的需要。精神病患者康复后，需要重返社会，需要及时就业，也需要与外界沟通和交流。小安表达了其想接触社会、交朋友以及想学点技能从事简单工作的需要。

⑤家庭生活需要。小安在精神病院里住了一年，缺乏父母的关爱和温馨的家庭环境，因此小安需要回归家庭生活。

⑥接受教育的需要。小安在大学三年级时退学，没有完成学业，因此需要进一步接受教育，增加更多知识，学习必要的技能。

⑦价值实现的需要。小安的不自信部分源于自身价值没有实现，觉得自己对社会没有用处，因此，帮助小安实现自身价值也是社会工作者的重要目标之一。

⑧恋爱婚姻的需要。小安正值青年，并且已到适婚年龄，恋爱婚姻是他必不可少的需求。社会工作者应当帮助小安表达自己的想法，将小安介绍给更多同龄女青年，帮助他们交流，为恋爱婚姻做准备。

(2)小安父母的需要

①心理教育。应该向小安父母提供正确的、专业的相关知识，帮助他们调整好心态，从容面对困难。

②家庭治疗。通过家庭治疗师的帮助，缓解小安父母的紧张情绪及压力。

③家庭探访与家庭辅导。社会工作者应去探访小安的父母，通过面谈和给予适当帮助，减轻小安家庭的压力。

④家庭支持和互助小组。家庭支持由不同的家属组成，共同分担照顾患者的责任。互助小组则是将有同等需要的家庭组织起来，建立相互之间的联系和交流机制，在小组内互相帮助，共同面对问题、解决问题。

3. 出院计划包括进一步治疗和康复计划，计划的内容包括作息时间、治疗时间、散步和锻炼身体时间等。

为保证小安的病情彻底康复，特制定出院后为期一年的康复计划。

(1)日常计划(见表 14-1)

表 14-1

时间 日期	早上 7:00～8:00	上午 8:30～11:30	中午 12:00～14:00	下午 14:30～17:00	晚上 18:00～22:00
周一	起床、锻炼身体、吃早饭	上班	吃午饭、午休	学习、娱乐休闲	吃晚饭、散步、与亲朋好友及父母聊天，看电视
周二	起床、锻炼身体、吃早饭	上班	吃午饭、午休	学习、娱乐休闲	吃晚饭、散步、与亲朋好友及父母聊天，看电视

续表

时间 日期	早上 7:00～8:00	上午 8:30～11:30	中午 12:00～14:00	下午 14:30～17:00	晚上 18:00～22:00
周三	起床、锻炼身体、吃早饭	医疗社会工作者上门为小安做医疗服务	吃午饭、午休	学习、娱乐休闲	吃晚饭、散步、与亲朋好友及父母聊天，看电视
周四	起床、锻炼身体、吃早饭	上班	吃午饭、午休	学习、娱乐休闲	吃晚饭、散步、与亲朋好友及父母聊天，看电视
周五	起床、锻炼身体、吃早饭	上班	吃午饭、午休	学习、娱乐休闲	吃晚饭、散步、与亲朋好友及父母聊天，看电视
周六	起床、锻炼身体、吃早饭	医疗社会工作者上门为小安做医疗服务	吃午饭、午休	学习、娱乐休闲	吃晚饭、散步、与亲朋好友及父母聊天，看电视
周日	起床、锻炼身体、吃早饭	出门逛街、看电影	吃午饭、午休	学习、娱乐休闲	吃晚饭、散步、与亲朋好友及父母聊天，看电视

(2)康复训练计划：

①出院后，小安可以在药物和心理治疗的基础上，再加上社会工作者的帮助，进行相应的功能训练。

②等小安的病情稳定后，社会工作者可以安排一些简单的社区服务工作，增强小安康复的信心。

案例二

范某，男，56岁，未婚，文化素质较高，是位民间编织艺术家。范某患类风湿性关节炎已十多年，关节畸形，肿大，行走困难，生活基本不能自理。范某身残志坚，自强自立，从事民间编织艺术工作30余年，但收入微薄，现在每月主要靠当地民政部门的补助为生，经济状况窘迫。范某自患病以来一直与哥嫂一家同住，嫂子照顾他生活起居，家庭非常和睦。不幸的是，嫂子在不久前被查出患了子宫颈癌，手术后身体虚弱，难以继续照顾范某。而范某的哥哥身体状况也不好。哥嫂有一个儿子，在附近的商场做客服工作，结婚后与妻子一起在外居住，他们夫妻二人轮流照顾三位老人。三位老人的居住条件非常差，挤在一个十多平米的老式四合院内，终日难见阳光，房内没有自来水、上下水道和卫生间等设施，院内有一个公用自来水管，厕所在大院外约250米处。范某由于行动不便，大小便只能在家中完成。如今，范某向医务社会工作者咨询有关住房的无障碍改造问题，并请求社会工作者给予适当帮助。

问题：

1. 医务社会工作有什么特点？

2. 上述案例中，范某面临的困境有哪些？

3. 针对范某的情况，医务社会工作者应为其提供哪些服务？

【参考答案】

1. 医务社会工作的特点有以下三点：

(1)服务领域广泛

①在疾病预防方面，由于疾病谱的改变，人口全球流动性的增加，疾病预防站在了全球卫生视角，关注人口健康、优生优育和公共卫生等问题；

②在疾病治疗阶段，各种矛盾和问题集中体现，此阶段包含了医疗救助、紧急医疗救援、医院体系建设、医疗质量和流程的关注和心理行为问题；

③在回归康复阶段，除了涉及生物医学领域的康复，还涉及心理康复和社会行为功能康复；

④家庭健康、社区健康和人群健康是医务社会工作的第四阶段，也是社会稳定、人民安居乐业的保障。

(2)社会需求宏大

①医务社会工作领域与医疗保障制度、国家卫生政策和体系建设密切相关，社会工作的职能是将社会福利和社会公平的价值观念和价值理念引入医疗服务领域。

②罹患疾病往往伴随心理失衡，社会支持需求增加，家庭支持系统需要加强。社会工作的职能是传递社会关爱，将人文关怀、权利的概念引入临床医疗服务过程中。

③医疗资源不平衡，医患双方缺乏有效的沟通机制，医患矛盾凸显。社会工作者在维护患者权益的同时，主持社会正义，承担了修复医患关系的职责。

(3)遵从证据为本

①医务社会工作者实践于医疗健康领域，必须具备相应的医疗基础知识，熟悉相关福利政策和医疗流程，提供最恰当的服务；

②医疗机构强调团队合作，社会工作融入医疗服务团队中才能发挥应有的效果，将“以病人为中心”的思维融入医疗品质导向中才具有生命力；

③由于疾病的多样性和不确定性，治疗理念和文化背景不同，病人需求个性化明显，社会工作只有以证据为本，才能提供最有效的服务。

2. 上述案例中，范某面临的困境有以下三个方面：

(1)范某需要进行住房的更换或对现有住房进行无障碍改造；

(2)由于范某及其亲属经济较困难，改造房屋的资金需要筹措；

(3)范某一家三位老人身体状况都不好，有疾病在身，且缺乏足够的关怀和照顾。

3. 针对范某的情况，医务社会工作者应提供的服务包括：

(1)对范某给予康复医疗方面的照顾，会同医生及护士为范某提供治疗康复方面的服务；

(2)联系社区卫生服务中心，为范某兄嫂提供一定的日间服务和医疗照顾；

(3)采取必要和恰当的手段开展调查研究，寻求社会支持，整合社区资源，对范某居住的房屋进行无障碍改造，或者更换房屋；

(4)联系相关的社会机构或组织，为范某募集资金，解决经济上的困难。

案例三

魏萍，女，32岁，平时身体很好，很少生病住院，最近一段时间她常常感到疲乏、胸闷、心悸、气短，到医院检查后初步诊断为急性病毒性心肌炎，必须住院做进一步检查。魏萍对自己的身体状况非常担心，恐怕病情会转变为慢性心肌炎、心肌病。由于对医院环境非常陌生，再加上担忧年迈的父母会为自己焦虑，魏萍不愿待在医院接受检查。同时，她抱怨丈夫对她的病情不够关心。

问题：

假如你是魏萍所在医院的一名医务社会工作者，对于魏萍的情况，你将从哪些方面为其提供服务？

【参考答案】

对于上述案例中魏萍的情况，医务社会工作者应从以下几个方面为其提供服务：

（1）提供心理辅导和情绪调整服务，包括：

①通过心理疏导的方式，减少魏萍对病情的担心，并鼓励其勇于面对现实，树立战胜疾病的信心；

②通过情绪调整，让魏萍认同父母为其担心的正常性，以减少她心中的愧疚感，减轻她的情绪压力。

（2）建立家庭支援网络。帮助魏萍认识到良好的沟通在夫妻相处中具有很重要的作用，促进魏萍与其丈夫关系的和解，为其提供情感支持。

（3）增加魏萍对自己病情的了解，消除误解，免除担心。

（4）协助魏萍熟悉医院环境。联系病房护士，加强魏萍对医院环境及分管床位医护人员的了解，同时可以请同病房或患有相同疾病的病友与魏萍多交流沟通，一方面缓解魏萍的担忧心理，另一方面减轻其对医院及医护人员的陌生感。

案例四

王女士是一名保洁员，其丈夫在一家物业管理公司做保安，夫妻俩工资都比较低，女儿正在读小学。尽管全家的收入不高，但生活比较和谐幸福。然而，不幸的是，王女士在一次体检中被查出患有乳腺癌，并立即入院治疗。自从得知自己病情的那天起，她便整日愁眉苦脸，情绪极为低落，一想到高昂的治疗费用，更是睡不着觉。在医院里，王女士从来不与其他病友交流，也没人来看望她。她沉溺在自己的世界里，看着丈夫在工作之余为了筹集治疗费用四处奔走，在家既当爹又当妈，还要抽时间到医院照顾自己，非常担心丈夫的身体，同时又对女儿的学习和饮食起居等问题牵肠挂肚。她感到自己拖累了丈夫和整个家庭，因此对医务人员的治疗和护理消极配合，治疗效果不佳。

假如你是医院的医务社会工作者，被要求为王女士提供服务。

问题：

1．案主王女士主要面临哪些困境？

2．针对王女士的情况，社会工作者可以采取哪些介入策略？

【参考答案】

1．对于上述案例中王女士面临的主要困境，应从生理、心理和社会三个维度来进行分析：

（1）生理方面，王女士身患乳腺癌，受病痛折磨，身体状况不佳，正在医院接受治疗。

（2）心理方面，具体包括：

①王女士担心自己的病情恶化，担心丈夫为自己整日奔波而身体承受不住，孩子又无人照顾，所以忧心忡忡；

②王女士对丈夫和家庭感到愧疚，觉得自己是个累赘，消极配合医生治疗。

（3）社会方面，具体包括：

①治疗费用昂贵，而其家庭经济条件差，无法负担昂贵的治疗费用；

②王女士不愿和其他病友、同事、朋友交流，缺乏必要的人际互动，其家庭社会支持系统薄弱，遇到重大的问题应对机制薄弱。

2．针对王女士的情况，社会工作者的介入策略主要有：

（1）为王女士提供心理辅导，调适情绪。王女士身患乳腺癌，对自己的身体状况非常担心，同时还为高昂的治疗费用、丈夫的身体、孩子的学习和生活担忧。医务社会工作者首先应通过为王女士提供心理辅导，减轻其情绪困扰，鼓励其积极配合治疗，树立战胜病魔的信心。

(2)帮助王女士一家申请经济援助。王女士一家的经济条件本来就比较拮据，再加上王女士患了重病，其家庭更负担不起治疗费用。医务社会工作者应帮助王女士家申请经济援助和医疗援助，缓解其家庭经济紧张的现状，使其丈夫能有更多的时间陪伴、照顾她。

(3)鼓励王女士加强人际互动。王女士不与其他人交流，一方面使其低落的情绪无法排解，另一方面还使其缺少人际支援。医务社会工作者应鼓励她积极参加医院的病友活动，主动与以前的同事和朋友联系，通过人际互动增强其社会支持网络。

(4)寻找社区志愿者资源。王女士治病期间，其女儿的学习和生活无人照顾。医务社会工作者可以联系社区志愿者为其女儿提供学业辅导和生活照料，减少她对女儿学习和生活的担忧，减轻其丈夫的负担。

案例五

由于某妇幼保健院医学水平比普通医院的医学水平高，越来越多的孕妇选择来该妇幼保健院就医。这些孕妇大多数是二十世纪八九十年代出生的独生女，由于娇生惯养而具有强烈的依赖性。虽然她们对胎儿情况极度关注，但对孕育知识缺乏了解，因此遇到一点点小事就异常紧张，不断的向医院的专家咨询，可是专家没有足够的时间来调节孕妇情绪和解答所有困惑。前来就诊的孕妇们希望可以随时咨询专家，医院也希望能找到一举两得的方法来解决这个问题。因此，医生找到了医务社会工作者，希望社会工作者能够为孕妇们提供服务。

问题：

1. 孕妇在妊娠期间主要面临哪些问题？

2. 针对上述案例中的情况，医务社会工作者介入的目标是什么？

3. 针对上述案例中孕妇面临的问题，医务社会工作者有哪些介入策略？

【参考答案】

1. 孕妇在妊娠期间主要面临的问题包括：

(1)妊娠反应问题与自我保健问题。孕妇在怀孕早期易发生不同程度的孕吐，孕吐程度与心理状况有关联。孕妇需要注意调整心理状态，减少发生剧烈孕吐和其他反应的可能性。在十个月的孕期生活中，许多孕妇知道需要注意孕期自我保健，但是又不知从何做起。

(2)家庭关系问题。孕妇由于身体的变化，活动能力与孕前不同，家庭劳务分工可能需要调整，孕期可能会伴有情绪起伏，也需要丈夫、父母等家人给予较多关注。

(3)产前心理问题。许多孕妇由于对怀孕没有科学的认识，在怀孕早期往往过分担心自己的身体能否胜任孕育胎儿的任务、胎儿是否正常，再加上对将来生活可能茫然无知，对照料婴儿、住房分配、经济能力等问题的担心，导致其心理上的高度紧张，越是临产越是心中忐忑不安，充满恐惧感。

2. 医务社会工作者介入的目标有：

(1)帮助孕妇及其家庭了解孕育相关知识；

(2)缓解产前紧张情绪；

(3)传授夫妻科学的育儿知识。

3. 针对上述案例中孕妇面临的问题，医务社会工作者主要的介入策略有：

(1)个案工作。经医生转介或案主主动求助，为有需要的孕妇开展个案服务；开通孕妇热线，招募妇产科专家志愿服务，随时为孕妇提供疑难解答。

(2)小组支持。例如孕妇支持小组，增进彼此交流，促进孕育知识、经验的交流和分享，帮助孕妇放松心情；将孕妇及其丈夫组织起来，开展夫妇联谊活动。

(3)开展准爸爸学堂。通过开展准爸爸学堂，让丈夫参与孕育子女的过程，学习孕育知识，关心照顾孕妇、分担孕妇的不适，使孕妇的心理活动保持在最佳状态，促进夫妻关系。

(4)孕育知识讲座。联系产科专家，为孕妇及其家庭开展知识讲座，解答他们的问题，帮助孕妇舒缓紧张的心理，平静的面对孕期的生理和心理变化，顺利度过孕期；学习育儿技巧，为将来的生活变化做好准备。

案例六

赵先生身患肠癌，只有两个月的生命了，但他有很多放心不下的事情。其妻子前些年就下岗在家，年幼的女儿正在读小学，年迈的父母需要赡养。妻子以后既要工作，又要照顾女儿、赡养二老，一个人难以承担。赵先生一想到这些问题，总是愁容满面，唉声叹气。其家人也是一直无法接受赵先生即将离世的现实，妻子经常以泪洗面，女儿的眼中也充满忧虑。

假设你是一名医务社会工作者，请为赵先生提供服务。

问题：

1. 请简要说明临终关怀社会工作服务的内容。

2. 在上述案例中，案主赵先生目前存在的主要需要有哪些？

【参考答案】

1. 临终关怀是指向临终服务对象及其家属提供一种积极、全面的照料，以控制疼痛、缓解其他相关生理症状以及解除心理、社会与灵性层面的痛苦为重点，强调通过保守性的治疗和支持性的照顾，尽可能地使服务对象能够有尊严、无痛苦、安宁、舒适地走完人生的最后旅程。同时，通过向临终服务对象亲属提供支持与哀伤辅导，使其身心健康得到维护和增强。临终关怀社会工作服务的内容主要包括：

(1)针对服务对象的临终关怀。本着个别化的原则，提供一对一的服务：

①全程陪伴走过最后一程，通过心理疏导、情感支持，协助其处理不良情绪，增强自我整体感、掌控感；

②探寻生命的价值，通过生命回顾，协助探究其一生的过程，使其重新体会生命的价值；

③开展“死亡教育”，在一个安全的、能接纳服务对象可能会有的多种多样感受的氛围里谈论死亡，尊重死亡是一个自然现象，它可以降低对死亡的恐惧，使服务对象勇于面对死亡的事实；

④加强各层面协调沟通，发挥专业团队作用，整合光荣院、医院、社区、社会等各种资源，在进行一般治疗护理的同时提供治疗性触摸、按摩、音乐治疗、冥想等补充治疗，最大限度地舒缓临终者的痛苦、满足临终者的需求；

⑤处理未完成的事务与愿望，通过谈论希望和未处理的事务，协调沟通亲友，帮助计划临终生活、进行后事交代、制订葬礼计划、筹划人生道别、完成未了心愿，协助实现自我整合；

⑥协助做好后事处理，提供相关资讯，代表服务对象及其亲属争取合法权益。

(2)针对朋辈群体的哀伤辅导。根据实际情况，开展小组工作：

①在服务对象临终前，组织有相同或相似遭遇的成员进行交流，建立相互支持网络，

策划一些情境游戏，给每位成员设身处地的感受机会，让服务对象感觉到并不是只有自己在经历这样的痛苦，在体味彼此内心最深处感觉与需要的同时，分享经验、分担痛苦、相互扶持、减轻孤独、做好准备、积极应对，组员合力让即将离世者“善终”。

②在服务对象离世后，可采用理性情绪治疗法，协助同辈群体对“创伤性丧失”做出适当的情绪反应，及时调整不良的情绪困扰，减轻未被解决的哀伤压力造成的潜在影响，协助接受丧失、经历哀痛、处理依附情结、度过哀伤时期、逐渐恢复社会功能，尽早重新开始正常生活。

2. 上述案例中，案主赵先生目前存在的主要需要可以从以下几个方面来分析：

(1)缓解赵先生因疾病带来的身体疼痛和不适。赵先生处于肠癌晚期，病情非常严重，只有两个月的生命了，此时需要缓解其因疾病带来的身体疼痛和不适，适当转移其注意力。

(2)帮助赵先生以积极的心态正确面对死亡，减轻因即将离世而产生的恐惧和不安。

(3)妥善处理赵先生未完成的事务，满足赵先生在心理上和精神上的需求。具体从以下几个方面入手：

①医院的社会工作者可以联系相关机构，为赵先生的妻子提供职业技能培训和就业信息，帮助她实现再就业；

②联系社区援助机构、志愿者照顾其年迈的父母，对他的女儿提供日间照料、功课辅导等服务；

③联系其女儿所在学校的老师，请他们多关心其女儿的学习。

(4)缓解赵先生家人的悲伤和压力，使他们接受赵先生即将离世的事实，在赵先生临终前的两个月里为其营造美好的家庭氛围。

二、方案设计题(根据题目的要求，设计出环节完整、严密、可行性强的服务方案)

案例一

贺小泉，女，6岁，父母均为进城打工的农民，家庭经济条件较差。三个月前，贺小泉因发烧而被查出患有较严重的溶血性贫血，目前已经在医院治疗了两个多月，病情得到了一定的控制。由于贺小泉在医院治疗时需要专人照顾，因此母亲辞掉了工作。为了维持家计和支付贺小泉的医药费用，其父亲继续在外打工，还找了一份在建筑工地打杂的兼职工作。不幸的是，一天晚上，贺小泉的父亲在工地干活的时候，因意外导致双臂受重伤不能继续工作，包工头没有支付任何医药费就跑了。目前，贺小泉家已无任何经济来源，情况非常糟糕。贺小泉父亲甚至想买毒药让一家人自杀。贺小泉的母亲极为忧虑，找到社会工作者寻求帮助。

要求：

假设你是贺小泉母亲所求助的社会工作者，请根据贺小泉家的情况，拟订一份服务方案。

【参考答案】

(1)问题的陈述与分析

贺小泉家目前面临的最大困难是贺小泉的医疗费用、贺小泉父亲的医疗费用以及如何调节他极端的想法，其中，贺小泉父亲的医疗费用问题尤其棘手。

(2)方案设计

针对贺小泉家的情况，医务社会工作者设计的服务方案如下：

①方案目标

a. 帮助贺小泉父亲调整情绪及心理，正视困难；

b. 帮助贺小泉父亲找到施工方，解决因工伤造成的医疗费用问题；

c. 寻求其他方面的帮助，解决贺小泉及其家庭的经济、生活困难问题。

②方案实施策略

a. 立即进行危机介入，为贺小泉父亲提供心理辅导服务，帮助其缓解压力，释放负面情绪，正确面对现实；

b. 联系贺小泉父亲所在的建筑工地，督促工程队负责人尽快支付医疗费。在督促无果的情况下，向劳动和社会保障部门求助，切实解决贺小泉父亲的医疗费问题，使其能够获得正常治疗；

c. 联系相关的基金会或慈善机构，为贺小泉及其父亲筹集医疗费用，必要时可借助媒体的力量发动募捐活动；

d. 寻求医院的帮助，为贺小泉及其父亲减免一部分医疗费用。

③方案执行

主要包括提供服务、调动资源、监督服务执行进度等。

④方案评估

可通过贺小泉一家对服务的满意度、方案执行情况和服务效果进行评估。

案例二

在现代社会，随着经济的快速发展和生活条件的改善，虽然人们在饮食上的选择越来越多，但一味以个人喜好为主，膳食结构明显地出现不合理、不科学的现象，民众患肥胖症的概率大大增加。为了增进社区居民的健康和疾病防范意识，某社区卫生服务中心准备开展相关的服务活动。

要求：

假如你是该社区卫生服务中心的一名医务社会工作者，请针对居民的需求设计一份社区服务方案。

【参考答案】

(1)问题的陈述与分析

案例中，该社区居民面临的问题主要有以下几个方面：

①居民膳食结构不科学、不合理。很多居民喜欢根据个人喜好采购和品尝各种食物，讲求吃得好、吃得精，从而导致越来越多的人患上肥胖症。

②居民健康和疾病预防意识薄弱。社区中相当一部分居民缺乏对肥胖症的基本认知，更不懂得该如何预防肥胖症。

③疾病预防与治疗知识的社区宣传力度薄弱。

(2)方案设计

根据上述分析，医务社会工作者设计的服务方案应包括：

①方案目标

帮助社区居民提升自我保护和疾病预防的意识，调整饮食习惯，提高身体素质。

②方案实施策略

a. 印发肥胖症知识宣传手册，向居民介绍肥胖症的发生、危害、预防知识，提高居民的预防意识；

b. 邀请相关专家讲解肥胖症知识和科学饮食知识，为居民安排免费医疗专家讲座，普及肥胖症防治知识和合理膳食常识；

c. 定期开展义诊活动，请医生进入社区为居民提供基础医疗检查；

d. 举行合理膳食比赛活动，奖励进行科学合理饮食的家庭，提高居民改善膳食结构的积极性。

③方案执行

涉及整合社区资源、提供服务、监督服务执行进度、处理危机等。

④方案评估

包括方案执行情况评估、社区居民对各项活动的满意度、对于相关宣传的满意度以及效果评估等。

案例三

某医院在院的部分胃癌患者在完成手术治疗和化疗后，大多情绪低落，对生活没有信心。医院的社会工作者准备针对他们开展一个胃癌康复小组活动，希望通过小组活动，加强患者间的联系，重新树立对生活的信心。

要求：

假如你是该医院的社会工作者，请设计一份相关的小组服务方案。

【参考答案】

(1)问题的陈述与分析

①上述案例中，胃癌患者在住院接受治疗期间面临的问题主要有以下几个方面：

a. 对于疾病相关知识不了解，担忧自身病情，情绪低落，对生活缺乏自信；

b. 由于化疗等治疗方法的副作用产生的身体不适；

c. 缺乏必要的社会支持资源。

②根据胃癌患者面临的问题，其可能存在的需求有：

a. 了解有关胃癌的知识以及康复知识；

b. 缓解因身体不适导致的情绪障碍；

c. 学习有效沟通的技巧，加强患者间以及患者与医护人员之间的沟通，获得更多的社会支持。

(2)方案设计

针对案例中胃癌患者的具体情况，社会工作者可计划在医院内开展一个“胃友乐”小组活动，具体服务方案如下：

①小组名称：“胃友乐”。

②小组工作目标：

a. 总目标：帮助胃癌患者更好地渡过治疗后的康复期，提高生命质量；

b. 具体目标：协助组员澄清对胃癌的相关误解，帮助组员学习实用的康复技巧，缓解组员因疾病产生的情绪障碍，同时为组员提供更多的社会支持。

③小组性质及特征：教育成长性小组。

④小组成员特性：

医院内的胃癌患者，希望通过小组活动加强互相联系和增强生活自信心。

⑤拟定小组成员人数：10 人。

⑥小组人员招募的方法：海报张贴、网站招募以及医务人员和家属的转介。

⑦小组执行计划(见表 14-2)。

表 14-2

节数＼项目	目标	内容
第一节 走到一起来	1. 组员相互认识 2. 介绍小组并形成小组规范 3. 签订小组契约	1. 热身活动 2. 介绍说明小组 3. 订立小组规范、签订小组契约 4. 分享与小结 5. 布置作业：癌症知识
第二节 癌症知识知多少	1. 帮助成员寻找共同点，加深认识 2. 消除组员原先对于胃癌知识的误解 3. 学习必要的康复技巧	1. 热身活动 2. 讨论回忆上节小组活动内容，增进相互了解 3. 医生讲座 4. 活动：智力大比拼 5. 本节总结
第三节 勇敢的心	1. 学习识别非理性信念以及如何描述问题情景 2. 掌握常用的放松技巧	1. 热身游戏：齐心协力 2. 活动：非理性信念大辨析 3. 理论讲解：ABC 理论 4. 活动：过来人现身说法 5. 放松技巧学习：想象放松法、肌肉放松法 6. 讨论并总结
第四节 你行我也行	1. 识别社会支持系统 2. 学习表达和沟通的技巧	1. 热身游戏：Will the real Mr. right stand up 2. 活动：识别支持系统 3. 技巧学习：表达和沟通的技巧 4.“明白我的心”：成员间相互鼓励 5. 讨论并总结
第五节 珍重道别	1. 巩固小组成果 2. 处理离别情绪	1. 回顾小组历程 2. 小组成员发表感言 3. 成员间互相鼓励 4. 总结

⑧方案执行

涉及整合医院资源、提供服务、监督服务执行进度、处理危机等。

⑨方案评估

a. 小组的过程评估，由小组成员填写评估表，在小组执行过程中进行评估；

b. 小组成员满意度评估，由小组成员对小组进行成效评估；

c. 社会工作者的小组报告，以及社会工作者的反思。

案例四

儿童医院重症监护室主要收治患有重大疾病或病情危重的孩子。由于孩子病情严重、紧急、变化快，所以家长无法陪同。医生每天与家长做一次简要的沟通，医生每次讲解病情的时间只有半小时左右，所做的说明相当简短。儿童医院重症监护室门口天天等候着神情焦虑的家长，还经常可以见到家长和医护人员发生争执，家长情绪激动，甚至动手打医护人员。家长互相之间交流着不满的情绪。重症监护室是医疗纠纷最多的场所之一。

要求：

请你针对上述情况，设计一个小组服务方案。

【参考答案】

(1)问题的陈述与分析

上述案例中，患病孩子的病情特殊，家长无法陪护。家长渴望了解孩子的病情，但医生每次讲解病情的时间有限，所作的说明相当简短。对于家长因不放心孩子或不理解医生所讲内容，而引起的情绪压力，医生没有时间和精力顾及，进而导致了家长对医生或医院的不满与不信任。家长之间属于同质群体，应该有很多共同话题，但监护室外的家长，或许是因为心情沉重或个性原因，正向的经验交流互助并不多，从而因为负面情绪扩大产生反作用。

①基于上述分析，这些家长可能存在以下问题：

a. 缺乏医学知识，不了解重症监护室的运作；

b. 长期亲子分离，对孩子的病情一知半解，焦急、担忧的情绪需要宣泄；

c. 医患沟通不良，导致家长对医护人员的不满和不信任；

d. 孩子疾病的变化、家庭经济压力使家长情绪失控。

②根据家长面临的问题，其可能存在的需求有：

a. 获得相关医学知识的需求；

b. 了解重症监护室信息的需求；

c. 改善与医护人员关系的需求；

d. 缓解心理压力，及时处理负面情绪的需求；

e. 缓解经济压力的需求；

f. 分享经历，获得关注与支持的需求。

(2)方案设计

针对本案例中的情况，社会工作者可以计划在医院内开展一个"重症患儿家长小组服务计划"的小组活动，使重症患儿家长结成互助小组，共同努力，应对困难。具体方案如下：

①小组名称

"重症患儿家长小组服务计划"。

②小组工作目的和具体实践目标

总目标：通过小组活动，关注家长的需求，帮助其了解孩子的病情，缓解其情绪压力，改善医患关系。

具体目标：

a. 帮助组员了解相关医疗知识；

b. 帮助组员认识、疏导情绪压力和非理性信念，增进病人家属和医生的沟通；

c. 配合院方打造监护室内外的良好环境。

③小组性质及特征

本小组属于治疗性、互惠性、教育性小组。

④拟定小组成员人数

本小组拟定成员人数为 8 ~ 10 人。

⑤小组成员招募方法

通过向儿童医院重症监护室门前的家长发放宣传品、与他们面谈等形式进行接触，发现有加入小组需求的服务对象。

⑥小组执行计划(见表 14-3)。

表 14-3

时间	工作内容	备注
准备阶段	家长需求评估；讨论、制定小组活动计划	访谈、病史查询；小组讨论
筹备阶段	完善小组计划；拟定招募宣传单、评估量表；联系准备活动场地，活动设施设备和材料准备	目标上与机构达成一致；完成开组前各项准备工作，考虑可能出现的各种情况并做好预案
开始前准备	招募组员，完善开组准备	招募以个别访谈为主，建立与组员的联系
小组活动期间	小组第一至第四次活动，每节小组工作的计划包括每节小组活动的日期、历时时间、地点、目标、内容和形式、工作者角色、人力和物力资源等	做好现场协调；突发事件处理；每节活动后及时评估
结束反思阶段	小组评估报告	反思活动过程

(3)方案执行

涉及整合医院资源、提供服务、监督服务执行进度、处理危机等。

(4)方案评估

①小组过程评估，由小组成员填写评估表，在小组服务执行过程中进行评估；

②小组成员满意度评估，由小组成员对小组进行效果评估；

③社会工作者的小组报告、督导指导意见以及社会工作者的反思。

第十五章 企业社会工作

一、案例分析题（应试人员需对提供的案例背景材料进行全面深入的分析，并按要求作答）

案例一

某企业试用期职工小张，收入不高，家庭也比较困难。前段时间，小张突发疾病入院治疗，发现企业没有给自己办理社会保险，医疗费用无法报销，这让他感到经济压力很大。小张与企业部门经理沟通，要求企业为他补办社会保险并补偿医疗费，但多次交涉未果。为此，小张情绪失控扬言如果不能解决，就要采取过激行为。

企业社会工作者了解情况后，对小张进行了危机介入，通过心理疏导帮助他宣泄负面情绪，使其逐渐恢复平静；联系慈善组织，为他提供物质帮助，减轻其家庭负担；引导他聚焦紧迫性问题，共同探讨解决问题的可行方案；教导他理性表达诉求及合法维护权益的方法。在此过程中，社会工作者始终重视恢复和增强小张自主、合理解决问题的能力。

此外，社会工作者一方面协助企业分析用工管理中存在的问题，督促企业落实劳动保障监察的相关规定；另一方面，配合工会开展劳动保障法律法规宣传，推动企业完善用工制度。在社会工作者的协调下，企业为小张办理并补缴了社会保险，赔偿了因此而导致的经济损失。［2024 年真题］

问题：

1. 本案例中，社会工作者运用了哪些危机介入的技巧？

2. 本案例中，社会工作者提供了哪些企业社会工作服务？

【参考答案】

1. 本案例中，社会工作者运用了以下危机介入的技巧：

（1）将焦点放在帮助服务对象恢复和发挥功能上，而不是解决整个问题。因为危机出现之前服务对象拥有满意的社会功能，所以危机介入要针对危机出现时的机制失灵问题，帮助服务对象恢复应对问题的能力以解除危机。案例中，社会工作者在紧急介入的时候，优先关注了小张的情绪、物质等急切问题。

（2）帮助服务对象宣泄由危机带来的紧张情绪，给予其心理等方面的支持，以防精神崩溃。案例中，对小张进行了危机介入，通过心理疏导帮助他宣泄负面情绪，使其逐渐恢复平静。

（3）瞄准服务对象当前需要。介入目标要现实，对服务对象不能要求太高。案例中，企业社会工作者联系慈善组织，为小张提供物质帮助，减轻其家庭负担。引导他聚焦紧迫性问题，共同探讨解决问题的可行方案。

（4）担任教导角色。包括告诉服务对象应该做什么，同时也为他们做一些力所能及的事。当服务对象功能逐步恢复时，就可以结束介入行动。案例中，社会工作者始终重视恢复和增强小张自主、合理解决问题的能力。

2. 本案例中，社会工作者提供了以下企业社会工作服务：

（1）职工心理健康辅导与情绪管理。案例中，企业社会工作者运用心理疏导技巧，协助小张有效释放内心的负面情绪，从而帮助他逐步回归平静状态。

（2）职工素质提升。案例中，企业社会工作者向小张传授如何以理性的方式表达自身诉求，并指导他学会合法保护自身权益的方法。

(3)职工安全与健康。案例中，在企业社会工作者的协调下，企业为小张办理并补缴了社会保险，赔偿了因此而导致的经济损失。

(4)劳动关系协调。案例中，在企业社会工作者的协调下，推动企业完善了用工制度。

(5)困难群体关怀。案例中，企业社会工作者积极联络慈善机构，为小张争取到了必要的物质援助，从而有效减轻了他所在家庭的负担。

(6)企业履行社会责任。案例中，社会工作者帮助企业深入剖析用工管理中存在的问题，督促企业落实劳动保障监察的相关规定。

案例二

梁某，36 岁，已婚，在上海某工厂上班已有 8 年，有一个 6 岁的儿子，在贵州老家由父母看护，妻子跟随梁某出来，在同一家工厂工作。夫妻虽同在一个工厂上班，但却住在各自的宿舍。有时候，夫妻会因为小事情而拌拌嘴，但关系还算融洽。可最近梁某发现妻子会做出一些奇怪的行为，会经常接听陌生人的电话，还会经常删除手机里面的短信。通过一段时间的仔细观察，梁某发现妻子与某一车间工人走得比较近，行为举止也较为暧昧，于是怀疑妻子有了第三者。一天晚上，梁某偷偷跟着妻子，直到妻子进了宿舍，却忽然听见宿舍里有男人的声音，随即叫开门，妻子过了一会才打开门。进去后梁某发现妻子衣衫不整，并且那个工人就藏在厕所里。梁某十分愤怒，妻子跪在地上保证不再和那个工人往来，但被梁某拒绝了。

经过此事后，梁某不再信任妻子，而且自己也感到十分焦虑。梁某十分爱妻子，想维持这段婚姻，也尝试和妻子交谈，但每次都谈得不深入，没有取得明显效果。梁某还曾采取过跟随妻子上班、跟踪监视、不定时打电话等方式，甚至有时候在上班时偷偷到车间观察妻子与那个工人的行为。这些行为反而使得夫妻关系更紧张。晚上为了防止妻子趁自己睡着偷偷跑出去，梁某竟然连续几天晚上不时到妻子宿舍“查岗”。梁某感到自己精神紧张，已经严重影响到了工作与家庭生活，于是主动找到企业社工求助。

问题：

1. 上述案例中，案主主要面临哪些问题?

2. 假如你是接案的企业社会工作者，准备进行干预的目标主要有哪些?

3. 你在介入时，会采取怎样的介入策略?

【参考答案】

1. 上述案例中，案主面临的问题主要包括：

(1)情绪和心理方面的困难。由于在婚姻关系中遭遇打击，案主面临较大的精神压力，多疑、猜忌、失眠、情绪低落，尤其在事情发生后，情绪波动较大，经常感到精神紧张。

(2)行为方面的困难。案主发现妻子出轨后，对妻子爱恨交加，变得十分敏感，猜忌心重，甚至出现跟踪、监视妻子和那个工人的行为。

(3)案主的婚姻关系维系困难。由于妻子与第三者的婚外情，导致产生婚姻关系破裂的危机。

(4)潜在的社会适应困难。案主可能担心如果妻子婚外情事件曝光，自己在别人面前会抬不起头来，会被其他同事歧视和排斥，从而导致社会退缩行为。

2. 针对上述困难，企业社会工作者可介入的目标有：

(1)介入职工情绪管理。通过对案主的危机介入，为其提供心理辅导，帮助他缓解情绪困扰，正视婚姻危机带来的问题和挑战，增强其面对生活的勇气和信心。

(2)介入夫妻关系协调。通过对案主夫妻关系的调解，使夫妻之间发生的矛盾、冲突能够及时有效地得到协商和解决。

(3)介入职工的工作生活平衡。通过向企业申请夫妻合住宿舍，让案主及其妻子不再"两地分居"，营造便于沟通和交流的环境。

3. 针对上述介入的目标，企业社会工作者可以采取的介入策略有：

(1)直接介入的策略

①开展情绪和行为问题的个案工作。具体包括：与案主建立良好的专业关系，给予其情感支持，通过心理辅导处理不良情绪，协助其掌握情绪管理的技巧，调整好心态，积极工作。

在具体的个案工作介入模式上，可以选择理性情绪疗法帮助案主管理情绪和改变行为。

案主在经历了妻子出轨事件后，虽然妻子已经知道错了，但是由于案主对妻子产生了"以后再也不能信任她了"的不合理信念，担心妻子会再次出轨，因此导致出现了"查岗"、跟踪等不理性的行为。一方面容易引起妻子的不满，另一方面这种焦虑的情绪也在一定程度上加速了婚姻关系的紧张，影响到案主个人和家庭生活，反而不利于维护自己的婚姻。

社会工作者可引导案主换位思考，协助案主分析先前采取的措施的合理性与不合理性，以及与期望的后果的偏差等，让案主充分认识到自己行为的后果。社会工作者要进一步了解案主的情绪和需求，根据案主具体的情况和需求，与案主一起制定服务方案。协助案主明确目标——维护婚姻的稳定，加强情绪管理。

②开展家庭辅导。社会工作者协助案主反省和检视自身问题，相互求得谅解，增进夫妻间的感情，重新建立夫妻间的信任感，维护婚姻稳定。协助案主积极地和他的妻子沟通，改善夫妻关系。鼓励案主与妻子沟通，协助案主制定与妻子谈话的方案和技巧。以及在谈话过程中可能出现的问题的解决方案，以促进案主与妻子关系的改善。

③推荐案主参加支持与减压小组。利用小组工作方法，加强案主与朋辈群体的沟通，让案主在小组中发泄情绪与压力，获得彼此的支持，增强正向动机和能量。

④寻求企业的资源支持。通过向企业申请夫妻合住宿舍，让案主及其妻子不再"两地分居"，营造便于沟通和交流的环境。

(2)间接介入的策略

通过改变案主所处的环境，以间接帮助服务对象。

①改变案主所处的工作环境，如大多数企业里会有企业工会小组和员工心理辅导室，社会工作者可联系该企业工会小组，告知其案主相关情况，让企业工会运用相关资源帮助案主纠正错误认知，摆脱心理困境，进而协调好案主夫妻双方间的关系。

②发动案主的亲人和朋友给予其心理和社会的支持，以帮助其协调夫妻双方间的关系。

二、方案设计题(根据题目的要求，设计出环节完整、严密、可行性强的服务方案)

案例一

社会工作者在某工业区开展企业社会工作服务时了解到：有的工厂没有提供足够的安全维护用品；有的员工受伤后才意识到工作岗位存在危险因素；有的员工虽然对职业安全与健康知识有所了解，但是心存侥幸，觉得自己不会那么倒霉；有些企业管理者则抱怨员工缺少安全生产意识，不愿意佩戴防护用品。

针对上述情况，社会工作者计划在员工中开展职业安全与健康教育小组服务，学习了

解相关知识，提升自我保护的知识和能力。[2015 年真题]

要求：

设计一份职业安全与健康教育小组方案（只需把需求评估、小组目标、招募组员和小组活动内容填入表 15-1 中）。

表 15-1

职业安全与健康教育小组方案
需求评估：
小组目标：
理论基础：（略）
招募组员（只列出招募渠道）：
小组活动内容：
其他（评估、困难与应对、预算等）：（略）

【参考答案】

设计方案如表 15-2 所示。

表 15-2

职业安全与健康教育小组方案
需求评估： 社会工作者首先应对企业工会、人力资源部门及相关职工进行较深入的了解，明确职工在生产过程中的安全隐患主要体现在员工意识放松、知识缺乏等方面，有加强安全生产意识及普及健康知识的需求。根据这些综合资料分析，社会工作者决定在相关职工中开展职业安全与健康教育小组活动。 该教育小组存在的需求包括： （1）员工对足够的安全维护用品的需要； （2）提高工厂员工对职业安全与健康的重视与安全生产意识的需要； （3）员工积极配合工厂的安全管理的需要。
小组目标： 1. 总目标： 培育职工的健康意识、安全生产意识，教授职工自我保护及应对伤病的知识和方法。 2. 具体目标： （1）加强员工对工伤和岗位风险的了解，增强防范意识； （2）帮助员工掌握职业安全与健康知识； （3）加强员工对岗位安全健康用品的了解，认识到自己应有的岗位安全权利，增强员工的自我维权意识； （4）帮助员工学习使用健康安全用品技能，提升自我保护能力。
理论基础：（略）
招募组员（只列出招募渠道）： 1. 通过张贴海报及宣传栏，招募自愿报名的员工，根据组员加入小组的动机、目的及其性别和岗位特点进行筛选，从中确定 8 ~ 10 名组员。 2. 通过企业工会、企业管理层、员工登记册等对员工情况进行初步了解，通过问卷调查和深入了解，重点邀请一部分自我保护意识较为缺乏的员工。

小组活动内容：

1. 第一节小组活动

(1)主要任务：

自我介绍及组员介绍，促进组员相互认识和信任，制定小组公约。

(2)主要活动：

破冰活动"大风吹"、"伙伴速记比赛"，小组共同达成小组规范，组员填答安全健康知识问卷作为引子，讨论简单的安全健康知识及反馈。

(3)时间：50 分钟。

2. 第二节小组活动

(1)主要任务：

促进组员相互信任，组员热身，岗位风险和工伤知识教育，组员讨论总结并反思。

(2)主要活动：

热身游戏"击鼓传花"，信任游戏"信任背摔"，知识反馈和工伤知识"头脑风暴"，"工伤风险知多少"知识竞赛，组员讨论及反思。

(3)时间：60 分钟。

3. 第三节小组活动

(1)主要任务：

帮助组员掌握职业安全和健康知识，讨论并总结。

(2)主要活动：

热身游戏"过山车"，"我在危险中"情境大设想，"危险逃生"大猜想，"我工作，我健康"知识竞赛，组员讨论并反思，反馈。

(3)时间：70 分钟。

4. 第四节小组活动

(1)主要任务：

认识企业安全健康用品，讨论最全面的安全健康配置，帮助员工认识到自己的岗位人身安全权利，增强维权意识。

(2)主要活动：

热身游戏"小风吹"，"岗位安全健康用到啥"知识教育，"企业给我啥"权利知识普及，"我的权利我做主"维权知识讨论，组员反馈，总结。

(3)时间：70 分钟。

5. 第五节小组活动

(1)主要任务：

组员现场学习如何佩戴并使用安全健康用品，模拟风险情境，促进组员掌握正确使用安全健康用品及应对风险的方法。

(2)主要活动：

热身。正确使用安全健康用品及应对风险的知识教育。"自我保护，我最快"活动促进组员在最快时间内佩戴好健康安全用品，并模拟火灾风险情境，教导组员正确应对岗位灾难的方法。组员反馈及总结。

(3)时间：70 分钟。

6. 第六节小组活动

(1)主要任务：

小组活动效果评估。小组活动结束，处理好离别情绪。

(2)主要活动：

热身游戏。"我来谈谈"收集组员对此次活动的感受，组员填答安全健康知识问卷以及小组满意度量表评估小组活动效果。宣告小组活动结束，保持跟进。

(3)时间：60 分钟。

其他(评估、困难与应对、预算等)：(略)

案例二

A市某街道下辖的开源商业大厦建筑面积近6万平方米，楼内主要有300多家公司、机构和个体商户，大多数公司是小微型企业或个体商户，员工人数从几人到几百人不等，从业人员人数大概有4500人，主要以从事服务业和办公室白领为主，从业年龄范围在20岁到35岁之间，平时工作繁忙且压力大。在所有的从业人员中，外地来城市务工的人数所占比例较高，他们大多数就在附近租房居住，居住环境较差，但是生活成本高；企业员工之间普遍缺乏组织联系，相互间交往互动频率小，人际关系疏远，人员的流动性很高。2017年8月，开源商业大厦正式成立了企业社会工作服务中心，现有3名工作人员。

要求：

请你结合本案例，以建立和促进该商业大厦内企业员工的社会支持网络为目的，设计一份小组工作计划书。

【参考答案】

以建立和促进该商业大厦内企业员工的社会支持网络为目的的小组工作计划书的设计步骤如下：

（1）问题的陈述、分析与服务理念

该商业大厦中的各企业员工由于工作环境、工作竞争压力以及人际关系等因素的变化，常常使得他们有很多困扰，可能会出现以下问题：

①企业内部工作中的人际关系问题

服务对象很在意是否被接纳，对于同事或朋友的言语接纳很敏感，也容易产生嫉妒或争夺别人关心的现象，有时还会受到群体的压力。

②工作压力带来的情绪问题

企业对业绩的要求或相互竞争导致的外在压力，以及自身对业绩增长、个人发展、企业发展走向的各种担忧产生的内在压力，都会引起身心的不良反应。社会工作者应该灵活选择各种服务方式以达到减少或消除任何导致职业心理健康问题的因素，并且设法创造一个健康、积极的工作环境。

③外来务工人员的城市融入和生活困难问题

在所有的从业人员中，外地来城市务工的人数所占比例较高，他们大多数就在附近租房居住，居住环境较差，但是生活成本高，无疑加重了他们的生活和工作压力。

结合运用社会支持网络的相关理论分析，良好的社会支持有利于身心健康，而劣性社会关系的存在则损害身心健康。社会支持网络可以缓冲压力所带来的负面影响，对应激状态下的个体提供保护；社会支持网络可提供个人压力因应方法，或直接参与压力因应过程。

因此，社会工作者希望通过企业社会工作，在服务对象的工作环境中搭建一个社会支持网络，使服务对象通过这个积极的、支持性的平台结交更多的朋友，共同面对及解决工作和生活中出现的问题。

（2）方案设计

①小组总目标

建立商业楼宇中的企业员工社会支持网络。

②具体目标

a. 搭建企业员工交流平台，提供个人展示的机会，使他们认识更多的朋友，促进人际关系的发展，初步建立社会支持网络；

b. 协助企业员工缓解工作压力，疏导情绪，关注自身的心理健康状况，平衡工作与生活；

c. 在活动中体验团队精神，促进外来务工人员与本地人员的相互融合，建立互助、信任、合作的伙伴关系；

d. 整合社区资源，整治居住环境，同时打击不合规定的出租房屋及房租价格，提高员工的生活质量。

(3)小组性质

社交与成长型小组。

(4)组员

20~35 岁之间的商业大厦内的企业员工，他们工作繁忙且压力大，缺乏组织联系，相互间交往互动很少，人际关系疏离冷漠。

(5)小组时间

每周三中午 12:30~13:30 活动一次，共持续 6 周。

(6)初步的小组活动程序

①在大厦里开展项目前期宣传活动，为招募组员做好基础工作；

②建立网络联系交友平台，使企业员工在参与活动之余也能认识新朋友并经常保持联系；

③利用宣传活动进行企业员工情况调研，根据需求修改小组计划书，设计出适合的小组活动内容；

④多种方式招募小组活动组员；

⑤正式开展小组工作；

⑥服务评估，具体包括：

a. 过程评估：在小组活动过程中，通过小组组员的分享和反馈，了解组员的变化；通过观察者的观察，发现组员的参与度及其变化程度。

b. 结果评估：服务对象填写满意度调查表，小组组员变化自我评估；社会工作者的小组工作报告；督导意见以及社会工作者的自我反思。

(7)详细的小组活动流程设计(见表 15-3)

表 15-3

单元主题	小组目标	小组活动	物资
1. 喜相逢	①使成员彼此认识 ②建立小组规范 ③促进成员相互分享	①热身活动：大风吹、小风吹 ②寻找“另一半” ③访问报告 ④人名串串烧 ⑤讨论、制定小组规范 ⑥分享本单元活动的感受	人名标签 彩纸
2. 建立组员之间的信任感	培养亲密感和一体感，为建立社会支持网络创造基础	①热身活动：棒打薄情人 ②生日串 ③与你同行(盲行) ④分享、讨论 ⑤信任背摔 ⑥分享本单元活动的感受	气锤、 眼罩

续表

单元主题	小组目标	小组活动	物资
3.“我的人际关系”	包括认识人际支持的元素及种类；探索自己拥有的人际支持网络；知道如何加强自己的人际支持网络。“我的友情”：明白友谊的意义和形成过程；掌握维系友谊的技巧；能够处理与朋友之间的问题	①热身活动：“老鹰抓小鸡” ②令我愉快的一次与人交往的经验 ③总结共识 ④小休 ⑤我的人际交往困扰 ⑥献计献策	白纸
4. 我的情绪与压力	了解情绪与情绪智商(EQ)是什么，能辨别各种情绪，探索自己产生某种情绪的原因及其影响，学会适当地表达自己的情绪。觉察自己生活中的压力和本身处理压力的方法；认识有效的管理压力、情绪的方法	①热身活动：进化论 ②短讲：情绪智商(EQ) ③我的情绪曲线 ④“情绪大富翁” ⑤分享本单元活动的感受	—
5. 培养有效的沟通行为	了解在人际沟通过程中影响互动的要素；体验眼神接触和不同的身体位置对沟通和关系的影响；学习和尝试运用各种沟通技巧；学会如何与他人建立良好关系	①热身活动：生日串 ②游戏：“七彩带” ③“借钱”——敢于拒绝，学习说“不” ④赞美与回应——学习真诚赞美他人 ⑤我的感受 ⑥任务：与自己的一位沟通不理想但重要的人进行一次沟通(20 分钟以上)，之后写下沟通记录和感受	彩绳
6. 自我肯定、计划将来、祝福与告别	①自我肯定训练 ②整理自己的收获 ③祝福与告别	①热身游戏：照镜子 ②造句：“我对××有把握” ③优点轰炸 ④“回顾与我的收获” ⑤祝福与告别 ⑥填写小组评估问卷	镜子